韩派名师工程系列丛书

壹

成长之路

2019校级教改课题：广东省名师培育三·三模式研究：以"韩派名师工程"为例

苑青松　赵松元　编

世界图书出版公司

广州·上海·西安·北京

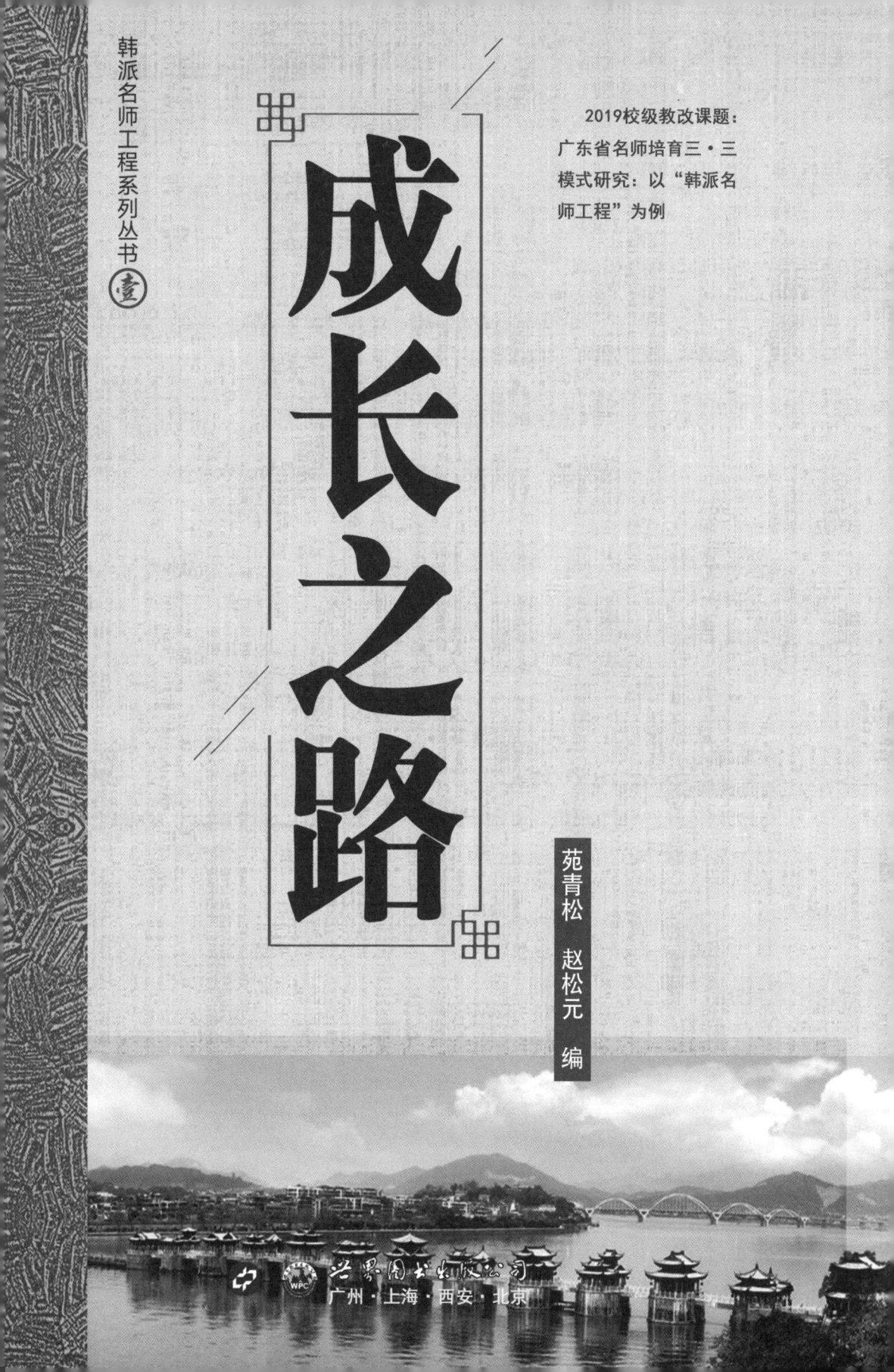

图书在版编目（CIP）数据

成长之路 / 苑青松 , 赵松元编 .—广州 : 世界图书出版广东
有限公司，2019.12

ISBN 978-7-5192-7171-8

Ⅰ . ①成… Ⅱ . ①苑… ②赵… Ⅲ . ①中学教师—师
资培养—研究 Ⅳ . ① G635.12

中国版本图书馆 CIP 数据核字 (2020) 第 017555 号

书　　名：成长之路
　　　　　CHENGZHANG ZHI LU
编　　者：苑青松　赵松元
责任编辑：刘　旭
装帧设计：黄毅文
责任技编：刘上锦
出版发行：世界图书出版广东有限公司
地　　址：广州市海珠区新港西路大江冲 25 号　　　邮　　编：510300
电　　话：（020）84459701
网　　址：http://www.gdst.com.cn/
邮　　箱：wpc_gdst@163.com
经　　销：新华书店
印　　刷：广州市迪桦彩印有限公司
开　　本：787 mm×1 092 mm　1/16　　　印　　张：19.25
字　　数：314 千字
版　　次：2019 年 12 月第 1 版　2019 年 12 月第 1 次印刷
国际书号：ISBN 978-7-5192-7171-8
定　　价：59.80 元

总 序

  教育从要素上分为硬要素和软要素，硬要素主要指物的方面，软要素重在讲人的方面。但不管怎样，教师是所有教育要素中最核心的要素，这是在教育长河中经过无数经验和教训得出的宝贵共识。乌克兰的"帕夫雷什中学"就校舍来说十分普通，甚至还有些荒凉，但丝毫不影响其世界名校的名头，这主要归因于著名教育家苏霍姆林斯基曾在此担任校长。它强烈地标示着——教师水平的高低决定着他所在学校水平的高低，因此，人们对名校的追逐实质上是对优秀教师的追逐，归根到底，教育是人影响人的艺术，我们对教师的所谓正确认知，只不过是回归到对教育本质规律的遵循上罢了。

  教师持续的、个性化的自我发展成为必须，"如何发展"是教师新时代下必须回答的问题。从哪里切入呢？我想，既然教育是人影响人的艺术，那么从人的特性的角度去考虑大体上应该不会有问题的。

  英国人类学家马林诺夫斯基说："人生游戏"的意思是说人生是游戏性的，或者说人生是在游戏中实现的，在所有游戏的要素中，游戏动机应该是最神秘的，同时也是最关键的东西。我们由此迁移到教师专业成长上，要实现教师在职业中充满热情、好奇、永不停歇游戏的教育想象，那么，教师成长动机的找寻是最为关键的内容，这可以转换成"我们为何成为教师"的问题。教育工作是17万多个工种之中最具建设性的工种之一，它的"材料""场所""产品"等都是人。人是最具建设性的对象，每一个人只能成为他自己，"世界上没有相同的两个人"讲的就是这个道理。这需要教育工作者全身心地投入并进行创造性的工作，教育事业的魅力和神圣正来源于此，千百年来，它吸引着无数的教育工作者投身其中，通过自身与教育的互动，去体认和享受因教育带给他者幸福进而赢获自身幸福的感觉，这也是教育工作者教育动机产生的因由所在。

  "人是社会性动物"（马克思·韦伯语）。他的意思是说人必须依靠群体性而存在，群性对于我们个体到底有何意义呢？"终有一死的人"成为海德格尔对人特质定位的专有表述，这意味着人从本质上讲是悲剧性的，有生必有死，人的悲剧性正是人来源于无法逃脱终极性的死而定位的，"终有一死的人"思考的更多的恰恰是人活的问题，如何活好人生短短的几十年的问题。那么，我们会问：人活着的最大敌人是什么呢？疾病、痛苦、贫穷、敌视、饥饿……这些都是来自肉体的，人本质上是精神体，从精神上来说，孤独是人最大的敌人，军队里关禁闭是最厉害的处罚就是明证。人们为了摆脱孤独可谓想尽了办法，人为何要结婚？从本质上讲是个体摆脱孤独的方式，广场舞队、暴走队、驴友、钓友、牌友等均是群体摆脱孤独的方式，这种群体在人类学上叫做"假性部落"（马林诺夫斯基），所谓假性部落，指的是没有血缘关系而拥有共同爱好的群体。谈到这里，应该进入"韩派名师"的正题了，正是这样一个"假性部落"从专业发展上吸引着大家走在了一起，来摆脱大家更高层次上的孤独。从实际存在来看，教师群体发展和学校系统发展已经成为当下教育发展的主流。前面所谈似乎离题万里，但为了说清楚因由来源，似乎也是必须。

《道德经》上说："无名，天地之始；有名，万物之母。"名称是用来指称事物的，事物因为符号的指称才得以具体存在。在"名"和"被指称事物"之间是存在一定秩序的，"语言的边界等于世界的边界，语言使世界有了秩序"（维特根斯坦《逻辑哲学》）。因此，创设一个与活动内涵有着一定秩序的名称，是"韩派名师"存在的必须，正可谓"名不正，则言不顺；言不顺，则事不成"（《论语》）。"韩派名师"的命名有两个维度的预想：一是韩派名师的范围界定，它是韩师优秀校友和潮汕优秀教师的共同体。"命名即召唤"（海德格尔）。命名即是把事物从冥暗之中召唤出来，要把我们想象中的共同体召唤出来，不但要"个性十足"而且更要"名副其实"，这不是一件容易的事，它曾经让才华横溢、器宇轩昂的赵松元教授都头疼不已，"韩派名师"一经提出，赵松元教授大加赞赏地说："我们想做的事，终于有了一个符合我们心向的名字了，这个命名能很好地把这一群体聚集起来，它不但真切地反映着韩山师范学院师范教育的百年传承，而且还能引领我们奔向新时代师范教育的未来。"

内涵与命名同等重要，这涉及我们的第二个预想。命名在于召唤出来，内涵在于存在下去。在与潮汕籍老师的交流中，我多次听到"受韩愈感召"的话语，韩愈"百世师"的神性存在，使这一群体中的很多人都本于乡土、奋发图强、倔强挺立，最终得以增强力量、走向卓越。这给了我命名和内涵界定的启示，韩愈使潮州江山都姓了韩，生活在韩愈之下、韩山之上的当代师者，传承韩姓师出有名、理所当然，韩派名师的每一个个体都是非常优秀的老师，在多次的互动中，"卓越而优雅"是我发自心底的评价。那么，卓越教师或者教育家有哪些特质呢？在对诸多教育家的考察中大致概括出四个层面的内涵，即：在灵魂层面上，对教育有神圣感，具有敬畏、热爱、担当等情怀；在政治哲学层面上，视人如己、人人平等；在知识层面上，对相关的教育学、心理学所传授具体学科等有深刻独到的理解；在实践层面上，能产生有影响力的教育效果。前两个层面指的是精神，后两个层面指的是技术，这给了我们难得的启示，我们韩派名师能否以韩愈的教育信仰和思想观念为灵魂、以语文赋形理论为根基、以大家卓有成效的教育实践为躯体，来尝试形成一种教派，我想完全是有可能的，教派有别于门派，门派具有排他性，教派就为了使个体在互相砥砺、互相学习、互相切磋中充分而有个性地发展，并以整体的形态对外交流，为个体进入更大的教育场域提供可能。这是我们的心向所在。

当然了，要想达成我们的心向还有无数的路要走，但只要上路一切都有可能，今天我们编著的《韩派名师工程系列丛书》基本涵盖了上面提到的教育观念、基本理论、名师生活、课堂个性等方面，该丛书是认识脚下这片土地的最重要一极，它甚至被潮州籍的一位先生郑重地称为潮州八景之外的"第九景"，而且是唯一一个活生生的、能够感召未来人的"第九景"。"韩派名师"创造无限、个性十足、值得期待！这里特别需要指出的是，《韩派名师工程系列丛书》的出版，绝不是"韩派名师"的终点，而是起点。

人生酷似行路，新生儿出生时，我们总说他或她来了，老人去世时，我们总说他或她走了，人在自己的有生之年总要走出自己的路，找不到路的时候，人总是痛苦的、焦躁的、孤独的，《彷徨》不正是真实地反映出鲁迅先生当时找不到路的精神状态吗？只要去寻找，路一定会有的，因为世上本没有路，路是人走出来的。可怕的是立在地上说没有路，或者根本没有去找，就抱怨面前没有路的人，一个人的上路和下路决定着他精神生命的存亡。在我们的教育里既有上路的也有下路的，既有生者也有死者，我们是做路上创造的生者？还是做原地抱怨的死者？这可能是每一名教育工作者所要作出的生命之问！

最近读了美国作家杰克·凯鲁亚克的一本书《在路上》，书中的主人公一直处在旅途中，我想他不单单是为了旅行而旅行吧！这更应是一种精神生命的旅途，是在苦苦寻找着可以皈依的信念的旅途！在生命的天地里，每一个人都有自己的朝觐之路和皈依之门，跟大家相处，我唯一的心向就是愿每个人找到自己的朝觐之路和皈依之门，找到朝觐之路，你的身心就会获得幸福和快乐；发现皈依之门，你的生命就会提升层次和境界。让我们聚集在"韩派名师"的平台上，携起手来，一起走在赢获幸福和快乐、提升层次和境界的路上吧！

苑青松

2019年9月10日于韩师寓所

目　　录

I

成全生命的教育最幸福

丁炜烨

"谢谢你教会我，如何去爱，如何爱家人爱自己，而不是满怀怨恨、愤懑。"

"八年后的今天，我的公众号的第一篇文章，献给你，谢谢你所做的一切，可能你觉得你是做了该做的，可是你的每一个举动，所影响的是她的一生。"

2016年9月10日晚，看罢此微信，十分感动的我不禁热泪盈眶。从信纸到微信，每收到这不一样的礼物，总觉得是师者最好的加油站！我都会把它们当作珍品收藏起来，不时回味滋养心中那份信念，不由生起感恩之情：感恩孩子们、家长们情感与思想的回响，给我力量与方向；慢慢与我探寻一条通向师生幸福之源——成全生命的教育。

爱中构建幸福教育

1997年毕业后，我一直在城乡接合部的学校任教。20多年来，我教到的大多是被分数淘汰后的学生，这些孩子或彷徨无措，或叛逆放任，或无望萎靡……看着一个个十二三岁的孩子，颓废无望地坐在新的班级中，恍如判了终身失败似的，毫无生机与希望，我的心如刀绞！

我不禁一次次地追问："教育究竟为了什么？"

"成绩而已？不是！又为了什么？"

成年后的学生每每倾心地吐露：立业的迷茫、择偶的困惑、生活的心酸、育儿的矛盾、人生的无奈……无论当年成绩好坏，无论工作好坏，他们都会面对相同的难题，而让他们感到不幸福！

"教育要教给孩子什么？成功=幸福？"，我心中又一次次地追寻！

看到家长面对瞬息万变的时代，物欲横流的社会，贫富分化的分配，多元取向的价值，零碎无根的文化，一网情迷的网络生活，唯分是重的评价……还有令青春期心智不成熟的孩子产生焦虑、无力感的教育方式，给孩子成长带来的泥步难行的境况。

我不禁要问：幸福教育的根在哪里？

缘于爱的教育，才有爱的追问，才有智的探寻。我潜心研读古今中外教育家的经典，分析当前教育现状之因，寻经问道觅解惑之法。

教育究竟为了什么？教育是为了孩子一生幸福生活！

教育要教给孩子什么？教育要教给孩子幸福生活的能力！

幸福教育之根在哪里？幸福教育之根于家庭里。

孩子们生命成长的每个点，深刻启发着我作为教育者的良知：应以学生一生幸福为本，放眼学生一生幸福的远度以"弘道"，扎生命幸福之深根以"明德"，追求生命幸福的温度之"和乐"，任重道远止于"至善"的高度；而教育的支点在家庭。

慢慢地，我心中有了一条教育之道——觅准支点、明德弘道、和乐至善。

以此为点，我构建了工作室的宗旨：成学成长成全中恕构幸福教育。工作室的教育研究以学生一生幸福为本，以培养学生"成人、成才、成就"为目标，"恕构幸福班集体"为主要活动载体，深化"育慧·明德·惟和·笃行"教育核心，以智启迪心灵成长、以爱构筑幸福生活；开展多层次、多形式、有含量的班主任学习、研修、实践的培训活动；引领成员、学员在教育实践中"成学、成长、成全"，努力构建幸福班集体，引领幸福家庭教育，形成自己的班级管理特色和教育风格，做一个幸福的教育者，传播幸福的种子，共铸幸福人生！

四年来工作室的成员专业成长，在不同的层面都有明显的提升。第一期成员邱少莹和学员刘杰、第二期成员邱泽翰，被选为第一批市级名班主任工作室主持人；邱泽翰被选参加省名班主任培训，并被推选参加首届技术学校班主任技能大赛，荣获"叙事故事"一等奖，综合二等奖的好成绩。有的论文发表于省级期刊，有的成员参加市班主任能力大赛获奖，有的成员被评为市级名班主任等荣誉称号。

2017年，我的论文《成学·成长·成全：传统文化滋养下的幸福教育》载于《名班主任的专业发展》一书中。

幸福教育成全幸福成长

"构建幸福班级，引领亲子和谐，共塑健全人格"成为班级引领的宗旨。

结合校园德育活动与班级实际，以初一"遇见，真"、初二"爱与担当"、初三"笃志力行"为主题开展系列活动：军训、艺术节、体育节、学雷锋活动、每月爱心跳蚤市场等集体活动中，学会正确对待个人与集体的关系，认识自己优劣所在，思考扬长扶失之法，学会爱与担当；"每周一歌"我心唱响，陶冶情操、飞扬青春；"你的生日班委来作主"传递爱的祝福，感恩父母、老师、朋友在成长路上的关爱、扶持，励志向上回报生活。

寓教于丰富的活动中，让真善美、仁爱、礼智信，如阳光雨露滋养每个学子的心灵；引领他们在活动中感悟，在感悟中明辨，在明辨中笃行，在笃行中认识自我、教育自我、反思自我、调整自我，健全的人格在充满正能量的幸福班级中塑造。

学生存在的问题往往是家庭教育问题的折射，要真正有效地引领孩子成长，同时也要引领家庭教育的改善并得到家长的教育同步与支持；那必须是班会主题活动与家长会、家访、即时通信等教育理念、方法达成同步。

主题 阶段	主题班会	家校共建
初一上	我的初中生活	与孩子一起成长
初一上	畏惧错误就是毁灭进步	思想决定高度
初一下	习惯、方法、思维	习惯、方法、思维
初一下	我的对手　我的方向	我的进步让你看得见
初二上	我的责任　我的担当	心与心的交流
初二上	遇见更美好的自己	伴孩子走过花季雨季
初三上	放飞理想　青春留金	爱孩子就助飞吧
初三上	时习寻法　丰满羽翼	陪伴了解　静培养分
初三下	笃志拼搏　实现自我	呵护心灵　静待花开
初三下	无悔青春岁月·相约毕业庆典	

成全生命的教育最幸福

"孩子读初中三年是从圈养到放养的过渡期……孩子学会了自立、自觉、自强。""这三年家长只有言语上的激励和行动上的支持，其他没什么更多的帮助与付出。"

读罢家长们毕业季的感言，我心中满满的感动、感恩：因为家长的改善才有孩子们的成长，也坚定了我教育的信念！

我在2013年所带的314班及2015年所带的202班均被评为湘桥区优秀班集体。陆嘉婷、林炯铨等同学被评为市优秀班干。

身为教研组长于教改的浪潮中遨游，能体悟新教改的精神，结合学情与文本的实际，不断地更新教学理念、摸索教学方法、反思总结教学得失；引领语文组开展课题研究，探究教学模式与策略，有效提高学生学习的兴趣与能力；近年来我校语文组中考成绩总是名列市区前茅。

我的课堂极力融情趣、知识、思想、审美、创新于一体；化传统早读课为"文化早餐"、课前五分钟"美文共赏"、每天一记、综合实践活动等形式多样的语文活动课注重培养学生的自主、合作、探究学习精神。所教班级，学生对语文学习兴趣浓厚，主动性强，阅读、写作能力都明显提高。2005年中考，语文科优良率高，108分以上3人，最高分114分，班平均分90.97分，名列全级第一名。2009年中考，陈敏璇同学以105分的语文成绩名列主市区第一名；2012年所带班级成绩名列全级第一，黄子锋同学的语文成绩以111分名列市区第一名；2017年所带班级成绩名列全级第一，文婧同学的语文成绩以108分名列全校第一。

"还记得高挂初中墙壁的'博学，审问，慎思，明辨，笃行'，记得每日一句论语，记得你讲过的那么多堂课的中华传统文化。无疑，你是她遇见过的，最有文化底蕴的一个老师，4年过去，如今读大学的她，每次上文学史课，听老师讲宋词，只想回到过去，听你去讲述，你最欣赏的苏轼，你最爱的词。"

她的一字一句，都在告诉我：播下文化的种子，培养耕作的乐趣，传予浇灌的智慧，哪一天它就会如毛竹般蓄势而发，百尺竿头！切勿为了成绩，拔苗助长！

"捧着一颗心来，不带半根草去"，20年来陶行知的话铭记于心，在教育路上甘于平凡、乐于付出，也收获着满满的幸福——与家长与孩子一起成长！无心插柳，柳成荫；幸福教育的路上，使我蜕变成长的是广东省中小学名班主任这个平台，工作室挂牌成立于2012年10月。角色的转换，教育思考多方位了、多角度了。工作室坚持以"立德树人"为本，关注幸福教育和幸福家庭，融育学生的核心素养，开展了一系列教育研究活动，在成学成长的路上播撒幸福教育的种子；一路同研习、一路携成长、一路共分享，经过三个周期的建设，逐步成为潮州市"名班主任成长的摇篮、教育科研的基地、链接高校的桥梁、公益教育的社团"，成为班主任专业成长的共同体；同时，形成幸福教育家校融育的策略——"1234策略"。

"1234策略"——

一目标：全人发展，适性扬才；

两方面：家校同心、父母同德、亲子共长、师生共生；

三维度：学生、教师、家长；觉、化、导；

四要素：明理智择、健康心态、笃志明德、知行合一。

家校只有形成共同的教育目标，方能形成合力于文化基础的滋养下育德之根与魂，在社会参与中淬炼关键能力，引导学生自主地全面发展。而课程是架起三方融育的桥梁，是学生链接生活、社会与自然的平台。在此基础上，初步形成幸福教育共同体的课程体系。

解读中国学生发展核心素养下，提取"能够适应终身发展和社会发展需要的必备品格"，特别是健全人格五个维度中的十个标准：爱心、忍耐、宽容、乐观、平和、节制、谦逊、守信、责任感、自省；遵循学生成长规律与教育规律、自然"四季"特点；提炼出幸福教育共同体的教育核心目标：四季四心——春生爱心、夏长精进、秋收感恩、冬藏谦虚；提出德育四个要素——明理智择、健康心态、笃志明德、知行合一；进而形成"4—2—4"课程体系：

"4"四季四心——家校同心、父母同德：家校融育的共同价值观；

"2"两方面——上下学期、家校里仁、亲子共长、师生共生；

"4"四要素——明理智择、健康心态、笃志明德、知行合一。

以"四季"为线，以"四心"为核心，以"四要素"为目标，用"灵魂唤醒灵魂、行动带动行动、幸福滋养幸福"引领孩子同心同德、共生共长，构建家校共育的幸福课程体系——里仁家校教育共同体。

如图所示：

工作室成立三期来，已有3名成员获评"广东省名班主任"，3人获"广东省班主任专业能力大赛"二等奖，6人成为"潮州市名班主任工作室主持人"，17人被评为"潮州市名班主任"；引领180多名市名班主任专业成长。主持人也在工作室建设过程中得到发展，收获很多荣誉，2013年获评"潮汕星河辉勇师表奖"，2017年被评为"湘桥区名优教师奖"和"感动潮州十大最美教师"，还被市教育局以及湘桥区妇联聘为家庭教育讲师。

面对荣誉，我的心中有个声音在回响："除去名利权威的教育，最迷人！生命成全生命的过程，最幸福！感谢滋养我的城西中学；感谢一路走来，风雨相伴的同事、家长、学生们，你们的同行成长成全了我幸福地教育着；我只是众多老师中极为普通的一个！"

不忘初心，且行且思

范远填

从学校出来，又进入学校，只是角色变换了。带着青春、带着情怀，我从此走上了教育这条道路。将近20年的教坛驰骋，一路前行，一路思考，不忘初心，牢记使命。

泽以长流，为有源头

曾记得读书时，一位恩师叮嘱："既来之，则安之。"既然做出选择，就应无怨无悔。教育承载着民族振兴、国家富强的使命，教师更是承担这一使命的重要角色，人们用"园丁""蜡烛"比喻教师再恰当不过了，所以做一名优秀的人民教师必然是艰辛的，是会经历许多曲折的道路。

人们常说："学无止境"，然而，教亦无止境。科技在发展，时代在进步，社会对人才的需求也在变化，学校作为人才培养的主阵地，教师则承担着重要的角色。要与时俱进，要满足社会的需求，教师就必须学习，学习，再学习。比较庆幸的是，大学时我能够时常光顾图书馆，能够大量地阅读专业书籍，以充实自己匮乏的头脑。

刚从大学校园走出来时，原以为教师这份职业是轻松的，学校里学的知识与技能完全能够满足教学的需求。但一节节公开课过后，长辈、专家、领导的意见始终萦绕心头，要把自己所学转化为学生的所需，并不是一件轻松的事。不经历风雨，真是难见彩虹。于是，教育专家的论著、名师的课堂自然就成了我汲取营养的源头。

班主任这个角色，更是成长的"捷径"。没有做班主任，就不知道班主任工作的千头万绪、烦琐揪心。由学生时代的同学相处向教师角色的同事、师生相处的转变，真是一门"技术活"。面对半大不小的学生时，有时会有"书到用时方恨少"的感觉，教育个性不同的学生才发现教育学、心理学在班主任这块热土上，还是光芒四射、魅力无限的。学生的智育固然重要，但德育的发展，学生的健康成长更为重要。教学之余，我把专家的教育案例，名师的课堂研究，作为助力自己的"东风"，以期能飞得更高、更远。

从"有效课堂"到"高效课堂"，从"翻转课堂"到"莞式慕课"，再从"高效课堂"到"智慧课堂"，我一路学习，一路尝试。从教学观念的更新，到教学模式的变化，无不是为适应潮流，适应时代的需求。要想成为一名优秀的教师，就得从课堂教学做起，而要把一节课上好，却不是一件容易的事。想让自己成为受学生欢迎的老师，必须拿出浑身解数，用渊博的知识、人格的魅力、精湛的才艺去征服学生。就如人们常说的欲施他人一滴水，必先积自己一桶水。所以，教师这份职业，必须是"泽以长流，为有源头"。

潜心钻研，心系远方

课堂是学生获取知识的主要阵地，如何把课上好，是做一名教师首要考虑的工作。我曾读过浙江省特级教师肖培东的著作《我就想浅浅地教语文》，细读作品中的语文课堂却非"浅浅"，教育专家钱梦龙老师这样评价：教学看起来似乎是显得"浅"了，却深入到了语文教学的精髓、真谛、本源。

大师们的心血，冰冻三尺非一日之寒，研读教学案例，我们会发现课堂之所以精彩，有赖于大师们对语文教材的勤耕细作，对教材文本的深入解读。刚走上讲台时，为了上好课，想得更多的是如何写好教案，把教学任务在课堂教学中落实。课一节一节地讲下来，有时自我感觉良好，然而，走出去听听名师的课堂，听听专家的点评，才会深有感触，不禁感叹：原来课是可以这么上的！同时也哀叹自身课堂的粗糙。

想把课上好，需要明确相应的考纲要求，需要明白教材的单元或课文目标，需要反复阅读教材、解读教材，对教材内容有深入的了解，才能更好地把握教学的重点、难点，才能更好地驾驭课堂，真正发挥出教材文本应有的价值和作用。所以，钻研教材可以说是精彩课堂的前提，为课堂的教学设计提供更加充足的养分。

记得第一次上公开课，我诚惶诚恐，总是担心完成不了教学任务。结果可想而知——差强人意。回顾课堂会发现自己信心不足，关注太多老师的"教"，而忽略了学生的"学"，导致教学内容无法深入，教学目标无法得到高效落实。此时，老教师的"经验"就是一笔莫大的财富。他们会给课堂提出宝贵的建议。集体备课更是一个成长的平台，这里有浓厚的教研氛围，这里有无限的集体智慧，所以，也许这就是一条课堂教学成长的捷径。因为每一次的公开课，都会在反复的研讨、修改、试练中提升自己的课堂教学水平和能力。

听课、评课是一种常规的教学活动。担任科组长后，听课、评课更是家常便饭。刚开始，我更多的是关注教师的"教"，着眼于课堂上教师需要"教什么"，"怎样教"和"教得怎样"，无疑更倾向于教师的教学技巧、教学艺术、教学风采等。但随着经验的积累，我才发现这个评课的立足点似乎与我们的教育教学有些偏差。于是，我就自然地从教师的"教"逐渐转移到了学生的"学"，把立足点更多地转移到了"学生活动""课堂氛围""教学效果"上。当然，我也以此反思自己的课堂教学，达到双赢的目的。

"师父们"常常会提醒年轻的教师：要上好一节课，你首先要把课文研究透，深入地解读文本，然后才能设计好课堂教学，才能更好地、高效地落实课堂教学目标。

2016年部编教材（人民教育出版社）出版前，广东地区大部分使用的是原人民教育出版社的教材，在学校语文成绩遇到瓶颈的时候，我一直在思考：我们的学生在学习语文时究竟是哪里出了问题，我们的教学在哪里还做得不够。反复研究教材后，结合学校学生的具体情况，我发现了我们的"短板"——写作指导与训练。于是，我申报了写作研究的课题"初中语文分层指导·阶梯训练的实践与研究"，尝试突破教材在写作指导与训练的缺陷。历经三年的实践研究，我终于等到春暖花开的时刻。有了这次课题研究的经验，对课题的研究与实践也就成了我的语文教学的"常规"，诸如综合性实践与研究、名著阅读教学、群文阅读实践、学科信息平台等，都是学科教学的尝试与实践。

所以，作为一名教师，单单依靠课堂的研究是走不远的，还需要更多的理论与实践的研究。静下心来，潜心研读学科理论专著，背上行囊，做一些实实在在的研究，多积累经验，多尝试撰写论文，把教育教学理论与课堂实践联系起来，我想：这样的教师一定能走得更快、走得更远。

不忘初心　且行且思

他山之石，可以攻玉

"外面的世界很精彩，我想去看看！"借用这句话告诉大家他山之石，可以攻玉。闭门造车是一条艰难而又低效的道路，唯有走出去，去吸纳百家之长，才能更好地提升自己。

语文教师是所有学科当中最辛劳的教师之一，知识点多，语言文字的东西总会让人更加劳神费力，批改作文就可以耗掉一整天的时间，所以，语文老师都很忙，特别是做班主任的语文老师更忙。但是，再忙还是得多学习。

我是一个非常珍惜外出学习机会的人，学校教导处的干事总是开玩笑说："你比校长的会议还多！"或许吧！初为小学教师时，总会拿着审视的眼光去听一节课，然而，"转战"到中学后，再读"三人行，必有我师焉"，慢慢地就明白了其中的深刻含义。于是，我常用欣赏的眼光去听课，去发现他人授课时精彩的亮点，同时，还会去比较、反思自己的课堂，扬长避短，取其精华。

听过钱理群、钱梦龙、余映潮、郑桂华、王荣生、肖培东等大师的课堂教学或专题讲座，无不是学科教学领域的精神盛宴。细细聆听，慢慢品味，深深领悟，也许就是打开我们教育教学新的窗口。余映潮老师的作文"三步曲"、阅读教学，王荣生教授的课程解读、课例研究，肖培东老师别开生面、精彩纷呈的"浅"课堂，如春风般清新，如细雨般滋润，让人意犹未尽、受益匪浅。把"收获"带回来，总想与同事分享，总想亲自去尝试，或专题分享，或课例分享，点点滴滴都会化为自己成长的基石。

集体备课是一个很好的成长平台，集思广益发挥集体的智慧，是助力专业成长的最佳途径。我们学校一直以来都是采用集体备课的方式。一起研究课堂教学，一起研究复习备考，一起探讨创新实践，一起编辑校本课程……担任学校语文教研组长已经十几年了，但我仍然喜欢聆听，喜欢聆听科组老师的发言，喜欢聆听老师们提出的教学建议。学无止境、教无定法。我认为聆听也是一种学习，聆听也是一种虚心的表现。前辈的经验是一笔宝贵的财富，后辈的努力也是一股创新的动力。多年以来，非常感谢前辈们无私的分享，也非常感谢年轻人带来的青春与活力，才能让科组这艘"战舰"保持前行的动力，才能真正发挥团队强有力的战斗力。

曾记得一次市级公开课，我们推荐了一名年轻的教师承担了课堂教学的展示。初听年轻人的课后，大家都觉得年轻人经验不足，课上得"青涩"，课堂很活跃，但教学目标落实却是不尽人意。结果，科组教师建议有"一箩筐"，可见课堂效果如何。集体备课时，我们对年轻人的教学设计提出了不少意见。到第二次磨课时，年轻人带给了我们惊喜：年轻人悟性很高，课堂有了让人耳目一新的感觉，课后还能发现自己的不足之处，虚心地请教大家如何才能做得更好些。公开课那天，年轻人表现得很自信，课堂效果达到预期的目标，也得到了专家的肯定。

　　细心想想，成长之路何其相似，众人拾柴火焰高，成长路上正因为有了集体"家人"般的保驾护航，才能少走弯路，走得更快、走得更远。

把握机会，成就方圆

　　学校某领导对我说过："教师的成长，要么是学校的管理者，要么就是学科的名师。"刚开始不以为然，但近二十年的教师生涯，又似乎不能回避这个说法。站在教师的角度，做一名默默的教育工作者，自然无可厚非，但"默默"而又无闻，就会成为时代的落伍者。作为一名普通教师是非常希望自己的专业技能越来越精湛，教学成绩突出，艰辛的付出能得到领导、同事、家长、学生的认可的，无愧于教师这份职业。

　　从普通的语文教师到年级备课组长，再从备课组长到学科教研组长，我想这是学校领导对一名教师教学水平与能力的肯定。责任落到身上就会有压力，有了压力才会有动力。接手教研组长时，学校语文中考成绩并不理想，与东莞市平均水平有一定的差距。主管教学的副校长就多次叮嘱我要多想办法，寻找提升中考成绩的突破口。于是，我考虑问题的层面就发生了变化，由班级成绩上升到整个教研组成绩。所以，我又重新拿出《语文课程标准》研究一番，再结合本校历年语文成绩仔细分析，最终确定把提升学生的阅读与写作作为突破点。规划好初中整个学段的写作指导与训练方向，把名著等阅读渗透到课堂教学实践当中。功夫不负有心人，经过几年的努力，学校语文中考成绩终于走到了全市的前列。

　　在成长路上，非常感谢东莞市教育局语文教研员刘巍老师给予我很多关怀与指导。他说："要把握好每一个成长的机会，希望你能从学校的骨干到市教学能手，再从教学能手到学科带头人。"所以，我非常珍惜每一次外出学习的机会，珍惜向名师、专家们学习的机会。

多年以来，在东莞市教育局教研室的关心与支持下，我多次在全市作专题讲座与课堂展示活动，其中有科组建设、课题研究、名著阅读专题教学、写作专题教学等。每一次活动都需要认真准备，需要把自己的经验进行一次系统的梳理与整合，这个过程就是很好的学习与成长的机会。2016年我被东莞市教育局聘为"初中语文学科带头人"，也被厚街镇聘为"初中语文名师工作室"主持人。

一份荣誉代表着一份责任，正因为责任在身，其内在的动力与外来压力并存，所以，前进的步伐就不能停下来。东莞市教育局也多次组织教研组长、学科带头人前往上海、江苏、四川、重庆等地进行培训与学习。与志同道合的人一起培训学习，一起聆听大师们的讲座、课堂，才会发现自己的鄙陋，才会认识到自己还有很长的路要走。

也许，这只是一个成长的开始；也许，这只是一段教育的征途。但作为教育工作者，我会不忘初心，且行且思，用教育的情怀去抒写绚丽的人生。

"韩派名师"成长之路

洪明利

洪明利，男，汉族，1973年12月生，广东陆丰人。

中学语文高级教师。1997年1月加入中国共产党，1997年6月毕业于韩山师范学院（华南师范大学合办班）汉语言文学专业，本科学历，文学学士学位，2010年参加华南师范大学教育管理专业研究生班学习结业，2018年参加广东省骨干校长高级研修班结业，目前正在参加跨区域（苏粤渝）卓越校长高级研修班学习。1997年7月至今，先后在珠海市金鼎中学任教，在珠海市香洲区教育局、珠海市南屏中学工作，目前为南屏中学校长、党总支书记。

回顾成长之路，有几个关键词是重要因素。

一、目标

有目标才有路，路是通往目标的过程。我特别欣赏鲁迅先生说的"世上本没有路，走的人多了，也便成了路"。这是在启迪我们，不要认为别人走过的才是路，别人没走过的也可以是路，只是需要你去闯一闯。我从小到现在走过的路很多就是同类人没走过的。我读小学时的目标，是不做农民。因为我是农民的子弟，经历了农民"面朝黄土背朝天"的辛苦。由于我是家里的老大，从小就体验了农田里的各种劳动，所以我的目标很简单，就是通过读书，不做农民。为了不做农民，我努力读书，从三年级到五年级，每次考试都是年级第一名。读中学的时候，村里人说，我们村的风水不好，出不了大人物。意思是叫我不用读那么多书，尽早出来打工赚钱才实在，因为那时正是改革开放初期，村里很多年轻人都到广州、深圳等珠江三角洲地区打工，能较快改善家里的生活。而我告诉他们，我的目标是考大学。结果是经过我的努力，考上了大学，成为村里第一个本科生，意味着我已经拿到了公家的粮票，不用当农民了，达到了我小学时的目标。

看到我考上的是一所师范院校，村里人又说，读了又怎么样！家里穷，没钱去找关系，谁能帮我！毕业了还不是回到陆丰，领那么一点工资。我听了很不服气，把目标做了稍高的调整：到珠三角工作，当一名工资待遇高的老师。结果我到了珠海。

当老师以后，我的目标是：做更多帮助孩子成长的事，让更多的孩子通过读书改变命运。后来我当了校长。我现在的目标是：当一名优秀的校长。校长是个特殊的角色，社会给予这个角色的期望很高，包括道德层面的、修养方面的、学术方面的、能力方面的，等等。要当一个好校长，就必须具备较高的道德修养、工作能力，端庄的言行举止，能成为他人学习的榜样。为了实现这个目标，我将努力探索和实践之。

我的不断追求，是用来破除陈见的，用我的成长事例，证明一个道理：只要肯努力，凡事皆有可能。村里的小学，历任校长在用我的事迹来激励学生。村里的家长，用我的过去来教育现在的孩子。这也是一种言传身教。

目标教育也成为我的教育理念之一，就是要求学生的人生要有目标，学习要有目标，可以有人生的大目标，也可以有学习阶段的小目标。在人生大目标上对学生进行生涯规划教育，面对不同的学生进行符合学生实际的发展规划。

二、自信

自信是一种品质，是面对困难和挫折时的一种力量。我在遇到困难的时候，经常告诫自己，不要放弃，坚持下去，相信自己能做成。因为我知道只能相信我自己，只能靠我自己，父母是农民，周围的亲戚朋友，也基本上没读过书，我要做的是帮他们解决困难，改变落后生活的。所以，无论到什么时候，在什么情况下，我都不轻言放弃，只要有一点点希望，就要坚持到底。

在我1997年毕业找工作的时候，就经历了一件刻骨铭心的事情。当时国家政策允许就业双向选择，所以我到处去找工作。第一目标是珠江三角洲，广州、深圳、珠海，我都去参加各种招聘考试。第二目标是汕头。第三目标是汕尾。经过努力，有三个地方决定要聘任我。第一个决定要我的是汕头市教育局。当时，在我不知情的情况下，已经把录用通知送达韩山师范学院，由韩师报省教育厅审批。

结果是省教育厅不同意我外调，因为汕尾市教育局已经跟省教育厅有过约定，每年的汕尾籍师范本科毕业生60%要回汕尾市工作。当时在韩师的本科生只有我一个汕尾籍的，所以，我被要求回汕尾工作。我听到这个消息以后，并没有放弃到珠江三角洲工作的目标，而是坚持下去，寻求解决的办法。在珠海市香洲区教育局录用通知下达以后，韩师的领导帮我解决了这个难题，与省教育厅达成协议，让我顺利到珠海工作。帮我解决具体问题的是学生处的吴老师。他站在以学生为本的立场上，明白做人、干净做事的高尚品质，直接影响了我。在教育工作中，我始终坚持以学生为本，明白做人、干净做事。感谢韩师的老师们！

2012年暑假，局长找我谈话，说珠海市南屏中学急需管理，想派我去做校长。我二话不说就答应了。到了学校以后，我才知道困难重重。学校地处城乡接合部，有中等职业教育和初中教育，教师结构多样化，学生来源多样化，教育质量低下，中等职业教育招不到学生，初中中考成绩在香洲区垫底。可以说，局长是把香洲区最差的一所中学交给了我。我当时38岁，不知困难为何物，充满干劲，充满信心，团结干部和教师，建立健全规章制度，理顺管理机制。三年时间，中职部的招生由原来招不到学生转变为学位供不应求；六年时间，初中中考成绩由垫底提升到中等水平。

自信的力量是能够累加的。做事情充满自信，做成功后更加自信。拥有自信，关键是要有一种积极的心态，努力做最好的自己，不跟他人比，就跟自己比，无论在什么场合，都要把自己最好的一面拿出来。现在，"做最好的自己""以进步为荣的价值观"都成为我的教育理念。

三、自觉

工作做到一定的程度，能不能再进一步，关键在于能否自觉努力。在香洲区教育局工作的九年多时间里，从最基层干起，经历四任局长，逐步提拔为区教育局中层正职（民主测评赞成率为96%），我靠的是自觉努力、负责的态度、踏实的作风、本分的人品。特别是在人事股工作期间，扎实稳妥地组织了多次（每年3到4次）面向全国的教师招聘工作，招聘总人数超一千人。招聘模式被各大师范院校誉为"香洲模式"。所谓"香洲模式"，就是按照公平公正公开的原则选聘人才，让所有符合条件的大学生都能简单地通过考试，进入珠海市香洲区工作。让他们带着一份自豪和感恩之心进入香洲教师队伍，让他们传递这种公平正义的风气，让他们教育下一代也要坚持公平正义，以永葆特区开放、公平、活力的本色。这也是我的一种自觉，自觉将我在特区所分享到的良好风气传承给下一代人。在选拔学校管理干部、解决代课教师转编、教师职务聘任改革、绩效工资制度改革等工作中，我也自觉坚持廉洁奉公，以一名共产党员的标准严格要求自己，做到立德、务实、公正，以大局为重，面向全体，做好教师队伍和人民群众的服务工作。

四、好学

学习是一种能力，也是一种品质。古有"活到老，学到老"，现在的说法是终身学习。我不是一个聪明的人，所有的成长，都是努力学习和实践的结果，所有的挫折或者是停顿，也是不努力学习的结果。目前，我仍然坚持努力学习，向书本学习，向同行学习。

为了引领师生热爱阅读、参与语文主题阅读学习，也为了适应时代发展的需要，提高自身修养，我带头读书。过去一年，我重点学习了习近平新时代中国特色社会主义思想体系、做好本职工作所必需的教育教学理论知识和实践技能、中华优秀传统文化知识以及中外名著。一年内共读书65本，1 200多万字，其中古文200多万字，做笔记14 000多字。通过读书和研修，我的理论水平得到了提升，工作实践能力得到了提高，个人修养也更有内涵，开展工作更得心应手了。

一方面是向书本学习，另一方面是向名校长、优秀校长学习。我在2018年同时参加三个培训班，分别是广东省骨干校长培训班、韩延辉名校长工作室培养对象研修班和珠海市中华优秀传统文化培训班。在北京、南京、扬州等教育较发达地区的三所学校跟岗学习，在省内两所先进学校跟岗学习，走访各类学校近20所。通过学习，进一步掌握教育教学改革发展方向，掌握教育管理的技能技巧，带领教师队伍开展教学改革，以培养学生核心素养为中心，提高教育教学质量。

五、创新

创新不一定都是发明创造，只要能结合实际解决问题，在原来工作的基础上有所改进，就是创新。

2012年暑假期间，我来到珠海市南屏中学工作，可谓困难重重，百废待兴。

教师结构、学生来源多样化，管理混乱，校风邪气、教风萎靡、学风低迷，成绩垫底。怎么办？唯有改革创新。

1.管理制度创新，颁发《珠海市南屏中学章程》

建立健全一系列管理制度。制定以制度管人的机制，形成风清气正的校风。学校必须以制度管人。校长要做的事，就是制定符合学校实际发展需要的制度，促进学校规范化。制度颁发以后，校长要做的事，就是带头遵守制度，严抓落实。如优秀班主任评比制度、教师职务评聘制度，教师努力工作，按制度评价，奖惩分明。领导要干的，就是维护好制度的公正、严格地执行。新制度颁布以来，老师们工作安心了许多，他们只需努力工作，工作做好了，自然会得到公正的评价。由此，教风得到了改善。

2.管理模式改革，实行扁平化管理

根据学校存在中等职业教育和初中义务教育两种办学层次的实际情况，为了明确职责和更好地结合学生特点开展工作，实行"一体办学、两手管理"的新模式，实行中职部与初中部分开管理，相对独立。两名副校长分别分管初中教学和德育，一名熟悉中职专业教育的校长助理分管中职部。职能部门人事按中职、初中两部分开，各负其责，责任到人。初中实行年级管理领导小组负责制，由一名副校长、两名中层管理人员和一名年级主任组成年级管理领导小组，实行扁平化管理，迅速处理日常事务，严抓教学常规，规范教学行为，抓好各年级阶段性质量检测工作，注重过程性评价。实行扁平化管理后，责任清晰，效率提高，工作积极性也得到了提高，相应的教育教学质量也得到了提高。

3.发展思路创新，实行中职部专业设置调整

2012年9月开始，只招收烹饪和酒店管理这两个本校优势专业的学生，并进行扩招，改变过去一个专业一个班，每个专业两三名专业课教师的做法。集中人力、物力和财力发展优势专业。通过不断引进优秀专业课人才、聘请餐饮界专家任客座教师和业务顾问、改善和扩建实训场地、课程设置改革、课堂教学模式改革、大德育课堂等改革和创新，学校烹饪专业被评定为珠海市重点专业。学校开展国际合作办学模式，与新西兰北方理工学院签订教育教学交流合作协议，为学生留学、国际就业创造条件，提高学校办学档次。第二年就有三名学生到新西兰留学。此举打通了珠海市中职生公对公留学新西兰的通道，为有需要的学生开辟

"韩派名师" 成长之路

了　条新路。

4.课堂教学模式创新，初中实行小组合作学习课堂教学改革，开展语文课堂教学改革

为进一步提高学校的教学质量，初中部结合城乡接合部地区学生、家长特点，积极进行课堂教学改革。初一和初二年级推进小组合作学习模式的实践与探索。为了开展好小组合作学习模式，我把超过一半的教师派到山东昌乐二中跟岗学习一周。根据财务制度规定，结合学校教师工作实际，我每次派4名教师前往跟岗，每次跟岗一周，前后花了半年时间。小组合作学习模式的核心是合作学习，让每一个学生的学习过程都成为被关注的对象，方法是以学生为主体，教师为主导，实现生教生，抓落实，抓过关。通过努力，学生整体水平得到提升，学优生也通过管理和指导他人，综合素质得到提升。

开展语文课堂教学改革。语文是学科之母，学好了语文，才具备了学好其他科目的条件，因为无论什么学科，理解文本意思是最重要的，而且，现在各科试题的阅读量都很大，如果学生的阅读速度不快，理解文本的能力弱，要想考出好成绩普遍是做不到的。无论从学好语文本身的需要，还是从学好各科的需要出发，学好语文太重要了。学好语文的关键首先在于阅读，阅读能力的提升应成为大家共同的目标。为了提升学生的阅读能力，学校参加了李希贵校长主持的语文主题学习实验教学。其对传统的语文教学有两大改进，一是由一学期学一本教科书，改为学七本书；二是由课外阅读改为课内大量阅读。每个学生每学期增加6本配套语文主题阅读丛书，进行课内配套阅读。教师通过改革课堂教学模式，实现课内大量阅读。

为了营造一种浓浓的读书氛围，我组织开展一系列读书活动。例如，倡导师生"每天读书半小时，每年读书三十本"；每周安排阅读课，每周开展读书成果舞台展示活动；每月12日开展读书共享会；每年4月23日世界读书日开展师生读书展，评选悦读之星；逢传统节日开展经典诗文朗诵会。为了方便获得书本，我创设多种阅读条件：每班配50本（套）中外名著，给有能力的同学增加口粮；建设诚信共享书吧，书本由师生自愿分享，培养诚信品质和共享意识；开放图书馆阅览室；发布"年度校长推荐十大书目"。

5.师资队伍建设创新，名师成长

"所谓大学者，非谓有大楼之谓也，有大师之谓也。"梅贻琦校长如是说。一所学校教育教学质量的高低，取决于师资队伍的教育教学水平。我到珠海市南屏中学当校长以后，最核心的工作就是抓师资队伍建设。刚到学校时，南屏中学的名师数是零，连区级名师都没有。名师的培养，不是一朝一夕的事，还需要有成长的土壤和条件。我首先从自己做起，带领党政领导班子成员，廉洁奉公，立标定向，勤勉工作，勇于创新，立德树人，赢得老师们的尊重和信任。其次是重视骨干教师的培养，选好对象，重点培养。经过几年的努力，2018年获得丰收，我校区级以上骨干教师由零人发展为市级以上五人。他们分别是谢燕玫老师，2018年被评为广东省特级教师和广东省英语名教师工作室主持人；容文慧老师，2018年续聘为珠海市名班主任工作室主持人；刘国富老师，2018年被评为珠海市唯一的中学共青团名师工作室主持人；洪明利校长，2018年参加广东省骨干校长培训结业，广东省名校长工作室培养对象；王颖霞副校长是广东省师德标兵，2018年调入我校。

6.创新学校文化体系，构建学校德育核心价值观

学校文化体系是引领师生在一个相当长的时间内学习生活的行动旗帜、努力方向，具有全局性和长期性。学校根据国家最新教育方针，结合本校实际，提出了新时代学校办学文化框架：坚持"以人为本，因材施教"的办学理念，确立"培养知书正礼的人"为办学目标，以"德行立人，才智立世"为校训，坚持"崇德、实干、公平、和谐"的校风，追求"修德、敬业、爱生、善教"的教风，希望学生逐渐养成"养德、立志、勤学、多思"的学风。设计新的校徽、制定新的校旗、谱写新的校歌《梦想启航的地方》、设计学校吉祥物"正正"，逐渐构建属于南屏中学特有的文化符号。

学校文化不是外在的一些口号，而是师生内在的、共同认可的行为形式和思维方式。为了将学校文化内化为师生的自觉行为和自动思维，学校组织开展了一系列以学生体验为主的德育课程。

（1）人人参与早晨进校礼仪活动。早上，早读课前20分钟，在学校大门口，校长、值日行政、值日老师和来自同一个班的10名学生，共同组成礼仪队，迎接师生回校。具体内容如下：10名同学分列于校门两侧，身上佩戴礼仪带，上书：南屏中学礼仪标兵，校长和老师立于最前头，衣装整洁，平肩站姿，抬头挺胸，精神饱满，面带微笑，见到老师进校时，大声向老师问好，问好语为："老师早上好，祝您身体健康、工作顺利！"见到同学们进校时，向同学问好，问好语为：

"同学们早上好，祝你们健康成长、学业进步！"由一名声音较大的同学带头先说一遍，其他同学跟着说一遍。每个班负责一个星期，每天由不同的同学到校门口当礼仪标兵，各班轮流进行。每位同学都要学习"进校礼"：背好书包行进校，校服整洁校徽耀。同学之间打招呼，见了老师有礼貌。挺胸抬头面带笑，点头注目再问好。双禁机车不能坐，交通安全要记牢。

经过进校礼仪活动，每位同学都经历了从被问好到主动向师生问好的体验，一是能够充分理解礼仪标兵的庄严，更能尊重为大家服务的礼仪标兵；二是增强了主人翁意识，作为主人的姿态迎接师生进校；三是提高了自信，原来"我"也可以做好礼仪标兵；四是学会了主动向人问好，今后不会再为向人问好感到难为情。

（2）人人参与国旗下的德育主题活动。星期一早上，第一节课，在学校大操场，升旗礼之后，由一个班负责以下活动：①主持升旗礼。首先是在班级选拔升旗手及护旗手共5名，其中3名升国旗，2名升校旗。升旗手必须是班级公认的德智体美全面发展的优秀学生，主升旗手为升国旗的同学，必须是最优秀或进步最大的同学。其次是利用课余时间训练，请学长来指导。然后是在升旗前向全校公开宣读主升旗手的事迹及作为升旗手的理由。最后是升旗。②班级展示。学校在学期初先提出每周一升旗礼的主题，由各班抽签，各班准备节目，星期一表演节目，可以是班级文化的展示，也可以是个人才华的展示，也可以通过表演小品、相声或其他活动，表达对校园中各类事情的态度、意见或倡议。要求各班全员参与，升旗水平要经过团委领导把关。校领导和德育领导给上台展示的班级评分。每位同学都要学习"升旗礼"：升国旗，最庄重，理衣装，神肃立，少先队，敬队礼，共青团，展威仪，唱国歌，观国旗，忆先驱，勤报国。

经过国旗下的德育主题活动：首先是培养了班集体荣誉感和凝聚力，为了能出色地完成升旗和表演，同学们团结起来。其次是提升了学生的自信心，无论是谁，都能上主席台表演。然后是升旗手的榜样力量，通过班级民主选拔的过程体验，学生会产生向往成为优秀的愿望。再则是增强做好自己的责任感，为了班级，不能拖后腿。最后是培养优秀学生的家国情怀，伴着国歌和校歌，在全校师生庄严的注目礼下，升起国旗和校旗的过程，能感觉到光荣的使命在召唤，随时准备着为国、为家而努力学习。

（3）开展人人垃圾不落地行动。①开展无垃圾桶班级创建活动。引导学生养成良好环保意识。提倡"爱护环境、少产生垃圾"的理念，班级内不设垃圾桶，培养了学生的环保意识，人人自备垃圾袋，垃圾随人走。学生养成了珍惜资源、爱护环境的好习惯。②开展捡起垃圾铸高尚品质行动。首先是在升旗礼时讲行动的意义，乱丢垃圾是没有教养的人，不乱丢垃圾是讲文明的人，捡起地上的垃圾是高尚的人，因为他能为他人着想，为环境着想。其次是校长、老师带头，见到地上有垃圾就捡起来。最后是创造捡起垃圾的条件，在垃圾箱边上焊接一个支架，上面别住一把钳子，方便师生用钳子夹起周边垃圾，更能保护捡垃圾者的卫生。捡起一次垃圾，就能体会捡垃圾的艰辛，也就不会轻易乱丢垃圾在地上了，从中也体验了不给他人（清洁工）添麻烦的快乐，培养了学生爱护环境和为人着想的意识和品质。

全校师生共同参与，达到校内地上见不到垃圾的效果。

（4）开展学校护旗队成员的选拔活动。在军训时，在初一新生中选拔军训项目优秀者，选拔40名身材高大壮实，站姿挺拔，步伐到位，精神面貌积极向上、充满阳光的学生作为护旗队成员。在军训中选拔苗子，提高了培养护旗队的效率。通过公开选拔，让学生明白，做任何事情都要努力做到最好，说不定某个荣誉正在等着你。

（5）开展学校学生会干部的选拔活动。每年春天，在初一、初二学生中选拔学生会干部，首先由各班推荐，然后进行全校公选。每班推荐2名同学参加学生会主席、副主席竞选。在各班推荐的人选中，由学校团委书记组织初步选拔，产生10名学生会主席、副主席候选人。举行竞选大会，以候选人竞选演讲的形式进行，全体学生听取竞选发言并投票，一人一票，现场公布票数，最高票者为学生会主席，第二高票者为副主席，其余人员为各部部长。公选出来的学生会干部，具有公信力，是学生公认的能人，管理学生时，将更加有说服力。通过公开竞选，让学生初步明白民主的意义。

（6）开展社会主义核心价值观常规教育活动。将社会主义核心价值观融入学校教育教学全过程。学校不断完善文化墙、宣传栏、电子屏、学校公众号及广播站的宣教活动，达到学生100%熟记核心价值观24字内容。结合"美德少年"评选活动，树立道德榜样模范。强化价值观教育与日常行为习惯培养和常规管理工作的整合教育，将社会主义核心价值观与各项活动结合起来，与行为习惯培养结合起来，努力培养学生积极的人生态度、健康的心理情感、高尚的道德品质，让

"韩派名师" 成长之路

学生在潜移默化中深刻理解社会主义核心价值观，并付之于行动。学校举办的核心价值观小品大赛，曾被"中国文明网"报道。

（7）开展以"中国梦"为主题的教育活动。根据学生年龄特点，抓住清明、"七一"、"十一"等重要时间节点，开展以"中国梦"为主题的道德实践和社会实践活动。重视加强学生行为规范养成教育和文明礼仪教育，学生文明行为习惯有很大提升。扎实开展安全教育、法制教育、优良传统文化教育等各项活动，取得了显著的效果。

（8）开展适合学生个性发展需要的第二课堂活动。为贯彻以人为本的办学理念，培养学生的特长，学校发动老师并外聘老师每周开展第二课堂，开设形体训练、乒乓球、篮球、声乐训练、趣味英语、摄影、击剑、画画等课程。开设多方位的心理健康课程，让有需要的学生沉浸在充满关怀和正方向的成长环境中。丰富的艺术课堂与心理辅导活动，让学生充分领略艺术的魅力，激发团队合作精神，陶冶情操，开拓视野。帮助学生在德智体美各方面都得到全面的发展，使艺术、体育等活动起到丰富和促进素质教育的作用。

（9）开展人人参与的创建书香校园活动。中华文化源远流长，传统经典薪火相传。中国，有着五千年文明，中华经典更是滋养了一代又一代的华夏子孙。学校围绕中华优秀传统文化，开展多方位的阅读行动，在阅读中潜移默化地促进学生各方面的发展。学校开展了语文科的"语文主题学习"实验教学，倡导师生"每天读书半小时，每年读书三十本"，晨读、午练、暮省，"背诵十千字、读破百部书、写下千万句"，诵经典、习书法、尚礼仪、学做人。学校以"我的中国梦"为主题，结合重要的时间节点，开展形式多样的教育活动。清明节，开展缅怀先烈的经典诵读，到烈士陵园缅怀先烈，抒写感言的活动；开展"最是书香能致远——我最喜欢的好书推荐"读书报告会，读书小报展等；五四青年节，以"爱我中华，诵读经典"为主题的经典诗文朗诵会……在耳濡目染中，引导学生亲近经典著作，认同传统文化，形成健全品格。博文约礼，品质育人。为全方位激发学生的阅读兴趣，力求使学生博览群书，增贤益智，学校不定期开展大大小小的读书活动，如经典诵读、好书推荐、诗歌大会、美文展报等，形式不拘一格。书香的引领和熏陶，伴随着学生的茁壮成长。在静谧文字中赏美悟情，在琅琅书声中谱写华章。

（10）开展其他系列活动。为了创建人人参与、以人育人的德育文化环境，学校还开展很多活动。例如，①开展特色鲜明的社团活动。注重学生全面健康的发展，让每一名学生都有进一步提升综合素质、展现才华的舞台，学校成立了科技类、文体类、社会实践类三大类共十多个社团。②开展体育艺术节活动。每年冬天，举办师生田径运动会和文化艺术节，让每一位同学都有展示自我特长的舞台。③在清明、中秋等中华传统节日开展节日特色活动。清明节组织师生代表到烈士陵园举行缅怀革命先辈活动，中秋节举行制作灯笼活动。④3月5日开展"学雷锋、做一个有道德的人"活动。⑤3月12日植树节开展植树活动。⑥五四青年节前后开展"志愿者走进社区"活动。⑦开展日常常规评比活动。每周开展文明班级评比、星级小组评比、个人操行分评比，学期末评选学校先进班集体，利用全校升旗礼、班会和广播开展宣传和表彰。

通过系列德育活动及评比，把爱国爱校教育、传统文化教育与每个人都联系起来，谁也不能离开这个体系，达到学生综合素质在日常中养成的目的，促进学生全面健康成长。

7.创新家校合作管理机制，促进学生安全健康成长

成立班级家委会和校级家委会。班级家委会由各班主任组织成立，成立后设主任一名，建立班微信群，制定群规，班群的功能主要是老师与家长沟通的渠道，老师可以在群上布置任务，家长可以在群上交流经验，班级的工作可以在群里讨论。校级家委会由各班推荐一名家长代表组成，协助学校开展家校合作，做学校与各班家长交流的桥梁，成立微信群，校长、分管德育副校长及德育主任加入其中。

学校鼓励家长进校进班督学助学。全校家长名单存放于学校门口保安室，有任务家长来校，只要拿出身份证核实身份并登记后，就可进入校园和班级，参与巡视校园、听课、评课、布置班级文化等工作。同时，设立家长进校意见簿，家长有任何意见或建设，可在意见簿上写明，学校将结合实际给予解决。

成立家长志愿护校队，各班轮流，每班一个星期，每天至少4位家长，17：30—18：30时，到校门外各路口值班站岗，确保学生放学安全。

经过一系列符合学校实际的创新管理和引领，珠海市南屏中学形成了较好的校风、教风、学风，步入了走上坡路的轨道。首先是校风的提升。五年前，校园内垃圾随地可见，食品包装袋、纸团、果皮，不一而足。每逢上级领导来检查，须办公室主任先走一遍校园，消灭地上的垃圾。现在，无论何时何角落，不必再担心垃圾问题，地上找不到垃圾。五年前，学生见到老师不打招呼，见到同学不

"韩派名师"成长之路

理不睬，不知道什么叫做礼貌。现在，从每天早晨校门口开始，开口与老师同学打招呼是必修课。校园里，微笑的脸多了，开口问好的声音到处都是，污言秽语听不到了。校长走在校园里，学生见到了，远远地跑过来问好。楼道里拍球的噪声没有了，球场才是拍球的地方；午休时的吵闹声没有了，真正成为大家共同休息的时间；饭堂里打饭的队伍井然有序，没有了插队者；校园里欺负弱小的现象没有了，智力障碍、心理障碍、体格成长障碍等各种弱小者，在校园里都有了安全感，没有欺负，只有保护。其次是教风的好转。五年前，教师队伍没有向心力，骨干教师稀少，校本教科研开展不起来，无法形成整体队伍循环教学。目前，实现真实的集体备课，通过定时间、定地点、定人员、定内容、定流程，真正做到了资源共享和骨干教师传帮带；教师队伍基本形成三套人马，实际大多数人的循环教学愿望；从没有区级骨干教师上升为五名省市级名师，带动一帮青年骨干钻研教学，国、省、市赛课获奖年年有；早、中、晚，经常见到老师在无偿帮学生培优补差。最后是学风的改善。学习成了学生主动的行为。每天早晨，学生早早到校，不再有因懒散而迟到的学生，也许，学校正是他们最喜欢来的地方。学生做到早到早学的习惯，每个班级前门上都贴着"入室则静、入座则学"的标语，学生到校交完作业后就进行朗读或默读，不需要学生干部带头齐读。作业分三个层次后，学生都能完成，没有了抄作业的现象，风清气正。中午在校午休的学生，原本只有趴台休息，现在会自觉写作业、阅读或写字；傍晚放学后，原本是老师抓着学生不肯放，现在是学生拉着老师再辅导一会，学校只能采取关灯的办法来驱使学生回家；上课过程中，原本几乎每班都有几个学生趴在桌子上睡觉，现在几乎见不到这种现象了。

目前，珠海市南屏中学走在了进步的阶梯上，虽然艰辛，也收获了甜蜜的果实。近五年来分别被评为全国零犯罪学校、广东省义务教育规范化学校、广东省非物质文化遗产（沙田民歌）传承基地、珠海市德育示范学校、珠海市绿色学校、珠海市平安校园达标学校、珠海市击剑体育运动传统项目学校、珠海市安全教育（禁毒）最佳组织奖。

虽然，我为珠海的教育做出了一点理所当然的贡献，也为我这种类型的人闯出了一条路子，但这些都是微不足道的，只是我作为人，本身应该为自己、为社会做的一点事。如果这点记录，能对韩派师者有点参考作用，实是万幸。成长一直在路上，我将继续努力！

成长之路

· 24 ·

鹿守不变逐梦路，跫音笃笃见晨岚

——我的成长故事

黄浩森

湘桥长别问道人，争讨声，不复闻。风花时节，各各奔前程。惆怅韩园回首处，还忆起，旧时朋。

舟车兼驰过千村，南海滨，学耕耘。树蕙滋兰，风雨见真诚。策马扬鞭蹄自奋，丹心在，梦无声。

——《江城子·感怀》

时间回到2002年的那个夏天。有一个青年，在笔架山前，用颤抖的双手写下感怀的词篇。从韩江出发，到西江，过北江，达湘江。17年后，重读该词，不禁潜然泪下。正应了白乐天的那句话：感人心者，莫先乎情。是英雄有泪？否，是斯人有梦，山水有情！

一、那时，那山，那水，那些人

"来吧，来吧，相约九八，相约在银色的月光下，相约在温暖的情意中；来吧，来吧，相约一九九八，相约在甜美的春风里，相约那永远的青春年华！"

——《相约九八》

金秋九月，在王菲和那英天籁一般醇美的歌声里，98012班59位风华正茂的同学走进了湘子桥畔、笔架山下的韩师中文系。我们是幸运的一届：1998年，大学还没有扩招。我们一边享受着免费师范生的待遇，也一边享受着各种充足的资源。可以迤迤然走在干训楼通往笔锋楼绵延的石板路上，聆听皮鞋叩击青石产生的悠长而响亮的足音；可以在伟南楼的二楼宽敞的教室里自习，欣赏中文系"四大才子"从三楼上课传到一楼的浑厚中音；还可以一个人静静地走上韩文公祠，枕山望水，观北阁佛灯，看湘桥春涨。

我一直认为，美好的山水人文是在韩师百年文脉传承之根本。所谓"一方水土养育一方风情"，韩愈等名人和故事固然留下了教化深远的人文，积淀起了岁月的柔情与乡土的魅力，编织成了后人成长的摇篮和成才的沃土。而那些与我一起走过四年青葱岁月的师友人事更是我人生重要的风景。譬如，松元师上古典文学时的黄钟大吕、恣意汪洋，让懵懂少年深感文化之博大；又譬如，景忠师上当代文学时的娓娓道来、侃侃而谈，让迷茫少年有抽丝剥茧的顿悟；还譬如，锐群师策划活动，指导辩论，让无知少年从青涩走向成熟。而那些与我朝夕相处的同学，譬如，燕华的爽朗、仲毅的洒脱、楚周的深刻、张科的精灵、晓哲的通达，等等；正是因为他们，让我的大学生活充满了欢声与笑语。自然，大学生活里也少不了那丰富多彩的社会实践，譬如，校园社团里忙碌的步伐，城墙古街上流连的身影，石庵河滩边欢快的笑声，毕业实习时苦涩的回忆。这一切，绵延交织在一起，让我在多姿多彩的环境中学习和成长。

时至今日，每每午夜梦回，韩师的日子依稀就在昨天。仿佛还在笔架山下，在湘桥水边，在老教室里，在师友的陪伴下，享受那人生最美好的日子。我现在总是跟我们学校新招聘进来的师范毕业生说，要"读书读人读社会"。其实，我们那时就是这样过来的。

二、彼时，彼地，彼课堂，彼心情

最怕你一生碌碌无为，还安慰自己平凡可贵。

——《猫头鹰丛书》

不经一番风雨，怎么见彩虹？没有人能随随便便成功！我的求职和工作经历就像坐过山车一样颇多意外惊喜。首先，我去找工作时就先遇上了一点插曲。因为我们是最后一届免费师范生，似乎还包分配；于是，毕业前，家乡教育局发函给学校要求安排我回去全县唯一的一所重点中学教书。经过再三考虑，我还是放弃了接受分配工作的机会，背起行囊，走出大山，只身直奔珠江三角洲地区。

在人地生疏的珠江三角洲，有的是创业的热情与对人才的渴望。我清楚地记得，我独自一人走进南海市西樵中学，敲开校长室的门，把准备好的简历递上。但校长没有细看，却拿来一张空白的便签纸，让我立即现场手书个人概况。幸亏在中文系时"三笔字"练得还可以，也有参加"三角梅文学社"的锻炼。15分钟内，一篇文采斐然、详略得当，加上字迹清秀有力的简介一气呵成，给校长留下了良好的印象。后来我才知道，校长本身字写得特别好，所以对老师们的写字要求较高。他还有一个怪规定：当时计算机已经较普及了，每个办公室至少有两台；但校长规定学生手册的评语必须由班主任手写。现在想起来，在大学里练好字还真是师范生的一项基本功，这也是给学生树立一个好的榜样。随后，校长让教导处安排了我去高二（2）班试讲，上的是孙犁的名篇《荷花淀》，只给了一小时备课。我不知道前来听课的教导主任最后是怎么评价的，我只是在课堂上用余光看到了窗外校长的身影微微地颔首。于是，顺理成章的，我成了这所有着70多年历史，3 000多学生的完全中学的一名语文教师。

插曲似乎还有余音！我是临时接到学校教导处的电话通知，要求提前五天回学校参与分班与军训工作。到了学校后我才知道，初中语文科组12位老师中，有十位是女的，而且有一位男教师即将退休。在科组长卢雪冰老师的再三要求下，学校没有了办法，临时把我调整到初一年级任教，美其名曰"男女搭配，干活不累"。我愉快地接受了工作，去当"孩子王"。乃至两年后，学校要初高中分离；校长没有征求我的意见，直接又把我抽回高中去了。如今，回想起来这一波三折的求职之路，不禁感慨万千。很多时候人生的事情你开始时是无法预料的，你能做的就是走一步，再走一步，踏踏实实地走好每一步，要相信：你所付出的所有汗水与努力都会有回报的。

从大学到中学，不变的校园，改变的是角色。一上岗就担任班主任，教两个班的语文。面对崭新的人和事，生活掀开了新的一页，一切都懵懵懂懂，但又新鲜火热。生活也似乎极有规律，从早上六点半起床到教室看早读，中午看管午睡，晚上看晚自习后还要送学生到村口（当年学校的学生主要来自附近四个村子，孩子都骑自行车上学，珠江三角洲流动人口多，治安不太好，晚上九点下课后需要年轻老师骑摩托车护送学生到村口），常常是到夜晚十点多才回到宿舍，洗个澡躺在床上累得不想再动。我自诩自己是个"超级保姆"，学生的一切都管着；不巧那时又碰上"非典"，多了许多的早上测量体温、午间消毒、夜晚到办公室值夜班之

鹿守不变逐梦路　跫音笃笃见晨凤

类的杂活，日子就这样不紧不慢地滑行。教室—饭堂—宿舍，三点一线，跟大学时差不多，规律、紧张、忙碌，但似乎不怎么充实。

　　相对于班级管理方面的忙乱，在上课方面我倒是很快进入了角色，这确实是依赖自己四年来没敢落下的专业基础。彼时是2002年9月，新课程标准刚刚全面铺开。新的思想出现，旧的格局悄然打破。面对新的变局，老教师大都是作壁上观，因为他们已经有了成熟的经验可以直接复制，不需要再辛苦地从头开始。以至于当年的《羊城晚报》曾刊发一篇评论，尖锐地指出，"新课改，教师是天然的障碍"。

　　我这个"小鲜肉"自然还不理解什么是课改的障碍。所谓初生牛犊不畏虎！在参加了几天新课程标准的培训后，我兴冲冲地站上了讲台，讲授了我参加工作来的正式第一课——《在山的那边》——清新隽永的一首小诗。不知道是因为我是新老师，跟学生没有太大的距离；还是因为刚换了新教材、新理念，学生喜欢这种较放得开的课程；抑或是在大学里颇学了一些诗词，而碰巧第一课编排的内容是诗歌。总之，我满身大汗地上完第一节课下来，竟也收获了许多的肯定。我的理解是这是老教师们对新人的包容，也是对新人的鼓励，让我不安的心在异乡的讲台上可以稍稍地稳定下来。但人生不总是那么顺利的，有时候，你期望越高，失望就越大。我也很快就尝到了生活给予我的苦涩。

　　我清楚地记得，由于是刚刚启动新课程改革，大家对新的教学理念都不熟悉，所以也就没有人愿意上公开课，特别是单元后面的"综合实践活动"课。因为"综合实践活动"是新增的内容，七年级第一单元的主题是《这就是我》。眼看过去两周，要到单元末了，必须要上这节综合实践课了，但在集体备课时推不过去；因为没有任何参考，大家都挺头疼的。不出所料，科组长带着一脸坏笑，半诱惑半强制地把这个艰巨的任务交给了我，我也是不知天高地厚，竟然一口答应了。现在想起来确实有些鲁莽。因为当时真的是对初中生的经历没有太多的知识储备，对"综合实践活动"课的课型和理念也是一知半解，加上新教师对课堂调控能力确实欠缺。所以，辛辛苦苦备好的一节课，不到25分钟就上完了。主要的原因是我对学生的学情考虑严重不足，我针对学生成长设计了四个环节，每个环节需要学生分成四人小组讨论后再到讲台来展示，每个环节大概预计是8分钟；但是3分钟不到，学生们就结束了讨论，展示的时候也说不出什么具体例子来。你可以想象当时我的紧张和茫然，衣背都被汗水湿透了。课堂上是50双明亮的眼睛，教室后面再加上10多双明亮或不明亮的眼睛，犹如一盏盏的小灯泡，炙烤着我的脸，整个人都火辣辣的。我赶紧定了定神，开始了一个人的"单口相声"。整整20分钟，我调动思维，搜索枯肠，把平时积累的古今中外名人的成长故事用了简洁的语言一一地列举描述，最后，我在下课的铃声中仓促地结束了授课。过后回想起来，确实有些后怕，倘若不是在韩师中文系当学生分会主席时训练有素，在课堂上出现了冷场，还面对那么多老师，那就不仅仅糗大了；严重一点，可以说是教学事故。

但事情都有两面性，这次的公开课上砸了也不全是坏事，除了让我自己深刻反思自己对学生学情不了解和研判不足，逼迫自己要更加深入学习新课程标准外，似乎也有一些其他的利好。因为这次课之后，当时来听课的老师在校园里到处宣传说我们科组新来的小伙子"嘴上挂了个油瓶"。乃至到后来，我去教师饭堂吃饭的时候，偶尔还会听到高中那边的老师在议论我的表现。正是好事不出门，坏事传千里。这事都还没有平息过去，新的事情又来了。

2002年国庆节之后，南海市推出了新课程标准研究课系列活动，要求各镇街开展交流活动。原因是新课程标准下的教学开展一个多月来，很多老教师无所适从，一夜间突然变得不知怎么上课了？区里的教研员也没有经验，不知怎么指导？于是想着从基层找点"草根实践经验"。可能是我前面的表现，也可能是出于培养新人的考虑，"谦虚的同科组老教师"一致推荐我代表学校上七年级语文观摩课。语文因为是传统科目，又排在整个活动的第一位。这可是当年全南海15 000多名老师中第一个上新课改观摩课的，颇有点改革先锋的意味。佛曰：我不下地狱，谁下地狱？南海这个地方本来就是改革开放的先行地，康有为当年就在这里读书，然后上京发动"戊戌变法"，开了改革风气之先；而且，珠江三角洲经济发展迅猛也是得益于这里敢为人先的地域文化。我一边心里安慰自己，一边还是不敢大意，也是为了贴近自己的优势，我选了《秋天》这篇课文。这也是一首诗歌，赞美丰收的抒情诗，音韵和谐，朗朗上口，整体容易把握。于是，在同科组老师的帮助下，查资料、写教案、做课件、剪音乐，之后就是磨课、试讲、修改，再试教，再修改，除了我自己做班主任的班外，其他七个班全试教了一遍。记得当时是在电教室里上这节课的，来了多少老师听课？我不知道，只见后面黑压压的一片人，连过道都坐满了。但我只记住一个人来了，当时的教办黎远灿主任，五十多岁的老人家，穿着西装，打着领带，头上光亮，一副睿智儒雅的学者形象。

可能是太关注他的"聪明绝顶"，也可能第一次见大领导太紧张，以至于他的评课没怎么记住，大意是小伙子基础不错，要继续努力，云云。

之后的日子就一直过得波澜不惊。或者是熟悉了上课的流程，或者是习惯了工作的节奏，或者是适应了从学生到教师的角色转变。慢慢地过了一年，心底竟然潜滋暗长出一些东西来。就是一旦你的工作上了轨道，日子仿佛都在重复。由于工作需要，我第二年继续留在初一，担任语文备课组长，简单的课文已不需要重复再备了；更为关键的是面对十二三岁的初一学生，生性叛逆，我每天像个"消防队长"到处"救火"，换来的却是学生的不理解和成绩不上不下。

那时是极度苦闷的一个时期，一边是现实教学工作的不如意，一边是未来似乎可以一眼看得到尽头的职业生涯。于是，在夜阑人静的时候，不甘平淡的我重拾考研的书本，并于2005年考上了湖南师范大学的研究生。

三、时空转换：从一线课堂教学到教育教学研究

春江浩荡暂徘徊，又踏层峰望眼开。风起绿洲吹浪去，雨从青野上山来。

——毛泽东

暂时脱离了一线教育教学的烦琐，又一次踏进大学的校园。我格外珍惜学习的机会，不仅规定的课程没有随便翘课，还几次去旁听了湖南师范大学老校长张楚廷教授给博士研究生上的课程教学论，真正的高屋建瓴，眼界大开。由于学习表现不错，我被评为了2007学年"湖南师范大学优秀研究生"。就在我考虑毕业后要不要回到南海中学西樵分校任教高中的时候，当初招聘我进来的梁校长一个电话，又改变了我人生的轨迹。

梁校长说，"你还记得两年前那副对联的故事吗?"

我一时是丈二金刚摸不着头脑了。

"什么对联?"

梁校长笑着说，"就是那年中考前你在学校黑板墙报上写的那副考试对联啊，没有印象啦?"

"哦，哦，我想起来了。"时空随即切换到那年中考之前。我们学校要做考场，上级规定需要把教室里里外外所有的板报内容全都擦掉或者用白纸糊起来，理由

是防止有人借机舞弊。彼时，我由于年轻，加上之前在韩师中文系担任过宣传委员，教书后也在学校凤地文学社帮忙做一些宣传工作。当时想法很简单，读中文系出来的年轻人，写写画画就是你的责任。所以平时校长叫我写个总结，办张报纸，出个板报等，我从来是没有二话的。

记得那天，当所有教室的板报都清理好后，其他老师和学生都走了。因为我住学校宿舍，没赶着回去。看着教学楼前的宣传栏（20世纪90年代用砖头石米砌成的，上面涂了一层黑漆）黑黑的一片，怎么看怎么不舒服。我想这样黑咕隆咚的一块对来考试的学生也影响不好吧，不能有宣传内容，写个标语总行吧。咱们文雅一些，搞副对联上去，鼓励一下学生应该没事吧。于是，我回到教室拿来了粉笔，"刷刷刷"地在那足有5×3米的板报墙上写了十个大字"考胸中抱负，试笔底功夫"。每个约有50厘米，上下两行，呈"之"字形排列。这副对联是"鹤顶格"，把"考试"两个字嵌进去了，形象地描述了青春学子纵横考场、牛气冲天的气象，格局还算比较大吧。这完全是得益于在韩师中文系开设的《诗词格律》这门课，得益于陈新伟老师严格的训练。老先生当时快七十岁了，上课却是一丝不苟，抑扬顿挫；而且你写一首诗联作业给他，他必定和你一首；搞得我们既恨又爱，上他的课从来都是不敢偷懒的。

记得当时，我写完这副对联就回去了，也没有想会有什么其他后果。结果，第二天校长在考场见到我笑着说，你小子"红"了。原来教育局领导下来检查考试工作，看到了这副对联，说字不错，内容也不错，还用笔记本记下来了。而且问校长这是谁的"杰作"？

我顿时心里一惊：糟了，我进"黑名单"了。

后来得知，校长说他当时也不知道这对联是我写的，而且也不知是好事坏事，就含糊地说是学校里的一个老师写的，是随意涂鸦等搪塞过去了。谁知道，那年中考我们学校考得特别好，奖金也丰厚得不得了：初三的老师都到"新马泰"去旅游了，我们非毕业班的老师也每人发了800元的奖金。于是，这个对联的事也在茶余饭后被老师们重新翻了出来，增添了不少对我的谈趣话题。

梁校长在电话里说，我们镇正在申报"广东省教育强镇"，需要抽调一个老师去负责写自评报告和编印宣传材料。上级领导问学校有没有好的人选？校长推荐了我，说就是当年那个写"考试对联"的老师。领导没有二话，马上拍板同意抽调我去负责"教育强镇"申报和评估工作。

鹿守不变逐梦路　跫音笃笃见晨岚

半年的"广东省教育强镇"申报工作很快就结束了，我们镇取得很高的分数，领导很满意。他对我说，既然出来了，就不要回去了；你学历高，也肯干，不如留在我们教研室搞教研工作吧。

正是应了那句古语：刘备借荆州，一借没回头。

于是，过山车拐了一点方向，我开始了我的另一段教育生涯。我的专业是汉语言文学，但是由于原来的中学语文教研员还有两年才退休；于是，教研室领导临时安排我负责办公室文秘、宣传，兼历史、地理、生物等副科的教研工作。

在教研室工作有一个好处，就是你能"站在远处看教育、站在高处看教育"。虽然暂时不是从事语文教育教学研究工作，但跨学科的教研工作为我提供了一个充分挖掘潜能和发挥才华的平台。当上教研员后，我一直在思考，如何整合几个学科，做大做强所谓的"副科"？因为不是这些学科出身，我非常焦虑，参加了几次教研活动，还隐隐约约地听到一些不太友好的评价。

我一时陷入了迷茫之中。周末就在窝在宿舍里发呆，顺便看些闲书。我自己有个爱好，就是无论以前作为中文系的学生，还是现在作为一名老师，都十分关注地方文化。在韩师读书时，曾在《潮州》杂志、《潮州日报》等发表过《漫谈潮汕大锣鼓》等地方文化史料的文章。来到南海工作后，我也经常在教学之余通过各种途径去了解这里的本土文化，因为这也是我的兴趣所在。

经过深思熟虑，我申报了中央电化教育馆"十一五"全国教育技术研究规划青年课题"基于网络环境下的乡土教育资源开发研究"，希望用这个支点来撬动我所负责的整个教研工作。作为主持人，我先是通过查阅大量资料，联络群众、走访专家、现场考证等方式，带领18位老师200多位学生上山下村，并鼓励中小学生采写记录。整整三年，经过不懈努力钻研，一本跨学科的《樵山人文》乡土教材出版了，备受追捧，甚至一度出现"洛阳纸贵"的场面。值得一提的是，我们运用了当时最热门的博客来对这一课题进行辅助研究，形成了一个先进信息交换处理平台，取得了非常好的社会效果。这一成果被广东省电化教育馆采纳，在广州、汕头等地进行推广，以至于过了十年后《樵山人文》这项研究还时时被人提起。

如今回想起来，我在教研室的这一段开展课题研究的经历跟我当年在韩师中文系的学习也是有着莫大关系的。当时，我除了学习好本专业的课程外，还认真学习了客座教授、潮州市政协曾楚楠老先生讲授的《中国文化史》，他的课用的都是自己印的讲义，一笔一画手写上去，让人仿佛看到一个虔诚的文史工作者在文化的道路上一步一顿前进的足迹。我至今保存着曾先生的授课手稿，毕业后也曾跟曾先生有过书信往来，他还给我寄过《潮州文史资料》。如今快二十年了，不知先生是否还安好？另外，还有一个人不得不提，他就是吴绍雄医生。吴医生原来是潮州中医院的一名医生，后来在新枫路开了一间中医门诊，我因为阑尾炎得到吴医生的帮助。而且吴医生极具乡土情怀，十分关心潮州城的文化保护，他曾在周末与朋友一起驾车带我到饶平去考察"道韵楼"等历史古建筑。这一切，都为我未来的发展打下了温暖的文化底色。

四、有奋斗就有机遇，有经历才有故事

"我将热情燃烧你可知道，我被青春撞了一下腰！"就在我收拾心情准备去做校长的时候，一不小心，我被文化撞了一下腰！

——35岁自述

我在教研室的工作比较顺利，也算是得心应手。我一拿到了研究生的毕业证书，上级就马上安排了我挂职担任第一小学校长办公室主任，一年后再转去担任樵北中学的校长助理，同时也开始负责全镇七所中学的语文教研工作。我理解这是上级是对我的培养和锻炼，所以我倍加珍惜。2013年12月，我在佛山市教育局参加了半年的学习后，顺利取得了校长资格证书，摩拳擦掌，准备待明年六月换届的时候就到学校去一展身手。为了做好准备，我把近几年来的《中国教育报》"校长周刊"里面的内容都认真研读了一遍，还把大部分剪下来了，分门别类做了剪报。

就在我踌躇志满的时候，一个猝不及防的任命打破了我的美梦，职业的过山车拐了个大方向。2013年12月，我因事出国了一段时间。彼时，政府正在开展中层竞岗活动，领导要求教研室每个人都要报名，并在没有征求我意见的情况下帮我递交了报名表。等我回来后，已经公布了答辩名单，我稀里糊涂地跟着别人上台，也不太会讲施政规划，就拿了这几年做课题发表的论文和证书做了展示。可能是机缘巧合，也可能是政策利好，在没有任何人跟我谈话的情况下，一纸任命，2014年1月，我从教育领域转战文化领域，去了文化部门任职，而且是"一把

鹿守不变逐梦路　跫音笃笃见晨岚

手"。从学校教育走向社会文化，我仿佛是井底之蛙一下子跳到一个广阔的平台，眼前是一片升腾的气象。

西樵山是岭南文化的发源地，珠江文明的灯塔！科名鼎盛，底蕴丰厚，明清两代产生13位翰林、20多位进士，300多位举人，西樵山四大书院可比肩岳麓，理学名山更是闻名遐迩。自古有佛山文化看南海，南海文化看西樵的说法。虽然是弱势的文化部门，但是面对拥有40万人口的历史文化名镇，一年至少也有一千多万的文化经费开支，我顿时压力山大。

刚上任不久，佛山知名学者龙建刚就在《南方日报》发表了一篇名为《西樵扛得起佛山文化中心的大旗吗？》的评论文章。这无形中给西樵下了挑战书，也给任职不久的我带来不少压力。经过深入的思考以及与其他地方的文化对比，我决定带领我的文化团队，借助本土诗社、摄影协会等组织团体的力量，在"会说话的历史——文物"这一领域开始研究，编写乡土普及读物《西樵文物钩沉》，深入挖掘只属于西樵山的文化底蕴。

刚开始，因为缺乏经验，也缺乏相关资料，即便是上山下乡、走街串巷，也收获不大，因此，《西樵文物钩沉》的初稿整体空泛，与初期的预想效果差距较大。于是，我与编写组多次开会商讨，调整编写方向，采用定向采访本土"活化石"的方式，同时翻阅大量文献资料。整个编写组放弃国庆假期，甚至在正常工作日加班加点。当时，我们的口号是"星期六保证不休息，星期天休息不保证"。正是在这样的拼劲下，经过近一年的努力，充满本土气息的《西樵文物钩沉》由广西师范大学出版社顺利出版。《西樵文物钩沉》里面搜集整理介绍的103处文物，占据了南海文物的半壁江山，每件文物都是见人、见事、见物、见思想，有力地回应了龙教授的质疑，一时好评如潮。

开弓没有回头箭！我一鼓作气，在文化工作的道路上走出了一条有自己特色的道路：从2014年收集西樵山103处文物的《西樵文物钩沉》专题策划，到2015年集中反映本地16项非物质文化遗产的《樵山遗韵》的专题策划，再到2016年深入挖掘13位翰林事迹，凸显"文翰樵山最岭南"文化地位的《樵山翰林》专题策划，还有2017年启动的反映古村记忆的文化寻根专题策划《西樵山下我的家》；最后集结成"记住乡愁"系列丛书。四年来，我立足西樵山传统和历史文化的多个宝藏，一步一个脚印，一年一个专题，带领各部门同事和西樵文联下属10个社团900多会员，为擦亮西樵山岭南文化高地这个品牌而不懈努力。2017年，我们单位因工作出色，被评为广东省基层文化工作先进单位，是全佛山唯一获此殊荣的镇街单位。

站在新的历史起点上，西樵文化再次辉煌的时代大幕即将开启。2017年3月，国内演艺界巨头杭州宋城演艺集团布局岭南，落子西樵山，策划珠江三角洲唯一的大型历史演艺《宋城·岭南千古情》。作为宋城项目核心组12位成员之一，我憧憬着梦想花开的一天。可是，花开无声，梦破亦无声。

五、回归：百战归来后，读书供洗尘

千秋邈矣独留我，百战归来再读书。

——曾国藩

本质上说，我就是一个书生。我特别喜欢别人在第一次见到我的时候评价我说，你看起来还像是个老师的样子。所以，太有商业性的工作不太适合我。2018年1月，由于教育局原有的人事变动，我被政府安排回到教育线工作，过山车又回到了原来的轨道。回到曾经熟悉的领域，还没有来得及拍拍肩膀上的浮尘，从前的学校教育生活景象一下又在眼前立体了起来。

十年人事几番新！在信息化时代，三到五年，社会就已经几番新了。重新回到教育线工作，我发现整个教育的格局已悄然改变：我们多了4所九年一贯制的实验类学校，还有一所12年一贯制的国际学校；全镇有3 000多位老师和近40 000名的学生；而且，我也不再负责具体的学科教研工作，而是分管21所学校和34所幼儿园的所有教育教学业务。从哪里切入去实现区域教育的优质均衡发展，成为摆在我面前的一道新的难题。于是，读书，读书，再读书。我尝试从大量信息资源阅读中去探寻新的工作思路。

我找到的第一个切入口是校本课程。校本课程研发是中小学校内涵发展和特色品牌创建的重要载体。基于课堂教学，基于特色办学，基于师生发展，校本课程成为撬动学校内涵发展的杠杆。我们说，如果将学生发展的时间线拉长，那些真正决胜千里的，往往是一些考试不考的能力。为此，我将第四轮教育内涵发展项目聚焦校本课程建设，做了三年150万元经费的立项规划。从2018年5月组织40位校长到大连学习到9月的专题学习报告以及到花都现场参观，再到12月举行答

鹿守不变逐梦路 跫音笃笃见晨岚

辩会，邀请了来自省教育厅、华南师范大学、广东第二师范学院的专家学者和区局业务领导，以及高级名校长共同把脉西樵教育内涵发展；各学校的团队精心准备汇报，答辩亮点纷呈，交流效果显著，为助推学校办学品牌的发展，也为"樵山教育·有为品质"的发展注入了新的动能。第一期50万元的校本课程建设扶持费用已经在2019年初到位，第二期将朝着"课程体系建设"与"精品课程打造"方向努力。

我找到的第二个切入口是智慧课堂。智慧课堂是以建构主义学习理论为依据，以"互联网+"的思维方式，通过大数据、云计算等新一代信息技术打造的智能、高效课堂。在上课的时候老师可以用平板计算机做到和屏幕、学生机同屏的操作，可以使用随机提问、抢答、自由讨论、当场作答并进行数据的统计处理等功能。在智慧课堂的环境下学习，不仅形式多样，学生互动性强，而且学习效率会更高。

进入新时代，信息技术和大数据正深刻影响着我们的生活！教育要为未来生活做准备！基于此，我从教育作为重要的民生工程的高点站位出发，提出了大力推进"智慧课堂"项目的建议，得到了党委政府的重视。2018年教师节，政府与广东校安科技公司签约引进电子书包智慧课程项目，先选了三所小学做试点。到了2019年2月，党委政府组织了全镇中学校长、副校长开展智慧课堂专题研讨会。之后，我带领了40多位中小学校长先后三次到东莞松山湖学习智慧课堂经验。到2019年9月，我们的第二小学、民乐小学、西樵实验小学、西樵中学、樵北中学、太平中学、南海执信中学、南海听音湖实验学校、佛山诺德安达学校等9所学校将率先进行智慧课堂教学改革。品质教育，智慧领航。我期待着这个智慧课堂项目真正提升学校的教育教学的水平，让老师可以从中得到更好的发展，也给我们的学生一个智慧的未来。

故事到这里似乎就可以暂告一段落了，因为一个人要走的路还很长，我目前所做的工作其实是不足挂齿的。但我时常心怀感恩，感恩在韩师度过的四年岁月，在那里除了学习到了专业知识，还塑造了我整个人的品性，为我人生的启程奠定了基础。最后，有几点心路历程想分享一下，也算是给后来的师弟师妹们一点建议吧。

一是勇往直前，不为彼岸只为海。我们大多数人都习惯待在自己熟悉的舒适区，对新鲜的事物畏手畏脚，不愿意去探索自己认知以外的领域，不敢去拥抱新的事物。可是你知道吗？大多数机会都是隐藏在人少的地带，站满了人的果树下基本上已没有什么果子留给你摘了。我当年如果没有迈出大山的第一步，就不会有后面的故事了。

二是竞争的深处是文化，竞争的绝处是人才。要想自己在未来的发展中走得更好更稳，需要文化的滋养，譬如海纳百川的包容精神，敢为人先的有为精神，团结拼搏的奋进精神等；同时，教育要为未来生活做准备，我们老师首先自己要有这样的意识，才能在工作中自主校正对标，不断拔节进步，实现达己育人。

三是自觉学习，持续学习，活化学习。我很喜欢一位学者说过的话：什么叫做学习？学习有四个层次：第一个层次叫做资料，这是最低层次。什么叫资料？就是还没学进去，比如图书馆有很多资料，你买了很多书放在书房，这也是资料。第二个层次叫做知识，经过刻苦学习，学懂了，学会了，资料就变成知识。我们说一个老师是有知识的人，说明他是有专业技能的。第三个层次叫做智慧，就是能够学以致用。在教育教学岗位上，学到知识了，并且用于实践，创造性地运用，这个就叫智慧。第四个层次叫做远见。什么是远见？就是还没发生的事情，预料到了会发生，并未雨绸缪，提前做好规划。

我觉得我自己是一直在朝这些方向努力的，以后也将继续这样努力下去……

鹿守不变逐梦路　跫音笃笃见晨岚

化蛹成蝶：做最真的教师

黄　瑶

"北来南去几时休，人在光阴似箭流。"不知不觉间，这已是我离开母校，踏上工作岗位上的第十五个年头。曾经，无数恩师在这方三寸讲台上传授我专业知识，教导我做人的真理。如今，我又站在这方讲台上接过前辈的教育使命，引导更年轻的一辈向前出发。今天，能拥有这样一个机会来分享我的成长故事，能以笔寄情表达我对母校久久的感恩与怀念，我感到既幸运又责任重大。希望我的分享能帮助更多的后生找到自己的前进方向，开创属于你们的新天地。

我至今都还记得当年拿到韩山师范学院录取通知书的那一天，虽然早有心理准备，但我在切切实实拿到那份珍贵的录取通知书时还是激动万分。我成功地来到了韩师，成了中文系汉语言文学专业的一员。

从小，我对文学就有一股近乎偏执的坚持。我喜欢文学，就像山泉喜欢叮咚作响；我喜欢文学，就像鲜花喜欢肆意绽放；我喜欢文学，就像雏鹰渴望展翅翱翔；我喜欢文学，就像万事万物喜欢它们的生活节奏那样，出于热爱，出于本能。

选择一个自己所热爱的专业，学习将会变成一件十分有乐趣的事情。

走进韩师后，我对文学的学习也不再停留在了浅浅的喜爱上面，而是向更专业方面靠拢。记得在大学四年里，我上了很多专业课，有些课，至今我都还印象深刻。在韩师接受的汉语言文学教育不仅让我对文学的了解更为深刻，也让我成为一个更有厚度与深度的人。在其中学到的知识和能力也为我而后开展教育工作打下了良好的基础。我想，韩师的四年学习生涯让我成长了，而韩师的四年积淀让我而后的成长之路也走得更加坦荡、顺畅。

从韩师毕业后，我就毅然决然地投入了教育工作中。现在的我是一名语文老师，任教于潮州市金山实验学校中学部。这所学校孕育了一代又一代优秀的学子，能获得这样一个优秀的工作环境和良好的工作平台，我感到干劲儿十足。最初，我抱着初生牛犊不怕虎的热情来开始我的教育工作，可是，正如所有故事一样：万事开头难。初中语文教学并不像我想的那么简单，学生处于一个成长的过渡阶段，他们对语文的热情也不如我想得那么高。语文学习也不能像数学学习那样，能够通过习题训练来得到提升。在我看来，语文是学习我们的传统文化与知识，这些传统既包括中国的，也包括世界的，这不应只被视为一门普通的学科，这更是帮助我们的学生更好观察这个世界的一门学问。

早年的语文教学是比较枯燥的，很多老师都还停留在讲解课文和做题训练等一些比较简单的教学工作上。当然，这些工作有一定的意义，但仅靠这些工作是很难真正地提升我们学生的语文能力。看着班上的学生在语文课上兴趣缺乏，看着那一张张稚嫩的小脸因为背诵而愁眉苦眼，我想，我需要帮助他们，让他们发现语文的魅力，让他们看见语言的力量，帮助他们重新拾起学习语文的信心与乐趣。

我非常注重通过古诗词教学来提升学生们的学习热情和学习能力。古诗词的美是多方面的，不仅在于它的意境美、词句美、还在于它的音韵美。所以，每次进行古诗词教学时，我都会带领学生们朗读古诗。在了解了整首古诗的意思和背景后，学生们的朗读会更有感情，也更能打动人。并且我十分鼓励学生们按照自己初读古诗的感觉来朗诵这首古诗，我发现每位学生的声调情貌甚至断句都是有差别的，可见，古诗给予我们每个人的世界观都是不一样的。

同时，我还十分注重语文的延伸性教学。因为我认为这样不仅能扩充学生们的知识面，还能让他们感受更丰富多彩的语文世界。在学习苏轼的《江城子·密州出猎》时，我还会给学生们介绍苏轼的另一首词《江城子·记梦》，同样类型的词，读起来却是风格迥异的两首词。并且，我还注重找出作者在不同阶段的词来做对比，借此告诉学生们：诗词最重要的就是表达你的所思所想，真正打动人的文学创作必须是真情实感的。

还有一次在上韩愈的《左迁至蓝关示侄孙湘》时，我建议学生们用潮州方言来进行朗诵。一开始，学生们都感到十分不好意思甚至觉得十分逗趣，但在我的多次鼓励后学生们还是开始用潮州话进行朗诵。后来，渐入佳境，古韵慢慢就在方言中流露出来，那一刻学生不仅感受到了诗词朗诵的乐趣，还感受到了方言的魅力。

阳春三月，万物生晖。那年的春天，来得有些晚。但百花绽放的盛景却永远

化蛹成蝶　做最真的教师

不会迟到。校园里的炮仗花最早展开了她优美的身姿，看着炮仗花一马当先，盛开得轰轰烈烈，桃花小姑娘也按捺不住露出了她娇羞可爱的脸庞。"一年之计在于春"，整个校园都洋溢着春天的朝气，"一年之计在于晨"，花香弥漫，空气里还有琅琅书声。

我走进教室，看着学生们都在认真进行晨读。不过，他们那单调的背诵让一首首古诗听起来逊色了不少。春光给了我灵感，于是我决定给他们上一堂与众不同的语文课。

一上课我就问他们："你们觉得今天有什么不一样吗？"学生们一开始被我的问题问懵住了，后来还是乖巧地回答，他们的答案千奇百怪。最后，我看差不多了就说："今天是春天来的日子。"我继续说道："老师一直在思考，语文学习究竟要怎么学习才是有效学习？你们的学习能力又应该怎样培养提升？后来，我想了一下，把你们放进大自然里是最好不过的。"紧接着我拿起粉笔在黑板上写下了两句诗：

"春风又绿江南岸，明月何时照我还？"
"绿杨烟外晓寒轻，红杏枝头春意闹。"

我故意将两句诗中的"绿"字和"闹"字用红色粉笔标注出来，紧接着我向学生们提问："你们能否再用两个其他的字来代替这两个字？来表现你心中的春天。"有人用"吹"和"冒"，也有人用"拂"和"笑"，大家都很积极地投入课堂讨论中，也在认真思考揣摩着放哪一个词能更好地表现他们心中的春天。看着时间差不多了，我叫学生们都停止讨论，然后问他们："你们觉得你们用的词和原作者比起来怎么样？"很多学生都感觉自愧不如，都认为自己比不上原作者的遣词。但有一位学生举手，我示意他发言。

他站起来说："我无法和原作者比，因为他们的用词是他们感受到的春天。老师叫我们用两个词来表达自己看见的春天，我用的词就是我所感受到的。所以，我不会觉得我比原作者不好，也不会觉得我比原作者好。"少年的脸庞还略显稚嫩，但认真的话语却让我心头一暖。文学的交流本应就是如此，既要感受到他人的感受，同时也不要轻易否认自己的感受。

"对，这才是我想要的回答。诗歌重在表达你的所思所感，文字不仅是我们交流的工具，更是我们表达自我最好的利器。为什么这两句诗能因为这两个字成为千古名句，是因为这两位作者都在真切感受了春天之后如实地表达了自己的所思所感。语文学习同样如此，比起做很多阅读题，老师更希望你们像今天这样去用心感受一句诗。今天，我们每个人都是语文的受益者，我们既拥有了无限春光，又感受到了伟大作品的精妙，同时，我们还表达了自己对春天的感受。"

通过那节课，我让学生们明白语文能力的提升不是在于一个考题的答案，而在于你对生活的捕捉，对文字的感受。我们学习知识不是为了应付考试，而是为了更好地体验生活。

后来，那节课的出色成效也让我看见了通过诗歌引导孩子们进行语文学习的可行性。我想，诗歌本来就是我们中国传统文学的宝藏，如果能很好运用好诗歌进行教学，那一定能很好地帮助学生们学习语文。

春天的故事随着越来越淡的春风过去了，夏季的蝉鸣唤来了夏天的故事。

那段时间，我们正在进行近代诗歌学习。我和学生们一同感动于那一句"大堰河，是我的保姆"；我们一起流连于"千里冰封，万里雪飘"的北国风光；我们一起沉默在"我在这头，大陆在那头"的乡愁里。在结束了单元学习后，为了加深学生们对现代诗歌的理解，让他们看见我国诗歌文学的丰富与魅力，我还专门组织了一个现代诗歌学习活动，号召学生们在"读诗歌、学诗歌、品诗歌"的过程中自己动手"写诗歌、玩诗歌"。

活动开始之际，我向学生们分享了谢武章先生的知名诗歌《春天》。

风跑得直喘气，
向大家报告好消息，
春天来了，
春天来了！
花朵站在枝头上，
看不见春天，
就踮起脚尖，
急着找。
春天在哪里？
春天在哪里？

化蛹成蝶 做最真的教师

花，
不知道
自己就是春天。

当我和大家分享完这首诗后，整个教室都陷入了一瞬间的静默，随即便是雷鸣般的掌声，学生们都止不住地赞叹叫好。类似这样简单却饱含深意的小诗在我国的现代诗歌上能找到不少，我们传统文学的魅力是永远挖不尽的。我笑着问学生们："你们觉得这首诗好在哪儿？"学生们七嘴八舌地说着，其中一个答案将所有热闹囊括其中，那位学生是这样说的："这首诗讲得很有道理，也很有诗意。"

对，语文学习就应如此。既要让学生们掌握到书本里的知识道理，了解世界运转的规律，了解自然生命，也要让学生们感受到生活的情趣与诗意。曾经有一位朋友这样跟我说道："现在的孩子们不是不爱文学，他们只是不喜欢语文。"在很多孩子看来，语文就是一门努力了也很难让分数提高的学科。语文的提高更注重一种内质的提升，正如即使我已经接受了四年专业的汉语言文学教育并有着十几年的从教经验，我还是不能说完全悟透了语文这门学科。而我们的学生显然有更长的路要走，而作为他们的老师，我要做的就是带领他们充满热情与动力地一直走下去。

在围绕那首《春天》诗歌进行了一阵讨论后，我向学生们建议道："不如我们一起来创作一首《夏天》如何？"不同往日我给他们布置完作业后，他们齐齐地哭天喊地，这次他们都欣然接受。摩拳擦掌，只待下笔作诗。

那次，很多孩子的诗都写得非常打动我，既发挥了他们天马行空的想象，又很好地展现了那个充满绿意的夏天。虽然是仿写，但我仍觉得他们写得很不错。接下来，我也为大家分享其中的一篇吧。

夏天
小溪跑得直流汗，
向大家报告好消息，
夏天来了，
夏天来了！
蜻蜓在荷花上歇息，

看不见夏天，

就瞪大眼睛，

急着找。

夏天在哪里？

夏天在哪里？

蜻蜓，

不知道

它的荷花就是夏天。

　　这位同学的《夏天》虽然是仿写，但却写出了自己的特色，他把夏天的主角安排给了荷花，而不是早就出场的蜻蜓。我好奇地问他："为什么会想着这样写呢？"他回答道："因为蜻蜓秋天也有啊，而荷花是蜻蜓的朋友。"我笑道："为什么荷花是蜻蜓的好朋友？"他说："'小荷才露尖尖角，早有蜻蜓立上头。'如果不是好朋友，为什么要这样急着去见它呢？"一瞬间，我被孩子的话语感动不已。

　　汉语是我们的母语，作为从小被它滋养长大的中国人，在汉语上，我们有着无限的创造力。观察生活，感悟文学，我们的学生就能拥有属于自己的语文新天地。

　　其实，想着让学生们通过对诗歌的学习来提升他们对文学的理解能力和整体语文能力并不是我的首创。记得在韩师学习汉语言文学的时候，那时候我的老师就这样早早做过了。

　　老师们总是对我们说："这古代文学的滋味啊，你们不能仅仅只停留在去了解它的意思，或者它的作者、时代背景，等等。这些不是咱们汉语言文学专业的学生也可以做到，我们还要去体悟它的古音古韵，感受它的字形字态。"就这样，大学的中国古代文学学习在借阅资料的时候，我都尽量选择繁体文章来做参考学习，同时，还私下去查阅文章里的古音。这样一来，我发现我对中国古代文学的感悟更深了一些，如果以前只是停留在了浅浅的理论上，那么现在的我就是走进了那些吴语侬音的浓情厚意。

　　如果你问我母校给予了我什么？我想说母校给予了我一个字"悟"。悟，做什么事情我们都需要去用心感悟，去用情领悟。悟是一门急不得的功夫，这不能从一道习题中得来，这也不能从一套机械的教学系统中得来，这需要我们自己开启心智、发动智慧去主动捕捉。但一旦我们有所"悟"，我们便有所收获。

对于名师的称号，我一直深感愧不能当。我觉得自己需要进步的空间还很大，我的教育工作还有很多需要改进的地方。但既然我能站在今天这个位置并得到多数人的认可，我想，过去的每一步都是十分重要。

"不积跬步无以至千里，不积小流无以成江海。"我相信，对于每一个正走在追梦路上的年轻人而言，你们都会在某个走得十分疲惫的夜晚怀疑过自己：我所做的这些真的有用吗？我想告诉你，只要方向正确，你所做的一切就是有用的。有时候，你当时认为学来无用的知识也许就会在某个普通的清晨给你一个不普通的灵感。

记得那时候在韩师，我也和很多同学一起抱怨过专业课的难。有时候的确会感到枯燥难耐，有时候也会想：我的未来究竟会怎样啊？我的专业真的能帮助我吗？现在作为一位过来人，我想说只要认真学习了专业知识，那我们的专业知识迟早有一天会给予我们帮助。

多年后，当我坐在书桌前娴熟备课时，当我可以很好理解捕捉每一个书本中的知识点时，当我可以落落大方为学生们引经据典、谈古论今时，我才真正感受到了四年大学生活给予我的宝贵财富：四年大学生活让我变成了一个有能力有学识有素养的人民教师。

虽然，我已经从母校毕业多年，但回忆起母校时，脑海里的每一帧每一页都是青春靓丽的新鲜颜色。母校在我的记忆里，永远不会褪色。在那里我收获了可贵的朋友情、师生情，在那里我逐渐成为一个潜心修学的人，也正是从那里，我逐渐成为一位成熟的老师。

但如果你问我母校哪里让我最难以忘怀，我会说：图书馆。

因为专业学习和自我喜爱的原因，我大学四年特别喜欢泡在图书馆翻阅书籍。图书馆是一个让我真正沉心静气下来进行慢慢思考的人，我一直特别喜欢席勒说的："思考是我无限的国度，言语是我有趣的道具。"思考和语言是我最热爱的两件事物。

在大学期间，我喜欢思考总结。当我思考总结的时候，我好像站在了一个第三视角来观察自己，我认为这是一个更为公正客观的视角，而我们大多数人都缺乏一个客观认识自己的视角。韩师图书馆良好的学习氛围更是让我养成了阅读的好习惯，我阅读是没有固定口味的，我的阅读内容很杂但也可以说是很丰富。因为我喜欢语言，所以我想更多地去感受不同文化、不同国度的语言。我至今都能回忆起我坐在韩师图书馆里读到那句"万事不如杯在手，一生几见月当头"时的旷达与自由。很多时候能给予我们的不仅是一个我们从未了解过的新世界，更是一个我们很难达到的心境。

我始终感谢那四年在图书馆等待日落的自己，在那个等待的过程中，我为自己而后的工作生活做好了很扎实的积淀。当时心感只是随便读读的书却在而后的日子成了我在课堂上分享的佳作，当时费尽心力死啃的专业书也在多年后支撑我一步一步成为今天的我。

如果说每个人的成长之路都要有一两个关键词的话，那我的这条教师成长之路的关键词就是：真实。自参加工作以来，我就告诉我自己：要做真实的自己，做真实的老师。做真实的自己，勇敢面对自己的所需所求，自信看待自己的优缺点；做真实的老师，严格铭记作为一名老师的责任，不忘师德师风。

每次漫步在我现在任教的校园里时，我都会被满园青翠给打动，一年四季不绝的花色让整个校园从不单调乏味。小道旁的古树枝叶繁茂，自然而然地结成了一个天然的庇荫所。湖光水色，几只顽皮的小鱼在其中嬉笑打闹。在这里，我不仅拥有了一个良好的工作平台，还拥有着如此绝美静谧的工作环境。美景美色，是真；机遇机会，是真。所以，我时不时地会问我自己：你又要如何成为一位真实的老师呢？

记得刚开始成为一名老师的时候，我确实对很多地方都不明白不熟悉。我也在结束了一天繁忙的工作后，在回家的路上茫然地看着这个小城市，想着明天的工作任务，却还是一头雾水。我想，每个人在成长之路上都会遭遇这样一个迷惘无措的阶段。但我也希望大家相信，我们也终会走到拨开云雾见青天的那一天。

我是怎样走到那一天的呢？笨鸟先飞，不懂就问。

一开始，因为还不熟悉学校环境和工作任务，我的工作效率的确非常低下。有时，甚至都很难在规定的上课时间上完该有的课程，从而一直处在赶进度的被动局面。了解到这个对自己不利的情况，于是我开始做出改变。首先，我开始主动深刻且细致地了解我所工作的学校。然后，我每天都会较往常早起半个小时检查前一天的备课，即使头天晚上已经检查了，但我认为第二天的检查也是一项很有必要的工作。这项工作不仅有利于查漏补缺，更重要地是可以加深自己对课件的印象，我认为这对刚进入职场的老师来说是很重要的。正如任何职业一般，教

化蛹成蝶　做最真的教师

育行业也存在着理论与实践的鸿沟，这条鸿沟并非不能跨过，而看我们如何去跨越。

之后，我开始主动去听学校老教师、名牌教师的课，学习他们的讲课节奏和方法，再回头总结反思自己的上课方法失误在哪里。同时，我在私底下也会和其他老师就工作任务进行交流，虚心听取他人的意见。最后，我还乐于和老师们交流学生的情况，我始终信奉着"有教无类，因材施教"的信条。但我也认为我个人对学生的认识始终还略显片面，因为每个学生在每节课堂的表现还是会有所差别的，只有更全面地了解了我的学生，我才能更好地针对他们的情况进行语文教学。

经验不仅需要自己从工作中慢慢总结，更需要在观察他人的工作状况中总结。取人所长，补己之短。

在这条成长之路上我获得最大的成长就是我对教育的态度，以前的我只是把自己视作一位教师，一位教授学生知识的普通老师。但现在我更乐于将自己看作他们前进路上的引航人，不让我的学生在人生路上迷惘走弯路、误歧途就是我最大的教育态度。我们需要能人志士、才子佳人，但我更需要一个利于社会发展的普通人，这个普通人应该具有对家庭的担当，对社会的责任，对祖国最赤诚的热爱。我始终认为，我的学生可以不是一个天才抑或人才，但他一定要是一个接地气的普通人。

我曾看过这样一段让我感触颇深的话："教育的本质是什么？教育的本质就是一棵树摇动另一颗树，一朵云推动另一朵云，一个灵魂唤醒另一个灵魂。"教育是一项触及灵魂的伟大事业，而我们教师就是这项事业最真诚的奉献者和守护人。

记得那是一个普通的周五下午，慵懒的阳光穿越树枝来到我的窗前。我和往常一样在办公室里批改学生们的作业，忽然，我隐隐约约地听到了一声声抽泣声，后来，越来越明显，我感到不对劲儿，于是放下笔走出办公室去查看情况。一出办公室，我就看见我班上的一位小女生蹲在办公室门口哭，现在还是上课时间，这突如其来的状况让我措手不及，但我随即镇定下来问孩子："怎么了？怎么在这里哭了呢？"女孩抬起头，一双水汪汪的大眼睛哭得红肿，像两个大桃核。我既而伸手把女孩牵起来。

"老师，小陈欺负我。他老是说一些我不喜欢听的话。"这让我又感到疑惑了，于是，我继续询问道："他说什么话了？我们去老师办公室坐着慢慢说，好吗？"

女孩点头答应，坐在办公室里，她面露窘色。我安慰道："没事，你说，老师来帮你分析分析，看怎么解决你的问题好吗？"后来，女孩重重吐了一口气，似乎下了很大的决心："小陈说他喜欢我。"我显然被震惊住了，但仔细一想现在各种社交媒体发达，学生早熟已经是一个很普遍的问题。但今天这个问题，显然让这个尚显无知的小女孩烦恼了。我知道，这种问题不论是在中国传统家庭里，还是学校里都是一个避而不谈的话题。但我又认真一想：孩子既然鼓起勇气给我讲了这件事，那说明她是信任我的，我不能粗暴地一刀切，也不能模棱两可地解决这个问题。

于是，我去教师叫来了另外一个当事人。男生一进办公室看见端坐在椅子上的女生，似乎就了解了什么。他显得有些紧张，手脚无处安放。我也不急着问他们更多的事，而是说："你们都知道老师平时喜欢诗歌对吗？今天老师叫你们来就是想和你们分享一首诗。这是爱尔兰诗人罗伊·克里夫特写的《爱》。"我故意停了停，发现两个孩子都认真地听着我说，期待我接下来的介绍。我继续说道："里面有四句诗，老师特别喜欢，它是这样写的：'别人都不曾费心走那么远，别人都觉得寻找太麻烦。所以没人发现过我的美丽，所以没有人到过这里。'"

继而，我对着小男生说："老师了解你的心境，但老师想告诉你：你自己或许还不了解你自己的心境。你们还小，还不会很好辨别爱情和友情的区别。"我又对着小女生说："老师也了解你的想法，你的无措恐慌，但是你并没有做错什么。相反，你做得很好，你鼓起勇气向老师倾述了你的烦恼。老师很感谢你对我的信任。"

"就像诗中所写，那个能和我们成为伴侣的人，需要我们费心走很远，需要我们不怕麻烦地去寻找。而你们现在都还很小，你们最需要做的是在原地好好锻炼自己，让自己变得更强大。"两位小同学似懂非懂地点头，我笑着："你们是同学，学校也是你们学习的地方，所以，不要为彼此多添烦恼。做好当下才是正道。"

那一次，我替小女生保护住了少女的恐慌与秘密。同时，我也牵引着小小少年回头走上一条更好的路。在陪学生长大的过程中，我们会遇到一些看起来似乎有点敏感的话题。这时候，作为他们的引航人，我们需要少一点说教，多一些真诚地倾听与沟通。其实我们的学生都是很懂事的，他们是有能力听进去父母和老师说的话的，但很多时候只是因为他们不接受我们交流的方式而选择拒绝听进去我们作为长者的每一次苦口婆心。

在我的这条名师成长之路上，我始终认为：作为一名教师，不仅需要关注对学生语文能力和综合学习能力的培养，更要关心学生的身心成长。我看过太多教育事例，很多学生在年少时因为受到了不恰当的教育方式而误入歧途或者一生都陷入对教师的仇恨之中。我不希望我的学生是活在冷漠和恨意中的人，我希望他们都能是热爱生命、关心他人，富有同理心的人。于是，我对学生的关注始终是努力做到全面而细致的，我不逃避他们成长路上遇到的每一个问题，因为他们的问题也是我成长路上的问题。我们共同解决，于是，我们共同前进。

回望这十多年的教学生涯，我有难以平复的感动，但更多的是平静。每一条路都不好走，有人在创业路上栽跟头，也有人在名师成长路上迷惘过，但路难走，不代表不能走。我心感平静，只因为我坚信我还能走得更好更远更坚定。

"路漫漫其修远兮，吾将上下而求索。"我们的故事，刚刚开始，也无所谓句点。

最后，祝愿母校光辉历程更辉煌，桃李满天四海扬。

我和我的"山水语文"

李卓彬

【前言】

我是广东省潮州市潮安区归湖怀慈中学语文高级教师，全国模范教师，广东省特级教师，广东省新一轮"百千万人才培养工程"第二批名教师培养对象，潮汕星河辉勇师表奖获得者，潮州市拔尖人才，潮州市高层次人才，潮州市首批名教师工作室主持人，潮安区名教师，韩山师范学院兼职教授。

截至目前，我获得省、市、县（区）奖项数十个，在《语文教学通讯》《教学月刊》等全国中文核心期刊发表了多篇教学论文，论文获人大复印报刊资料《初中语文教与学》全文转载，主持多个省、市级科研课题并获省、市、区教育教学成果奖。我的先进事迹在广东卫视《广东新闻联播》，《羊城晚报》，《南方日报》，以及全国网络平台"今日头条"等二十多家媒体上报道。

山水相依，语文相伴，是我从教二十年来的工作写照。正如清代张潮所言"文章是案头之山水，山水是地上之文章"，读懂终日厮守的山水与语文，是一种令我兴致盎然的语文生活模式。依托韩山、韩江等纪念韩愈的"韩"姓山水，聚焦语文的"案头山水"，我充分发掘、利用教材中的山水元素，以游山玩水般的自主探究活动为主要方式，促进学生的个性化体验，从而培养学生形成良好语文素养。我在山水中研究，在山水中反思，在山水中成长，在山水中成熟，逐渐形成"山水语文，润物无声"的教学风格。

一、【成长之路】在山水间追求语文的精彩

唐元和十四年，韩愈任潮州刺史八个月，兴教办学，把潮州从蛮烟瘴地改造

成享有"海滨邹鲁"美誉的沿海文化昌盛之地。此后，潮州山水皆随之姓韩，潮州最大的河流被称为韩江，潮州城区最高的山被称为韩山，潮州最高的学府称为韩山师范学院，城区还有以韩愈之字命名的昌黎路、昌黎路小学。就连中国四大古桥之一的广济桥，在潮州民间也一直被百姓称为"湘子桥"，流传着韩愈之侄孙韩湘子"仙佛造桥"的故事。韩愈的"师者，所以传道受业解惑也"的精神内涵，已深深融入到潮州的山山水水，积淀为丰盈厚实的文化底蕴，滋养着一代代潮州人，激勉着一个个教育工作者。我，忝列其中。

我是一名布衣教师，生于穷乡僻壤的山水间，长于良田美竹的山水间。这注定了我与山水之间所结下的不解之缘。从当初的毛头小伙到如今的不惑之年，我的二十载青春年华似宣纸晕墨般悄无声息渗化于山水间。

在我身上，没有光彩炫目的耀人光环，亦没有感天泣地的轰轰烈烈；唯有一步又一步的丈量脚印，还有一日复一日的时光折痕。我如同一只飞蛾，循光疾进，义无反顾地扑向山水间的那一团烈火。我又如一只鸣蝉，鼓足气力，倾尽所有，在山水间追求语文的精彩。

（一）把青春撒在贫瘠的山水间

1998年，我初次上岗，来到潮安北部的一个深山小镇——归湖镇。在这个不为人注目的小镇，小村庄三三两两分布在延绵的山脚下，如同农夫播种时不小心撒出畦外的零星余粒。人们大多过着面朝黄土背朝天的垦耕生活，不少孩子的读书反而成了副业。目睹彼时彼景，出身农民世家的我，熟视却难若无睹。尤其是当看到石陂村北山坳里几户人家的孩子，每天翻山越岭，跋山涉水，徒步一个多小时来上学，我的心头更是涌起一番难以言状的滋味。我在心底对山水许下了诺言：生于斯，长于斯，奋斗于斯，充盈于斯！

从此，青春正当时，在山水间奏起一曲"传道受业解惑"的咏叹调。蓝天下回旋着我与学生谈古论今，吟诗诵词的抑扬顿挫；草地畔响彻着我为学生加油喝彩，高呼低叹的澎湃激情；山路上留下我们时而磕磕碰碰，时而大步流星的家访脚印；小溪里映照着我们或缅怀先烈，或野炊春郊的活动身影……即使山路难如蜀道，初心不改欲上青天。我只知道，这些学生，一个都不能落下。

梦想是如此的美好，现实却需要不断地打磨。深山里的学生，思维水平极为参差不齐，同一知识点，有的早就"轻舟已过万重山"，更多的却依然"白水绕东城"。针对此症，我打破了教学"齐步走"的模式，针对不同层次的学生设定不同层次的目标，课堂上尽量分层教学，立足整体，照顾个体。如此一来，既能把知识催生剂撒到每个学生身上，又能顾及不同学生的不同需求。这种做法效果显著，无论是测试成绩，还是各种竞赛，学生们均屡获佳绩。我在任教翌年将此做法撰写成教学论文《面向全体，尊重差异》，参加潮安县中小学论文评比，竟然获得了一等奖的奖杯，随后又在潮州市教育系统教研、科研论文评比中荣获一等奖，并收编入《潮州市教育教学论文集》。我不禁欣喜若狂，乘胜追击，又在潮州唯一的教育期刊《潮州教育》上发表两篇论文。这些动作弄出来的声响，无异于在僻静的湖面投下一块石头，打破了乡村习惯性的沉寂，引起山峦间的一阵阵涟漪。24岁的我被评为潮安县优秀教师、优秀基层团干部，被聘为潮安县中小学心理健康教育指导中心成员。

（二）和山水有个精彩的约定

就在我崭露头角之际，当地教师正掀起农村包围城市的"出逃"狂潮。有人劝我也加入到这个行列中来，让青春在广阔的天地绽放得更加璀璨绚丽。出人意料的是，我并没有顺应潮流，而是选择留下来脚踏实地，贴地而行。在我看来，方寸之间有乾坤，乡村的山水亦是一个广阔的天地，只要胸中梦想之灯不熄灭，青春自可在山水间"凌绝顶"，也可在山水间"纳百川"，何乐而不为？

坚守着这份信念，我不理会外面的世界有多精彩，不受制于外面的风云如何变幻，只结缘此山中，仰止高山，安居陋室，取一瓢弱水，经营着语文那一亩三分地。家校两地近三十千米路程的奔波，十年如一日，披星戴月，周而复始。2011年8月，我被评为潮州市教书育人优秀教师，此后又成为潮州市骨干教师、广东省骨干教师。

仁者乐山，智者乐水。峰峦隐能不示、含而不露，让我有了教学的顿悟，撰写出论文《语文课堂，呼唤低调的教师》，倡导把"显摆"的机会让给学生，让学生品尝到在课堂上当家做主的美妙滋味。这篇论文获得广东省教育学会年度学术论文一等奖。水的精彩纷呈，又为我的教学带来灵感，设计作文教学《一水一世界》获得县区一等奖、市二等奖。与山水相伴，与语文相依，我干脆集结一些志同道合的同仁，以《"山水语文"的实践与研究》为题做起课题研究来，并获得广东省教育研究院立项。课题研究成果获得潮安区教育教学成果一等奖、潮州市第四届普通教育教学成果二等奖。我先后应邀到广东乳源瑶族自治县民族实验中学执教示范课《游山玩水赏〈醉翁亭记〉》，赴浙江杭州市开办《初中教材山水元素

我和我的"山水语言"

的专题研究》专题讲座，在河源市东源县开课讲学《初中语文教材水元素的写作价值》，在潮州海外华裔青少年"中国寻根之旅"夏令营执教语言课《潮州"水"，中华情》。以山水为主题的文章《山水与青春的合奏曲》《借山水元素培养学生的语文核心素养》《在山水间追求生命的精彩》分别发表在教育专刊《潮安教育》和《广东教学》。在山水这片广袤的天地里，我经受了一次次教育理念的洗礼，攀登上一座又一座的高峰。

（三）从山水走向名师的浴火路

2013年底，潮安县撤县设区，山还是那山，水还是那水，行政区名称的改变并没有给我带来困扰。直至有一天，潮州市教育局组织名师送教下乡，当学生仰视名师所流露出的那种喜出望外而略微受宠若惊的神色，以及那掩饰不了的满脸崇敬之情，却又敬而远之有意无意保持的距离感，给我带来了极大的震撼，也使我处于惶恐不安之中，深忧自身的浅薄不堪承载学生梦想之厚重。我蓦然发现：问渠那得清如许？为有源头活水来。我萌发了一个强烈的念头：山外的山究竟是什么样子？世界那么大，我想去看一看！此时，"名师"两字成为一道亮丽的风景线，在山的那边散发着诱人的光彩，归聚为一颗种子开始在我心底深处生根发芽：哪怕所扎根的土壤再贫瘠，那怕踩着粗石陋土，我也要稳稳地、慢慢地、好好地成长！成长为山水间一道独特的风景线，引领着学生在课堂上游山玩水。

2015年4月，广东省中小学新一轮"百千万人才培养工程"开始遴选第二批名教师培养对象。这是一项不分配指标，面向全省范围公平竞争的人才遴选项目。我提交了申报材料，随后过关斩将，经区、市、省逐级选拔出线后，再赴广州进行面试答辩，最终在强手如林的竞争中脱颖而出，成为全省八名初中语文名教师培养对象中的一员。在培训期间，我先后扎营广州、东莞、杭州、北京、香港等地，师从冯善亮、桑志军、黄淑琴、黄宏伟、吴丹青等教育大家，窥睹了李希贵、闫德明、黄甫全、楚云、倪岗、周华章等教育名家之烨然神采，贪婪地汲取、内化、酝酿、提升、新生……韩江、珠江、西子湖、未名湖、维多利亚港，走一步，再走一步，为"名师"那一道风景线，更为那还未能分享到风景线的孩子们！

青春是一团火，热情，激昂，不羁，猛烈，鲜活；山水是一首诗，含蓄，简单，质朴，内敛，淡然。曾有人为此困惑："水火难相容，你是如何说服脱缰的青春甘愿栖息于孤寂的山水间？"我坦然一笑："心中有梦，即可让激情与淡然齐飞，缔造青春共山水一色。"

迄今为止，我获得省、市、县区级奖项四十多个，大多数是教学类一等奖，在《语文教学通讯》《教学月刊》《教学与管理》《中学语文》《广东教育》《中学作文教学研究》《江西教育》等全国中文核心期刊和ISSN教育期刊上发表了多篇教学论文，论文获人大复印报刊资料《初中语文教与学》全文转载。近三年来，我主讲了二十多场省、市、县区级公开课或专题讲座，主持了4个省、市级科研课题，2016年获得潮州、汕头、揭阳三市联合颁发的粤东地区教育界最高荣誉——潮汕星河辉勇师表奖。2017年，我获评为第三届潮安区教育系统名教师，被市教育局遴选为潮州市首批名教师工作室主持人，后又经过潮州市组织部层层筛选，评选为潮州市第七届拔尖人才，承担起以"师带徒"的形式培养潮州市学科带头人的重任。2018年8月，我获评为广东省特级教师。2019年，我荣获教育部与人力资源和社会保障部联合颁发的"全国模范教师"称号。

任教以来，我的先进事迹先后在广东教育厅公众号、南方报业集团"南方+"客户端、全国网络平台"今日头条"、广东教育传媒公众号、潮州教育局公众号、《潮州日报》公众号、中国潮州网、潮州文明网、潮安发布等多家网站或公众号报道，先进事迹还刊登在《羊城晚报》《南方日报》、广东省教育厅主管的教学报刊《广东教学》、潮安区教育期刊《潮安教育》上，先后获得潮安电视台《潮安新闻》、潮州电视台《民生直播室》和广东卫视《广东新闻联播》先进人物专访报道。2018年9月3日，我参加广东省庆祝2018年教师节暨优秀教师表彰大会，作为获奖代表上台领奖，并作为中小学教师唯一代表上台发言，向省委书记、省长等四套班子领导以及与全省各市领导、优秀教师汇报个人事迹。

二、【教学主张】陪学生在语文课堂上游"山"玩"水"

清代康熙时期的张潮说："文章是案头之山水，山水是地上之文章。"这话点出山水与语文的密不可分的关系。从时间维度上来看，有山有水有人，方能孕育出中华民族上下五千年的文化，语文学科体系就是这文化长河中的一个支流。从空间维度上来看，语文世界广袤无垠，包罗万象，山水文化又成为其中一个重要版块。故此，山水和语文，也就成为你中有我，我中有你的相融相承关系。从这个角度来说，山水即语文，语文即山水。身处自然山水中的我，从语文学科的角度来审视山水的本质。我的教学追求，就是在山水和语文的互融共生中，培养学

我和我的"山水语言"

生的语文核心素养。

（一）构建教师、学生、文本的和谐关系

语文教学的最高境界就是引领学生游山玩水。不讳忌言，在语文课堂上还是存在着为数不少的尴尬局面：热情的教师，优美的文章，却总是消除不了学生的冷淡，唤不起学生的学习兴趣。学生一旦停滞不前，教师就急了，在前面拉，在后面推，费尽九牛二虎之力，可惜大多学生如同兵马俑般纹丝不动。与之形成鲜明反差的是：每逢郊游时，学生们无不欢呼雀跃，穿山越岭，涉水过河，怡然自得，何曾需要教师"赶上架"！究其原因，教师的拉、推，总不如适时的引、领。倘若教师在课堂上能够把精美的文本，创设成一处处奇"山"异"水"，那么语文学习活动，不就成了学生一次次游"山"玩"水"的自主探究之旅吗？

教师是"导游"，服务于学生，急学生之急，想学生所想，在学生与文本之间穿针引线，促进学生与文本的对话；学生是"游客"，是课堂推进过程中的主体，自由自在遨游于文本之中，走进文本深处，体味文本内涵；文本是"山水"，是语文神韵的散发源泉，静默着，矜持着，准备着，期待着，以高雅的姿态拥抱慕名者。三者地位平等，民主自由，互相尊重，携手共进，融洽相处。

（二）构建教之有情，学之有味的课堂模式

山水情怀多姿多彩，推此及彼，语文课堂上，我尽力开展学生课堂生成、个性化情感体验的实践活动，呵护学生阅读的独特感受。

语文课堂的模式化和标准化，把课堂变成一条冰冷的生产流水线，塑印出一批批缺乏个性差异的学生。这样的语文，只有共性，没有个性；只有规律，没有特色；只有僵化，没有创新。殊不知，横看成岭侧成峰，"岭"也好，"峰"也罢，都是人的主观投影。这与"一千个读者就有一千个哈姆雷特"如出一辙。语文感悟，如同山水多情。"山水语文"重视学生的个性化体验，呵护学生的课堂生成、自由发散思维。以山水为源点，唤醒师生的生命情感，打破语文课堂四壁萧然、条框井然的限制，抛弃语文教学单调生硬、枯燥乏味的模式，创设出一种天人合一、纵横驰骋、上山下海、出神入化的语文大课堂。跟学生共享知识，共享智慧，共享人生，让学生乘兴而来，主动走进课堂，乐意探究文本，在语言文字和人文感悟之间潇洒走一回，满载而归。

三、【教学风格】山水语文，润物无声

我的教学风格跟山水关联密切：山水语文，润物无声。这主要体现在两个层面，一个层面是在自然山水中成长的我，受自然山水精神内涵的启示，在课堂上如山水般低调，尽量为学生腾出成长的时间和空间。另一个层面是充分关注文本山水，发掘、利用教材中山水元素的价值，促进学生语文素养的发展。

这实际上是以"山水语文"浸润学生，通过游山玩水般的自主探究活动，促进学生的个性化体验，从而培养学生形成良好语文素养。

（一）山水无声细润物，在课堂上做个低调的教师

山水无声，只为润物。

曾几何时，我特别羡慕有些老师天生就是为讲台而生。三尺讲坛上：旁征博引者，风趣幽默者，慷慨激昂者，高吟低唱者，起舞弄影者……一个个才华横溢，个性张扬，风骚无限，引无数师生竞折腰。他们一旦走进教室，星辉熠熠，光芒四射，璀璨耀眼，成为课堂上最为亮丽的风景线。

于是，我也加入追随的大军中。直到有一天，我到一处名胜景观旅游，带团的导游极为优秀，活跃于山水之前，不停地解说山如何青，水如何绿，文化底蕴如何丰富。回来之后，我试图回味山水韵味时，脑子一片空白，唯存导游解说词的片言只语。仔细一推敲，始解其故：隔着一个鲜活的人，与山水没有直接的对话，没有内在的神交，何来诗情画意的体验，何来情感的共鸣！

于是，我开始重视审视课堂上教师的位置。我发现，课堂上极力强调自我，张扬个性的教师，固然能施展超强表演力吸引学生随歌起舞，可如此一来，教师就成了太阳，其光芒远盖学生；学生成了向日葵，全都绕着教师转。课堂反而成为教师展现才华、一枝独秀的天堂。而在新教育理念的指引下，语文教师的角色已发生了巨大的转变，由一名知识的传授者转为教育的促进者。语文课堂教学的首要目标是学生个性发展，而非教师个性发展。评价一节课的教学效果，关键点并非是教师显山露水展现了多少才情，而是想方设法促进了多少学生的个性得以充分张扬。这就要求教师在课堂上降低"自我"，放下强势地位，交出话语权，甘愿当一片不起眼的绿叶，去呵护学生个性的美丽绽放。换而言之，语文教师在课堂上要尽量低调。

低调，是一种教学风格，也是一种教学策略。我在课堂上会把自己的生命激

情，一点一点地渗透到学生的生命世界中，让学生敞开思想灵魂，打开美丽的翅膀，自由自在地翱翔。而在这个神圣的殿堂里面，却没有教师过多自我的痕迹，有的是学生与文本的严丝合缝，水乳交融。我在课堂上不张扬自身，先学生后自己，一举一动、一言一语都以学生为考虑源点，隐能不示，含而不露，晓而不发，把"显摆"的机会让给学生，让学生品尝到在课堂上当家做主的美妙滋味。我尽量给学生腾出课堂上的时间和空间，还学生一片独立阅读和思考的时空，让学生在语文这片广阔而充满魅力的园地中茁壮成长。在此之中，我在课堂上特别注意"管"好自己的嘴，用我的低调，呵护学生的高调。

1.把"读"的时间让给学生

我在课堂上尽量给学生提供朗读的机会。依我看，朗读既是一种感受活动，也是一种体验活动，还是一种反馈活动。在朗读活动中，学生往往会把自身对文章的理解不知不觉地揉化进去，再透过声音、表情，甚至动作表现出来。如此一来，既能从中窥视到学生的理解进度，又能让学生得到锻炼，展示才能，一举多得，何乐而不为？

2.把"说"的时间让给学生

以前，我也认为教师只要讲得深入透彻，学生自然就会了。于是，课堂上讲个滔滔不绝，把宝贵的时间和空间几乎全占用了。实践证明，学生被动接受，其效果不尽人意。课堂上，教师虽不至于要惜话如金，但少讲话、多聆听的做法，才可以把说话的机会让给学生。让学生"说"起来，是语文课堂一个不可忽视的环节。说，是学生内在知识的外在表现；是表达情感的重要形式；是训练学生思维，培养学生创新能力的主要途径；是张扬学生个性，完成师生交流的基本方法。一篇文章，作者的生平事迹、创作风格、写作背景、表现手法、文学常识、拓展内容……凡是课堂上教师原本要介绍的部分，只能学生能讲，我都让学生讲。心理学研究证实，一个人体验一次成功的喜悦和欣慰，便会激发起无数次追求成功的愿望和信心。我给不同层次的学生提供了体验成功的舞台，点燃他们的激情，学生也就一个个显得热情高涨。

3.把"问"的空间让给学生

提问，是通往作者思想深处的隧道。我把提问的机会交给学生，让学生有疑而问，更能切中学生的兴趣点，激发学生的求知欲望，契合学生的认知规律和思维层次。其实，学生发现问题的过程，也是理解文意的过程，有助于培养其理解能力和思考能力。教学张养浩的《山坡羊·潼关怀古》时，我先让学生结合课文注释阅读这首散曲，初步了解大意，把自己的疑问罗列出来。在收集学生提出的问题后，我也从中了解到学生学习的难点、症结所在，再挑选出诸如"为什么要在写'潼关'之前，先写山、河？""潼关地势险要，为何作者会经过此地？而在漫长的行程中，为什么偏会在潼关而非别地怀古？""作者'伤心'的是什么？""为何说'兴''亡'百姓皆苦？"此类比较有代表性的问题。依托这些问题，我陪伴学生踏上了通往文本深处的美妙之旅。

4.把"答"的空间让给学生

在语文教学中，有时会出现一种"伪对话"现象：有些教师过分强调教师的主动地位，在课堂上充当积极的带路者，给学生设置了一个又一个诸如"右拐30米是××亭"的路向标志牌，不停地左右学生的前进。学生的豁然开朗，仅仅是一种无意识的、简单的思维结果。教师一旦越俎代庖，代替学生生成意义和意向，势必导致学生理解分析能力、创造性思维得不到发展。课堂上，我在呈现问题后，或引而不发，或深藏不露，让学生享受解决问题的乐趣。我不随便讲出自己的意见，细心倾听学生的独特发现，也就保护了教学中有价值的生成。放手，学生才有试飞的机会。

在此之中，我特别注意把握好低调的分寸，以防止课堂生成跑调。在关键时刻该出手就出手，点拨、激发、评导、主持、管理、协调，这是不可或缺的，决定着课堂的成功与否。当课堂生成顺风顺水，学生自力更生即可摘到胜利果实时，此时无声胜有声，我将低调进行到底。当学生见解独特，但存在陈述不清晰的认知，我就加以概括，强调重点，突出其优势供全班同学感受；当学生生成单一的认知时，我就顺水推舟，追问补充，以形成多维度系列；当学生出现离题、错误的课堂生成，我就主持辩论纠错，把学生引领回正轨。

（二）借文本山水培养学生的语文核心素养

山水元素是指初中语文教材选文中以山、水为表现主体抑或次主体的句、段、篇。其中，山泛指地面上由土、石构成的高大耸立的部分，含括峰、丘、峦、岗、岭、崖等形态；水既指自然生态中的物质水，也指含水的液体，含括海、江、河、湖、池、井、泉、涧、波、潮、浪、川、沟、洼、沼泽、瀑布、雨、冰、雾、云、雪、霜、水蒸气、露、汤、汁、汗、泪等形态。

在此之中，应该辨析明晰的一点，那就是文本中的山水元素，必须与现实生

我和我的"山水语言"

活中的山水加以区分。生活中的山水只是自然的一个组成部分，从哲学的角度来说，是一种客观存在。而文本中的山水是生活物象在人的头脑里面形成的映像，再借助文字表现出来的一种意象，是客观事物和主观思想相结合的产物。从这个角度来说，山水元素实际上是文本中某些特定对象的表述符号。

在初中语文教材的几番更换迭变中，山水元素始终牢牢占有一席之地。足见其无可取代的教学价值。我们作为语文教学工作者，关注点在于文本中这些山水元素在教学中的解读及效能。

1. 山水元素的分布样式

初中语文教材中，从山水元素在文本篇章中的分布情况来看，大致呈点状、线状、片状、网状样式。

（1）点状

这类山水元素，如同泉眼般，在文章中仅闪现一次；或零星出现多次，但彼此之间非直接关联，各有其独立性。前者如《音乐巨人贝多芬》里贝多芬所说的话："你可能想到我——一座已倒落了的火山，头颅在熔岩内燃烧，拼命巴望挣扎出来。"这是山元素在该文中唯一一次现身。后者如《木兰诗》里："旦辞爷娘去，暮宿黄河边。不闻爷娘唤女声，但闻黄河流水鸣溅溅。旦辞黄河去，暮至黑山头。不闻爷娘唤女声，但闻燕山胡骑鸣啾啾。"黄河、黑山、燕山是木兰从军旅途中的一个个驿站，连同后文的"关山"皆是保持着相对独立性的山水元素。

（2）线状

这类山水元素，如同溪流般，在文章中穿梭延行，一线串通。冰心的《荷叶母亲》中雨打红莲的过程："半夜里听见繁杂的雨声……大雨接着就来，愈下愈大……那繁密的雨点……雨势并不减退……雨点不住的打着，只能在那勇敢慈怜的荷叶上面，聚了些流转无力的水珠……心中的雨点来了。"水元素具体化为：杂雨—大雨—密雨—强雨—久雨—心雨。荷叶对红莲的荫护正沿着这线渐渐明晰化，最终入心内化升华为母爱的亲情。再如《走一步，再走一步》中的悬崖："那座悬崖就耸立在空地的另一边……但在我眼中却是高不可攀的险峰……我终于爬上去了，蹲在小山道上……我伏在岩石上，恐惧和疲乏使我全身麻木，不能动弹……我小心翼翼地伸出左脚去探那块岩石，而且踩到了它……我每次只移动一小步，慢慢爬下悬崖。"悬崖是山元素的具体化，而"我"正是沿着这山元素从远到近，由下而上，再由上而下，逐步走向成长的体验，并由此产生人生感悟。

（3）片状

这类山水元素，如同湖泊般，在文中某处大面积出现，使此处成为山水的专题版面。如《济南的冬天》第2段呈现了环抱济南城的小山，第3段描绘雪后的小山，第4段则展示了缀拥村庄而晕染成水墨画的城外远山，山元素在济南冬景画中刷出了一大片一大片的存在感。又如《记承天寺夜游》的"庭下如积水空明，水中藻荇交横，盖竹柏影也"。苏轼巧妙地在字行之间裱嵌了一幅颇具诗情画意的水墨写意画。

（4）网状

这类山水元素如同江河脉络一般，在文章中纵横交错，时而集结相融，时而分道扬镳。以《在山的那边》为典型，从第1节"小时候"到第2节"今天"，山与海时分时合，交错推进。受篇章限制，此处仅展示第1节供赏：

小时候，我常伏在窗口痴想——
山那边是什么呢？
妈妈给我说过：海
哦，山那边是海吗？
于是，怀着一种隐秘的想望
有一天我终于爬上了那个山顶
可是，我却几乎是哭着回来了——
在山的那边，依然是山
山那边的山啊，铁青着脸
给我的幻想打了一个零分！
妈妈，那个海呢？

又如《蒹葭》中白露、水、溯洄、溯游等水元素组合亦属此类：

蒹葭苍苍，白露为霜。所谓伊人，在水一方。
溯洄从之，道阻且长。溯游从之，宛在水中央。
蒹葭萋萋，白露未晞。所谓伊人，在水之湄。
溯洄从之，道阻且跻。溯游从之，宛在水中坻。

蒹葭采采，白露未已。所谓伊人，在水之涘。

溯洄从之，道阻且右。溯游从之，宛在水中沚。

2.山水元素的教学策略

初中语文教材中的这些山水元素，有的千古传诵，经久不衰，如欧阳修《醉翁亭记》的山水之乐，陶弘景《答谢中书书》的山川之美，朱自清《春》的春雨，鲁迅《雪》的江南雪与朔方雪等；有的可以作为语用知识的解释例子，如："淡黑的起伏的连山，仿佛是踊跃的铁的兽脊似的，都远远的向船尾跑去了，但我却还以为船慢。"既可作为比喻修辞的例子，也可作为侧面描写的例子，还可作为对比手法的例子；有的用以补充常识，丰富积累，如郦道元《三峡》夏水的地理常识，《看云识天气》的气象常识，周密《观潮》的钱塘江大潮的风俗人情。因此，我尝试着对山水元素进行解读重构，依据山水元素课程价值的侧重点，将教材山水元素分为经典类山水元素、语知类山水元素、常识类山水元素。

（1）用经典类山水元素来培养学生文学素养

在经典类山水元素中，无论是"山不在高，有仙则名。水不在深，有龙则灵"的名句，还是朱自清《春》里面春雨的段落，又或是《小石潭记》《愚公移山》《沁园春·雪》等全文，这类山水元素在文学界与教育界、官方与民间均能获得认可、推崇，历经考验，长久不衰。由于其经典地位，教材编撰者"是直接地、原汁原味地搬进，并且成为该部分的教材其他内容的环绕中心"。对于经典类山元素，朱自清主张"经典训练的价值不在于实用，而在文化"。王荣生也认为处理教材经典篇目时，"熟知经典、了解和欣赏作品，本身就是目的"。经典类山水元素，由于自身具有重要的文学和文化价值，故其教学目标往往跟课程目标重叠，或是课程目标的具体化。从这个角度来说，经典类山水元素的教学内容等同于课程内容。因此，经典类山水元素的教学实质上就是教教材，教经典。我处理教学的关键点在于突显山水元素的经典之处，通过经典来提高学生的文学、文化素养。

①在熟读背诵中熟知经典类山水元素常念为经，常数为典。"念""数"皆是口头语言，可见欲熟知经典，须先动口。读书百遍，其义自见。熟读和背诵，是阅读、感知、理解经典类山水元素的先决条件。我在教学中设置了课前5分钟诵读、山水专题朗读比赛、山水经典广播栏目、山水书法展等各式各样的活动来提高学生的朗读频率和质量，从而熟知山水经典名作。

②在"设身处地"中了解经典类山水元素知人方能论事,了解作者的生平经历是了解经典的必要环节。"穿越"到作者的写作时代及环境,尽量还原出创作原貌。知晓陶渊明屡遭挫败的官场经历,也就明白他何以息心归隐,"悠然见南山";知晓陶渊明对腐败堕落的朝政极度失望乃至绝望,方能读懂他对"黄发垂髫,并怡然自乐"的追求;知晓晋朝士官贵族的世袭制,方能理解他身为小人物"种豆南山下"的无奈。明晰作者的创作意图,方能读懂山水意蕴。

③在纵横比较中欣赏经典类山水元素。经典类山水元素的意义已经超越其自身,包含了特定历史的意义。经典类山水元素常常是某个时代的代表作,往往对那个时代发生过深刻的影响。因此,经典类山水元素往往承载着厚重的内涵,历史地位超然,鹤立傲然,不迎合任何人,也不俯就任何事。无论你爱或者不爱,经典就在那里,不增不减。尤其重要的一点是经典的解读有其客观性,甚至唯一性。一旦学生仅禁锢于单一文本上的欣赏,有时会画地为牢,故步自封,所品读到的只是沧海一粟,甚至会出现指鹿为马的偏差。毕竟学生的文学鉴赏能力有限,单独品读,难免会如无头苍蝇般乱撞。所以,需要教师适时进行指导,提供学术界的权威评论等必要的鉴赏资料为助读资料。还可通过同一作者在不同时段的作品来进行整合、融通、比较,供学生正确而全面地欣赏经典。如将李白的多篇作品《渡荆门送别》《送友人》《行路难》《宣州谢朓楼饯别校书叔云》《月下独酌》放在一起打通融合,则可以还原出一个全面、立体的李白,甚至得以窥见他所处的特定历史时代。再如山水之乐,我将陶渊明《桃花源记》"黄发垂髫,并怡然自乐"、柳宗元《小石潭记》"心乐之……以其境过清,不可久居"、范仲淹《岳阳楼记》"先天下之忧而忧,后天下之乐而乐"、欧阳修《醉翁亭记》"醉能同其乐,醒能述以文者,太守也"几种"乐"放在一起,进行比较,则可透过山水,看到一"乐"多样。

(2)用语知类山水元素训练学生语言能力

现行语文教材并没有显性的语文知识体系,语文知识居多被化整为零,隐于选文之中。山水元素隐含着句法、段法、章法等语法知识。我在教学中,以这些山水元素作为传授语文知识的例子,教师的主要任务就是找到"这一个"山水元素究竟可以解释听说读写的哪一知识点,让学生一"山水"一得,并举一反三,由山水元素应用到其他文本。

①以山水元素演绎语文知识。当语文知识作为学生未曾接触的新概念出现时,

为了让学生直观地理解概念，我利用山水元素对语文知识进行解释，起例证作用。例如，我在介绍通感的修辞手法时，例举初中阶段仅有的两个例子：《紫藤萝瀑布》"在这浅紫色的光辉和浅紫色的芳香中，我不觉加快了脚步"和《星星变奏曲》"闪闪烁烁的声音从远方飘来"来演绎，则可让学生清晰明了地掌握通感修辞手法。再如"小桥流水人家"对列锦手法的诠释。

②以山水元素归纳语文知识。对于多个山水元素皆在阐释同一个语文知识，我往往采用归纳法。主要是从山水元素中抽出共同的特征，形成语文知识的概念、规律。如以"游鱼细石，直视无碍""有时朝发白帝，暮到江陵""淡黑的起伏的连山，仿佛是踊跃的铁的兽脊似的，都远远的向船尾跑去了"可归纳出侧面描写这一语用知识。

（3）用常识类山水元素来丰富学生阅读积累

常识类山水元素重在所表述的内容，其内容本身就是一种常识。除了此前所列举的例子之外，我们再列举几个例子，如《桥之美》的美术审美常识，《苏园园林》中的假山池沼景观常识，《伟大的悲剧》里面所描写的南极冰天雪地的地理常识，《登上地球之颠》中关于珠穆朗玛峰的概貌和登珠峰的史实……阅读这类山水元素，可对学科知识起到补充效果。这实际上也是对学生生活经验的一种充实。同时，在阅读过程中，阅读能力也得到强化提升。

【结语】

如今，我依旧行走于韩江东岸潮安北麓的山水之间。苔花如米小，也学牡丹开。于是，走一步，再走一步，从"潮州市名教师工作室主持人"到"潮州市拔尖人才"，从"广东省'百千万人才培养工程'名教师培养对象"到"广东省特级教师"，从潮州电视台的《民生直播室》到广东卫视的《广东新闻联播》，从广东省优秀期刊《广东教育》到人大复印报刊资料《初中语文教与学》……我的每一步，都深深烙印着一个"韩"字。我深谙，青春易逝，但有山水相伴，则无悔青春，且永葆青春。

教好书，做好班主任
——我的成长一直在路上

刘美芳

总觉得自己目前所取得的成绩还不足挂齿，感恩母校给我这个机缘，鞭策我在反思中不断成长，我也趁机梳理一下自己过去14年值得分享的一些事情。

我首先想到的分界点是代课期间和转正后，但是细想一下，代课老师这个身份从来没有影响我前行的心态，转正后我也并没有松懈自己的脚步。所以我还是以自己带班的几个时期来谈谈我的发展经历。

第一期：纯做语文人，摸索专业发展之路

刚毕业踏上宝安中学初中部的讲坛，对我来说哪怕只是一个代课老师也是相当荣幸的。2005年的宝安中学初中部已经是宝安区首屈一指，这里的管理分工明确，各部门一开学就在紧张有序地开展各自的工作。我庆幸当时的宝安中学只安排有经验的老师担任班主任，而只是安排刚毕业的我做副班主任，帮忙看看操，做些力所能及的事务。我有更多的时间去观察如何做班主任。当时的初一（8）班班主任是叶朝霞老师，很有魄力，管理班级有自己的一套。她刚见到我的时候挺热情，很坦率地跟我说："我上一届搭班的语文老师是刚毕业的，现在又是。"她似乎有点不太满意。但我笑着说："跟着叶老师，我会好好学习的，有什么事尽管吩咐！"

于是，我与这个班就这样紧紧绑在一起三年。

班级只要有活动，都能看到我的身影。我深深记得我大伯父一句话，一个退休的优秀的教育工作者对我说的："要对学生好一点，你的教学成绩是学生给你读出来的。"朴素的语言道出教育的真谛："热爱孩子是教师生活中最主要的东西。"

除了深植于心的理念，更多的是自身的性格导致，选择当老师，本身就是因为我从小爱带孩子，喜欢孩子。所以当时无论是自习课还是活动课，我都尽量去班上，成了科任老师当中去班级最勤快的老师。

这时，我也尽量在语文教学上出彩。当时的科组长吴名赓老师、教学处李洪斌主任、教研处张毓中主任的很多理念都给予了我很大的帮助。

第一，多看名家教学案例。我记得当时每备一节课，我至少查看五篇教学案例，为我所用。同时我归类收集好的导语、好的活动设计、有效的课外拓展等。这样我的课堂就不干瘪、不单调，而是很丰满、很活泼。学生也因此很喜欢我的课，上课积极发言的孩子很多，每一次的课堂感觉都是一种享受。

第二，每单元的活动课必上。当时的语文课堂，大部分老师只把每个单元的正课上完了，但是有趣的单元活动课却从不去上，问原因，怕麻烦。而我总是精心设计单元活动课，这种拓展课不仅能增长孩子们的见识，更是能够锻炼孩子们的能力。有时，我让各小组分类去准备课件，有时，我组织辩论、演讲等。我也会自己准备笔记本、笔等小礼物当奖品，孩子们的兴趣被激发了，总是很开心，很期待活动课。

第三，尽量多上公开课。我的性格从来不是外向张扬的，刚开始对于公开课真是比较惧怕，很害怕出丑。我很感谢当时的备课组长黄美琴老师，她总是把公开课的机会给年轻人。而我的积极也让我获得很多上公开课的机会。每一次公开课，我都查阅资料无数，私下演练多遍，这样我的公开课总能给人耳目一新的感觉。所以也能在多次师徒结对子课堂大赛中获得好评。

不管怎样，现在回过头来看，年轻人，可能缺乏沉淀，少了一点语文味，但是创新意识不可无，不要刚踏上讲台，就让课堂死气沉沉。

因为有这样的平台历练，我越来越能把控课堂，越来越有自信。

第四，每学期都让学生给我写评语。连续三年的期末，我都让孩子们给我写评语，优点、不足都要写，还要给我的课堂提建议。写得很真实，或者建议很好的我都给予表扬、鼓励，甚至物质的奖励。我很感谢这些孩子们，在大力表扬我的同时，总会给我的课堂提建设性的意见。而这些意见，也让我反思自己的不足，成为我努力的方向。

这第一届孩子，真是我生命中的贵人。初一第一次期中考，我班的语文成绩是全年级16个班第五，初一下学期增多一个班级的教学任务，我们八班的语文成绩一直是年级第三名。这对于一个刚毕业的老师是不容易的，因为我已经超越了很多有经验的语文老师，同时也在挑战年级最好的那两个班的语文成绩。

不过我想说的是，我从来不去想跟谁比，总是不断跟自己比，不断挑战自我。努力的过程很艰辛，收获的结果很欣慰！

第二期：首次担任班主任，探求班级管理之路

顺利带完第一届学生，感谢当时新一届初三年级赖海燕主任，让我又留在初三担任七、八班的语文老师。这一年，我对语文教学方向更加明确，知道如何在最后的关头取得好成绩也找到了属于自己的方法。这一届，我所教的两个班语文分别获得A、A+的人数也是非常喜人的。

工作第五年，2009年9月，在当时德育主任黄美芳、年级主任李清萍等领导的大力举荐下，我担任2012届12班班主任，兼任七班语文老师。这三年，是让我心力交瘁的一年，但也是让我在班主任工作中创造了辉煌，找到了至今仍沾沾自喜的成就感的一年。

这个56人的班级，32个男生，24个女生，男生不仅人数多，还各色人物都有。用老师的话总结是"三多"：男生多、怪人多、差生多。有相当聪明但是总是制造乱子的小A，有聪明但是非常贪玩、影响课堂的小B，有无心向学总想着干坏事的小C，有基础很弱总想着收点保护费的小D，有成绩很差跟着同类人物制造乱子的小F……更有甚者，在这样能制造乱子的班级却还有这么一个女生，小G，她从小对学习不敏感，可以说完全不具备学习的能力，常常说些幼稚的话惹得全班发笑，成为别人的笑料。这样的班级，我从何下手去管理？

首先是从制度入手，选拔一批优秀的管理干部，一起商讨适合班级发展的班规。班级值周班长管理制、小组捆绑制、"每周一星"的评比等，树立标杆，带动后进，让班级正能量满满。当时的班长陈国禹、副班长陈依婷、各组长如张琳、陈沅苑、刘希丹、李锴煌等为班级的发展做出了巨大的贡献，他们本身目前都有了很好的发展。

其次在物质文化建设上，我班的墙面文化在年级的屡次班级文化评比中都是夺得第一名！这是我与孩子们共同布置的结果。考虑班级孩子比较活跃，统一用冷色调绿色作为班级的主色调。各板块内容丰富，能反映孩子们的多才多艺，多

彩的初中生活。

最后在精神文化建设上，我竭尽所能地去塑造孩子们拥有未来影响终生的良好的精神品质。班会是我的主战场。根据本班孩子情况我每周定下班会课题，成为孩子们期待的精神食粮。为了让班级孩子们接受小G，我特意与小G爸爸商量一起上了一节班会课。我把小G带到办公室，让同学陪着。然后教室里，我们了解了从小到大小G父母为孩子付出的一切，而这一切也并没有改变孩子先天不足的事实。父亲说着说着流下了痛苦与伤心的眼泪。从这以后，关心小G的女生越来越多了，男生也较少捉弄她了。到了初二，情况更是好转，初三，再没有人会拿小G开玩笑，现在小G已经工作、结婚了，常常发信息给我，"刘老师在吗？""刘老师你最近还好吗？"，感谢她的惦记。

记得孩子们毕业后回来看望我，陈沅苑、陈依婷等同学还要我跟他们再上一节班会课，可想而知，当时的班会课对孩子们的影响力。

2012年的6月，孩子们毕业了！中考成绩创造了宝中的辉煌。全校9个800分以上，我班有3个。600分以上25人。用麦国志校长的话来说，"整个龙华新区的800分都没有三个呢，刘美芳老师所带的班级不简单！"

第三期：多年做班主任，班主任工作走向专业化

当我第二届再做班主任的时候，一切都觉得顺利很多。这一届2012年9月入学，2015年6月毕业的12班，初二我因为休产假换了冯老师做班主任。初三时经过家长们跟学校领导争取，我本来是回来任教语文，但由于冯老师身体原因辞去班主任，我就又完整地与孩子们一起共度了一年，同时也接回15班的语文教学。

这两个班的孩子都足以让我欣慰和自豪，两个班学习语文的热情都非常高！特别是单元活动课、读书汇报会，孩子们做得有声有色！他们爱语文、爱阅读、爱写作，到了初三，仍坚持阅读，搞读书汇报会，热情不减。最后两个班的语文A以上人数分别是34、32人！全年级21个班只有三个班的语文成绩超过30人的，而我的两个班都在其中！

接下来简单讲讲12班的家长与孩子们。

这一届，开始摸索着家校共育，充分利用家长资源，为孩子们所用。虽然当时还没有成立家委会的说法，但是常常就有一批家长们为班级出资、出力。首先

感谢张天的家长，不仅现身说法，两夫妻都为家长们讲过教子经，而且经常给班级购置需要的物资，大大减轻了班费的开支。为家长们无私传授教子经的还有陈芷婷妈妈、吴杰浩妈妈、麦哲铭妈妈，这些孩子后来中高考都取得了满意的成绩。

每次大型活动，总有默默在帮忙的家长，比如郑江敏、朱静荷等同学家长，可以说是相当贴心，随叫随到。

我们班连续两年的艺术节班级大合唱都在21个班中稳居第一，这大大鼓舞了我班的士气！真的很感谢曾楚芊的妈妈，她是某学校的音乐老师，利用课余时间来教我们班的孩子们大合唱。

我更要表扬的是12班每一个孩子，没有特别让我操心的，他们凝聚力强，能够很好地配合班干部的管理。我终于可以达到班主任在与不在一个样的境界！我班这一批优秀的班干部有陈芷婷、吴杰浩、张天、黄宇欣、郑江敏、孙婧涵、李小澜、李乐禧等，他们组成班级中坚管理力量，再加上一批很积极上进的孩子们，这个班真的给人一种欣欣向荣、坚不可摧的良好局面。

这一届毕业后我中途接手了初二（6）班，虽然仅仅带了半年，但是从这个班级开始我成立了家委会，家委热心为班级服务，期中、期末组织孩子们亲子拓展。在运动会入场式上，我班的莫浩勤家长把部队的兵请到我们学校，教孩子们练军体拳。原来一盘散沙的班级凝聚力不断增强。

集团成立后，2016年9月，我调到了新校区宝安中学（集团）外国语学校，班主任工作开启了新篇章！

一、完善班级管理制度

1.家委分工有序

一开学便成立了家委会，分为主席、副主席、财务部（一人管钱，一人管账）、活动部、采购部、学习部等几个部门，家委非常积极于班级各项事务。这里想特别表扬一下我的家委组织，主席陈卓灵妈妈统筹各项事务，副主席周帅妈妈总策划班级各项拓展活动，副主席吴菲昀妈妈和家委龚立峰妈妈、曾宝如妈妈、唐韵沁妈妈统筹班级采购事宜。黄成之妈妈管钱、黄可炫妈妈管账。活动部卓明辉妈妈、吴菲昀妈妈每逢班级有活动，必来给孩子们化妆。学习部吴肇邦妈妈负责安排每周三数学测试家长监考事宜；另外还有蓝盛铧妈妈、黄明扬妈妈、陆明哲雨欣妈妈、林卓彦妈妈、何依祺妈妈、应振鹏妈妈随叫随到，共同顺利完成班级各项活动。

2.发行班级货币激励人心

原来的小组捆绑制、值周班长制继续推行，优化了原来的量化制度。原来每周的小组积分、个人积分仅仅作为安排座位的参考，个人积分前20名在期中、期末进行一定的奖励。但是这样的奖励范围不够广，对于目前整体素质较弱的班级来说积极性不够。于是我想到设计班级货币，以积分多少换取多少货币，班级货币跟人民币5：1的比率换取礼物。政策施行前，我特意跟家委商量，大家纷纷表示赞同。一个学期过去，孩子们积极性很高，无论积分多少的孩子都有相应的礼物。这些礼物大部分是文具类，为孩子们节省了一定的零花钱。当然也存在个别负分的孩子，为了激励他，也让他为班级做事加分，但是入不敷出，不管怎样都还是负分，我跟家长商量好，也是按积分和人民币5：1的比率上交班费，期末退还给家长。

但是第二学期，孩子们对礼物已经不太感兴趣，特别是积分多的孩子，文具已经多得用不完。这时我也在《班主任》杂志上看到美国、日本的家长在孩子三岁开始就有意识进行财商的培养，而中国的家长很少有这样的意识。举例谈到有大学生上大学用信用卡，还不知道按时还款，导致利息累加，负债累累。我就跟家长商量，可否5：1的比率直接换取人民币，而不是礼物，一个月发一次工资，家长可以不用或少给孩子零花钱。没想到家长们一致赞同这样的做法，只要有利于班级管理，有利于孩子们的全面发展，家长们都是赞同的，很感恩有这么一群懂事理的家长！

3.实现了人人有事做，事事有人做

全国著名班主任魏书生提出的班级管理应该做到"人人有事做，事事有人做"，一直以来，我都觉得难以实现。但是这一届班级实行工资制后，为了让每个人都有固定工资领，每个孩子必须自己找活干。那些大事、小事，大家能想到的都有人领来做。于是班级的事情大方面有部长，小方面人人都是班干部。

如果这个月他们的工作没有执行到位，那么就得相应扣工资。

二、精神品格塑造更全面深远

1.带班理念注重内涵，培养贵族气质

有一年学校在组织班主任去上海学习，我看到有一所学校在两块石头上写着八个大字"贵族气质，平民情怀"。这八个字我深深刻在心上，想想这么多年自己一直在努力塑造的不就是这种精神吗？强健的体魄，责任与担当，对国家的热爱，

与老百姓同呼吸共命运。这些品质弥足珍贵，也是我们育人者的责任呀！

所以我一改前面几届的班训"做最好的自己，做最优秀的班级"，改成"贵族气质，平民情怀"。家长们简称自己的班级为"贵族四班"。为了锻炼孩子们强健的体魄，我坚持每天五点带着孩子们到操场跑步。就因为这样的坚持，班级的小胖小蓝同学也有了结实的身材，小周同学不知不觉成了长跑健将……最关键的，中考体育，我们班除了几个实在减不下来的胖子，一个脚扭伤的女生没有满分，其他都满分了！创造了21个班平均分第一的好成绩！

为了丰富孩子们的精神世界，我和家委一起策划了每学期的拓展课程，用心设计了每一节班会课，自己走出去，请专家、优秀校友进来，丰富的学习生活，让人目不暇接，影响深远。

2.家长课程应务实有效

为了让孩子们顺利度过青春期，我们邀请了正面管教专家给全班家长上课。虽然只是短短的两个多小时，但是这种理念的冲击是巨大的。家长们跟孩子说话的态度慢慢发生了改变。一个女生跟我说，我妈妈现在跟我说话语气跟以前完全不同了，我比较能接受她的意见了。有一个男生，在家时父母经常用打、下跪的方式来教育他，他的父母听了这个讲座之后，更多的是与孩子好好沟通，少用或者不用武力解决问题。我也明显发现孩子在学校，情绪比以往好了很多。

为了让孩子们顺利度过初二这个叛逆期，我们一开学就邀请了家庭教育方面成功的彭丹老师讲自己的教子经。2017年7月20日福布斯中国公布2017年"30位30岁以下精英榜"，彭丹老师的儿子彭楚尧就是其中之一。这次盛会，不仅彭老师给家长们讲，楚尧学长也从上海赶回来给孩子们讲自己的学习经历。这对于家长、孩子们的激励是非常大的。

我也相继邀请了周帅妈妈、蓝盛铧妈妈、龚立峰爸爸、李嘉轩爸爸给家长、孩子们上课，大家不同程度地受到感染，博采众长。

3.学生拓展课程丰富多彩

初一我们提出家校合育的目标是"励志、勉行"，初二是"规范、自律"，初三是"理想、超越"。我们带着孩子们参观了中山纪念堂，走进华大基因，走进宝安城市规划馆，参观水厂，前往东莞训练营参加拓展等，还听取优秀毕业生彭楚尧学长的讲座，邀请了心理学田春利博士给孩子们讲复习方法。还特意成立校友讲坛，邀请了吴杰浩、陈芷婷、曾佳蓓等校友到班级分享学习方法。孩子们积极提问，被深深地触动。

为了让孩子们认识到书法之美，特意邀请专业书法老师来我班给孩子们上书法课。这个课程激起了孩子们学书法的热情，开启了孩子们学书法的历程。那个暑假，大部分孩子都报了书法班，每天在组群打卡。假期回来，我们进行暑期生活汇报，发现不少孩子的字发生了翻天覆地的变化。我问吴同学，才过了一个暑假字怎么能够写得这么好看呢？她的回答是："因为很想要把字写好。"因为字的改变，资质本来不错的她，更有了冲刺四大名校的资本，最后也的确实现了她的梦想。而我班也能在最后的中考考出了比以往都要好的成绩！初三第一次跟初中部联考，我班语文没有A+，中考我班有9个A+！这也应证了我的一句话：字写得好，中考才有可能成为黑马！

4.感恩教育贯穿初中三年

要让孩子背负使命，坚持不懈地去努力，是需要动力的。而这个动力来自哪里？一是目标，我安排的拓展课程、校友讲坛等都是为了让孩子从小树立大志，有奋斗的方向。二是来自对亲人、师长的感恩。在初中这个比较敏感、自我意识不断增强的年龄段，孩子对父母常常是抱怨的，抱怨源于不理解，不理解源于沟通不畅。在母亲节、父亲节、感恩节、教师节，甚至生日会的时候，我会组织有意义的活动，让亲子有机会敞开胸怀沟通。

在初二下学期母亲节来临之际，我班组织了"让爱住我家"的主题班会，要求家长、孩子一起参加。我收集了每个家庭2—3张的全家福，做成课件，配上抒情音乐。让学生准备《一生》的朗诵，家庭剧《我们是这样做子女的》，聆听故事《母爱如粥》，欣赏《台湾母亲》的视频，最后品读一封信，那是我班家长写给孩子的信。结束的时候不论父母谈感想，还是孩子回忆与父母难忘的事，大家都哭了，孩子们含着泪花上台给父母鲜花，拍合影。

这样的活动，我每一届都会举办。每一届都是如此深入人心。

初三了，可能大家觉得这一年只有学习。而我带班不是这样，越是到最艰难困苦的时刻，越是要组织活动让大家增强内动力。

初三第一学期期中考后不久，古同学妈妈提出明天孩子15岁生日了，在潮汕地区，15周岁出花园，代表着长大成人了。她想用特别的方式给他过，问可否买个蛋糕到班级大家一起吃。我考虑到，单独给一个孩子过，也不太好。就想到趁这个机会给孩子们来个隆重的成人礼。我查找了关于古代成人礼的流程，在第二天下午我邀请了古同学家长，还有副班主任李老师。首先让孩子们明白成人的意义，接着进行隆重的三拜，拜国旗、拜父母、拜师恩，接下来我播放了古同学从小到大值得纪念的瞬间，还念了妈妈连夜给他写的信。全体同学都被深深感动，流泪的不仅是古同学，大家都潸然泪下。最后全体宣誓的时候，声音非常坚定有力！

中考百日加油会，我让每一位家长给孩子写信，给孩子录加油鼓劲的视频。同时，我也把三年的照片剪辑成录像，配上歌曲《友谊天长地久》。孩子们在这几个环节的感染之下，无不含泪看信，无不哭着给父母写了回信。最后写目标的时候，大家似乎都很坚定写了自己比现实要高远的目标。但我相信还有一百天，一切都可以改变！

结果真的改变了，全班44个学生，有9个同学考上宝中线！最高分441分！400分以上22人！

为什么能取得最后的胜利，关键在于我们的孩子们满怀对母校、对恩师、对父母的感恩，有取之不尽用之不竭的动力！

三、工作室的成立让我走得更快更远

独行速，众行远。

2016年下半年，宝安区教育局组织成立区内100个校级名班主任工作室，我正好来到外国语学校，学校推荐我，成为其中一个。一年后，评出45个优秀工作室，我也是幸运入围。2016年年底，宝安区名班主任的评选，我符合条件入选了，面试通过了。于是我就这样担任了区级名班主任工作室主持人。2018年9月，当区要推荐市级名班主任主持人的时候，我以这几年在工作室突出的业绩顺利入选。2019月5月正式授牌市级名班主任主持人。

说来似乎很轻松，但带领一个班主任团队前行，在宝安区之前都没有这样的先例，我真的不知何去何从，工作不知从何着手。后来参加宝安区组织的主持人培训，我区灵芝小学王小玲老师2015年已经在自己学校成立了名班主任工作室，她们的培训一直坚持得很好，她做了经验介绍。我深受触动。一个班主任，也可以带领团队，一起学习，一起成长。

于是，我也带着我的团队走出去学习，我们去过广州中学向李青主任学习生涯规划；去过佛山张玉石名班主任工作室学习创新班会、创新管理班级的经验；也去过华南师范大学附属中学听取了省级名班主任工作室陈妤主任的讲座，还有

广东省中小学德育研究与指导中心首席专家、研究部主任，广东第二师范学院心理学教授李季教授都亲临会场，给我们深谈他的叙事德育、走心德育。我们还走进深圳市钟杰名班主任工作室做深入交流，听取了钟杰老师关于她独特的男生、女生班课程的介绍。她的真心、热情、创意，深深感染着我们！

每一次的学习，都是给工作室成员充电，他们又把新的实用有效的做法带回学校，付诸于实践。这就自然而然形成了每个班主任的带班风格。我们的区级课题"利用班级文化系统化建设构建特色班级策略研究"2019年5月已经立项。

另外我们的"基于生涯教育的班会课创新研究"的课题也在2018年11月立项。这两年工作室成员一直在坚持上班会公开课，大家围绕生涯规划在研究新的班会内容和形式，每一节班会课效果都很好。

我也走进了区内外，甚至走进了大学校园，给班主任、给大学生传授班级管理经验，不管走到哪里，都受到一致好评。

四、加入区家庭教育讲师团，改进我的育人理念

班主任如何指导家长用科学合理的方式教育小孩，这是目前落实教育部家校共育工作必须重视的问题。我们自己本身不懂这个年龄孩子的心理特点，不知道如何指导家长与孩子良好的沟通，初中三年，孩子的叛逆非常明显，家庭矛盾层出不穷。

为此，我有幸认识了区家庭教育部涂南萍老师的团队，跟着他们一起走出去学习，一起共读家庭教育书籍。同时也开始在区内的好几所学校给家长讲课。因为讲，所以学，因为学，所以每一次讲课给家长留下深刻的印象，给他们一定的指导作用。

也因为如此，我在给自己班级家长开家长会的时候，理念更科学先进，也更有底气，效果更明显了。

家校合育，我班的孩子们都在幸福地成长。

如今，我可以这么说，做班主任，我是热爱的，认真的；做语文老师，我是专业的，富有激情的。我深深地爱着每一届的孩子们，孩子们也爱我。

下面看看一些孩子写给我的信吧：

（一）

敬爱的刘老师，祝您节日快乐！

初中毕业至今已经四年多了，一直念念不忘您对我的恩情。初中三年期间您给了我无私的关怀，令我怀念起来都难以忘怀的那种温暖。您真的是一位特别好的班主任。我们整个12班的同学和家长都不会忘记您曾经呕心沥血的付出。感谢您！千言万语难用拙笔写出……愿您工作顺心、阖家幸福、一生平安！

学生李锴煌敬上

（二）

亲爱的刘老师：

您好！

还记得开学时您说10月底是预产期，10月底就要离开我们班，当时不以为意，而没想到眨眼间，10月来了，我们实在不舍得您离开，可您肚中的小生命却固执得很。

我仍清楚地记得第一节课，您听我朗诵，竟猜出我的老家。那时，我坚信您一定是一位有着许多文化底蕴的老师，跟上您的步伐，我相信我的语文成绩定会有所提高。

可以说，您是我一生中遇到最温柔的、最善解人意的老师，您很少生我们的气，批评的话扳着手指都能数得出来，但我却深深记得那次《童年》读书汇报会彩排时，您对我的教导，也是那次批评指导，我深切地感受到了责任心的重要性。

可以说，您是我一生中遇到的讲课最深入人心的老师。我一直认为您的课堂有种奇特的魔力，让我上课时每一根神经都紧绷着，您总有办法让我参与到课堂中去，也就是这样一步一个脚印，我踏上了求学之路——在您的引导下。

可以说，您是我一生中遇到的最负责任、最有计划的老师。无论是作文的培训，课内文言文的教学，还是课外知识的拓展，您总能让我们有规律地进行。特别是课内文言文，在与其他班同学的相处中，我发现语文老师都是大概地讲了讲，很少像您一样一字一词都不放过，古时读者、现代读者都不放过的老师，有时我感觉自己十分幸运，能有那么优秀的老师来教。

随风潜入夜，润物细无声。

这场雨太短了。

我们多么希望暴风雨来得更猛烈些，但上天是不会允许我们贪心的，还有许多干旱的地方需要滋润，而我们只能有缘再见了。

您是我们心灵的工程师，您终会桃李满天下，或许那时我只是易被忽略的一个小小的点，或许会看不到我。但是，没有关系：

——因为我会用我的努力，让我出现在大家和您的面前！

您的学生：沙南豆

2013年10月13日

（三）

初见时，她笑意盈盈。我疑心她生在江南，不然为何似江南女子一般地温婉？她如四月天里的春风，消融了我们的紧张与不安。此后，我们无论课上课下，总唤她一声"芳姐"！

如今已是我们共处的第三个年头，说长不长，说短不短。我总觉得她像种花，却说不出个所以然：牡丹太艳，桃花太俗，莲花太娇，而梅却太清冷了。直至向晚的秋风送来花香，我才恍然——桂花不正合适吗？

桂花是香的。纯粹的花香，浓郁而缠绵。整个夏的酷暑和燥热，都沉淀了下来。还记得那个盛夏的午后，她捧着一大碗鲜红的荔枝进了教室，一一分给每位同学。她说：这是今年我们学校荔枝园产的荔枝呢，大家尝尝！荔枝入口，清凉而甘甜的汁水便溢满口腔。我无端地想起掺着花香的秋季的风，花香纯粹，仿佛掺了蜜一样的浓甜。她笑着，笑得云淡风轻。

桂花是美的。"暗淡轻黄体性柔，情疏迹远只香留。何须浅碧深红色，自是花中第一流。"想必连李清照这位才女也是倾心于桂花之美的，不然为何如此评价它呢！我曾痴情于李清照的诗词，还专门写了一篇作文，竟得了A+！那天，她告诉我，她也曾喜欢着李清照。我突然觉得她不仅仅是我们的老师，又像一位温和的姐姐，或是知己！我仿佛拥有了一个秘密，心里便像开了花似的美起来了！阳台的桂花开了，黄米粒似的花朵正开得灿烂，像她的笑脸——不以谄媚美艳的外表取悦于人，也不以浓重媚俗的色彩博人眼球。美得恬静，美得雅致，是由内而外的。

九月是桂香浓郁的月份，也有着属于教师的节日。我将以桂花来赞您，我的班主任！

——贵族四班宋阳

（四）

永远的12班（节选）

2012年6月25日，我们拍完毕业照后准备回到教室。穿过校门，看到那些垂落的木芙蓉花，我十分黯然地想着：

校园的花儿落了。

我们已不再是小孩子。

又怔怔地发呆，想起张琳同学写过的凄美的诗句"班级是一张相片/我们在里面欢笑/在外面流泪"，就竟真的要流泪了。

最后一次无言凝眸，我默念道：

12班，我要走了，这一回是真的。

在夏去秋来这个季节即将更替的时候，12班，我要想你。

如果不是自制心太强，12班，你也知道，我那批1246把钥匙中会有起码一千把交给谁。

这次我什么也没带走。如果我不回来了，要记住，12班，我曾经巴不得、巴不得，你，不要松掉我的衣袖，在一个夜雨敲窗的晚上。

好，我要走了。

谢谢你。

永远的，12班。

附：刘美芳老师简介

2005年6月韩山师范学院中文系汉语言文学专业毕业，在深圳市宝安中学任教第15个年头。荣获诸多荣誉：深圳市优秀班主任、深圳市十佳师德标兵、深圳市名班主任工作室主持人、宝安区家庭教育讲师、宝安区雏鹰计划特聘班主任、宝安区德育导师、生涯规划师，宝安区高层次人才等。

教好书 做好班主任

一路风景一路歌

李敬民

我是一个晚熟的人，当同龄人都已经为自己的人生做好规划的时候，我却空白得像个傻瓜，跟着时代的潮水随波逐流。

大学时光是懒散的，偶尔跟着一些人喝喝啤酒写写诗，跟着一些多愁善感的人去参加一下诗歌大赛，跟着成名的师兄在地方报纸的角落发表比豆腐块还小的文字，跟着成熟一点的同学到老师家里去喝功夫茶，顺便跟老师混个脸熟。在中文系连涟漪都没有荡漾出来的时候，就匆匆开始了自己的实习生涯，懵懵懂懂拿了奖学金和优秀实习生的奖之后，时间来到1999年，我要毕业了。

所有的毕业生都要思考自己工作的去向。

我对此却很彷徨和迷惘，不知道要去哪里，只是在彷徨与迷惘之余清楚一点：坚决不回原籍地。因为有个回了原籍地工作的师兄告诉我，在那个地方，每天上了两节课就上山打鸟去了，每天时光都很漫长，且贫穷。

我不喜欢打鸟，而且，更不喜欢贫穷。

改革开放走了二十年，珠江三角洲成为先富起来的区域，其中中山、顺德、南海、东莞被称为广东四小龙，有个高我一届的政史系师兄在南海工作，春节刚过，我就被这个师兄带着上了长途车，来到南海这个地方。

一踏入这个城市，从车窗往外看，到处都在搞基建，从未见过的那些大型吊臂横七竖八地在高空织网，大型钩机、挖掘机一路上扬起满天灰尘，一圈圈绕着往上走的立交桥让人目眩神迷，还有那些占地好几顷的厂房高傲地矗立在一个个工业园区，从未见过的各种巨型五金城、茶博城、陶瓷城等在一个个乡镇盘踞着。实话实说，这些给我的感觉就好像见到暴发户那样，富裕极了、凌乱极了、陌生极了，这时一种虚空瞬间在内心迅猛生长，我不知道这个城市属于谁，但我知道，这个城市在这个时候一定不属于我。

对此，我有些恐惧。

在师兄任职的学校教师宿舍睡了两天后，被赶出去硬着头皮到南海人才市场找工作。

南海人才市场里持续着巨大的闹哄哄的声音，天啊，第一次切身感受什么是人山人海，我脑袋发紧，眼睛干涩，喉咙冒烟，被人潮推着到一个个单位摊档前面投递简历，木然地机械地在对每个招聘单位一遍遍重复说："您好！这是我的简历，请您收下，谢谢！"

我那时候很高很瘦，像根竹竿，我的声音在单薄中显得毫无力量。

招聘单位的负责人往往在看我一眼之后，就会说："不好意思，我们已经招满你这个学科的了。"我很纳闷，我这个学科专业的怎么这么快就都招满了？后来若干年过后，我才知道，这叫首因效应，第一眼就看得不顺眼，其貌不扬、唯唯诺诺，谁喜欢？

女孩经常说要对眼缘，经常对追求她的男孩说，不好意思，我没有感觉，我觉得你不是我喜爱的那一款。

找工作是不是就是这种找对象的感觉？人家单位对我没有感觉，那说什么都是白瞎！

好在，总会有退而求其次，凑合着过的时候，我这件商品，被南海市西樵山旅游度假区的一间乡村中学退而求其次地收下简历并约好了面试时间。

面试只是一个简单的过场，地处南海偏僻的西樵许多人不愿去，而地处西樵的这所乡村中学更多人不愿去，但这所学校却急需教师。我连南海地图都没看过，根本不知道这所乡村中学在哪里，在老是被别的单位拒绝的情况下，在我与用人单位都凑合着过的念头之中，我们伴随着急迫的凌乱的像无头苍蝇的闹哄哄声，签好了工作协议。

22岁那年，在毫无准备又毫无防备之中，我草草决定了人生一个重要问题。

人生很有意思，原来随波逐流也是一种态度。

只是这种态度，别人嗤之以鼻，而我，却对此一无所知。

20世纪末的南海，还叫做南海市，是佛山的一个县级市，当年中学地理课本里的桑基鱼塘就是来自这个地方。这里的农民很富裕，裤脚还卷在腿肚子上，腰上却都别着一个砖头一样的手机，一切以经济建设为中心，所以腰包的鼓胀程度决定了声音音量的大小。我们这些新教师里不安于清贫的有的考律师走了，有的到深圳下海了，有的考公务员换岗了。我这种没有思想，又不懂上进的，浑浑噩噩一混就是五年光阴。

五年里，没有辅导过一次竞赛，没有写过一篇论文，没有评过一次先进。

对此，我依旧一无所知。

当还留在教育行业的同龄人越来越多升了职称，跑到优质学校或者升任各种行政职务的时候，我突然变得好像会思考事情一样告诉自己，我也要去优质学校任教。

如果工作五年都没有一张证书的我能成功调去优质学校任教，或者是祖坟冒了青烟，或者是优质学校的校长脑袋进了水，事实证明，祖坟没有青烟，校长们也都很正常。

作为外地人，我依然像浮萍一样，待在这个小镇里，我27岁了，离孔子说的三十而立还有3年。

南海终于不叫市了，而叫佛山市南海区，经济发展越来越快，当然也越来越良性，整个社会开始没有那么浮躁了，四处碰壁的我也终于开了一回窍，仿佛清晰地看清了那个如同傻瓜一样的自己。

于是我潜下心来，开始阅读一些教育类的书籍，并在一些零碎的纸上记录一些零碎的读后感。读李镇西的《做最好的老师》告诉我要手持爱的灯盏，为孩子的每一次进步喝彩；读魏书生《教育方法100例》懂得与孩子遇事多商量，平心静气为孩子；读万玮的《班主任兵法》懂得要考虑学生心理和人格的健康发展，针对不同学生的具体特点，采取不同的教育方式……

读了一些书籍之后，生活好像变得更生动更厚重一些了，学生好像也变得更可爱更懂事一些了，我的工作成绩也好像变得更优秀一些了，当拿到第一张镇级"我心目中的好老师"奖状之后，论文也开始获奖了，评优评先也开始榜上有名了，辅导竞赛也屡获佳绩了。

学校开始常年让我待在初三带毕业班，从带慢班到带中班到最后带快班，从家长都希望孩子进我班到连同事都希望孩子能进我班。

这个时候，年轮应该来到了2010年，我已经工作了11个年头，这个时候，我开始沾沾自喜，走路都好像带风一般。

南海区班主任专业化成长，是南海教育的一张闪亮的名片，在全国可能都处于领先的地位，这里出了很多市、省、国家级名班主任，这与区教育局组织的每届班主任能力大赛有关，也与班主任专业化成长课题研究有关，当然，更与班主任们努力学习，不断进步有关。

2010年，西樵镇组织班主任能力大赛，我被学校选为代表去参赛。

这个时候的我自认跟当年那个战战兢兢地找工作的毕业生有了很大不同，我已经能在人前引经据典高谈阔论，妙语连珠笑谈如风，我自认要有一羽扇，运筹帷幄，笑谈间也能樯橹灰飞烟灭。

越是得意洋洋，越是丑态毕露，上到赛场，我立刻被镁光灯打回原形，没有扎实的教育基础理论，没有系统的教育方法指导，对学生的不同年龄段心理没有系统的研究，对日常教育案例没有进行过分析，抽到比赛题目后木讷、紧张、空洞、单薄无所遁形！

是的，我还是那个空白的，从22岁成长到33岁的傻瓜。

现在回想起来，当时的我，像极了那只在井底的鼓着眼睛大声吵嚷的青蛙。

唯一得到慰藉的是，这场赛事，让我窥见了浩渺的天空，让我知晓，厚积方能薄发，脚踏实地才能仰望星空，也让我明白，若是没有准备，就不要上战场做炮灰。

生活还在继续，教学的日子一天一天在延长，后来我接触到"以学生为本，提倡学生先学后教，鼓励小组合作学习"的生本课堂研究，通过学习生本课堂理论研究，我从心里做到尊重学生，在课堂上以学生为学习的主体，不越俎代庖。渐渐地我把语文课堂打磨得有些特色，学生爱上，家长爱听。在一次全国生本课堂研讨活动中，有许多省外学校派教师学习团队来到我们学校，听我们的生本课，其中有一批澳门劳工子弟学校的英语老师来到我的语文课堂听我上散文，那堂课上得行云流水，满堂生辉。那些英语老师惊呼，原来语文课堂竟能如此精彩。后来，他们回到澳门强烈要求他们的校长邀请我到他们学校进行为期一周的语文生本课堂指导。

我的语文课堂真有他们说得那么精彩吗？我心中竟无窃喜。我只知道因为班主任能力大赛失败后，我告诫自己做任何事情都要做足准备，所以我每一堂公开课，都是充分准备的展示课。这不是常态课，做老师的都清楚，展示课都有表演的成分在里面，再精彩也没理由四处吹嘘，我清醒知道自己只是浩瀚宇宙中一颗最不起眼的沙粒。

澳门劳工子弟学校是澳门的一所公办学校，学校教师的工作状态与校外的熙

一路风影一路歌

熙攘攘形成鲜明的对比，他们踏实内敛，谦虚谨慎。在澳门的一个星期，我听了他们很多课，也上了一堂公开示范课，澳门学生的普通话没有我想象的那么差，但我的课平白无奇淡如白水，没有太多让我留下记忆的东西，反倒是他们老师的课，扎实有效，趣味盎然。多年后回想那个星期，心中是有所愧疚的，总感觉辜负了他们学校一片赤诚之心，也辜负了那节课上澳门学生的欣喜盼望之情。

后来在各种难言的复杂背景之下，广东省教科所的一位专家撰写的《为何一所农村中学能境外出名》使我们学校声名远播，在接待日益增多的来访兄弟学校而被选中开展一堂堂公开课的我，被冠上了一个"生本名师"的江湖称号。

之后又是在广东省教科所的张罗之下，去了贵州省仁怀市进行一周的全市初中生本语文课堂指导。在仁怀市，听取了一堂堂当地老师的语文课并进行评课和指导之后，我也上了一堂准备许久的公开示范课。这堂公开课被当地那所学校的语文老师誉为是一堂鲜活而生动，趣味又高效的语文课。

因为这堂课成功的"表演"，仁怀市教育局突然希望我第二天上一堂全市的公开课，课程内容是临时从非部编教材里选的，是我从未看过的一篇文章，并且没有教参、没有计算机提供给我。我一下子就蒙了，是的，我之前的那些公开课可都是花费大量时间去打磨的"表演课"啊！现在是属于进京赶考的加试环节吗，我怎么办？

第二天全市80多名初中语文教师齐聚一间普通课室，室内走廊，室外走廊都坐满了老师，比学生还多近30人！黑压压的室内，只有我与孩子们一起徜徉在文学的海洋里，回响着我与孩子如歌般的天籁。

是的，这堂课非常成功，得到了所有听课师生们的交口称赞，他们看到的是在没有任何资料的准备下，我依然能以学生为主体，带领学生自主合作探究，能激发孩子潜能，全体踊跃地旁征博引，引经据典层层深入去解读文本。

实在不好意思，我现在可以承认了，我上这堂公开课的前夜，用手机打了一个多小时的电话回南海，叫一个同事帮我查找各类资料，然后在文章里记录下密密麻麻的批注！

我依然做足了准备，只是，老师们都不知道而已！

是的，班主任能力大赛失败后的我，天天告诫自己，万事都要准备得充分，才能走到台前，特别是像我这种天资一般，还空白得像个傻瓜一样的人。

2012年南海区班主任能力大赛，西樵推选我作镇代表，参加区级大赛。我严词拒绝，因为实在不敢再走上赛场，而且作为一个镇的赛场败者，怎么有资格去代表镇呢？

严词拒绝，不代表可以违抗命令，镇教育局一定是有通盘考虑吧！

确定不能违抗后，我只能心里倒吸一口凉气，转变一下思维，既然在这跌倒，就看能不能爬起吧。

于是我静下心来，找来往届比赛的视频，认真看每一个选手的比赛过程，看他们的衣着站姿、语言的顿挫发音、内容的起承转合、问题的层层剖析。然后再阅读大量书籍，从苏霍姆林斯基的和谐教育理论到杜威的活动课程理论，从荣格的人格动力说到马斯洛的需要层次理论，从陶行知的生活即教育到加德纳的多元智能理论。最后，我将教育成长故事打磨易稿七八遍，将所有自己所知的教育活动类型通通设计成一个个主题班会，把所有能想到的教育案例类别都按照知情意行的模式进行认真分析。

通过认真细致的准备，在南海区的班主任能力大赛，我斩获了特等奖。

这次的成功，与知识储备无关，只跟精心准备有关。

所以尽管从跌倒的地方爬起来了，我却还是战战兢兢。

后来区教育局基教科又召集了全区特等奖选手再次进行了一个不公开比赛，为佛山市班主任技能大赛筛选选手，我有幸入围。

当年南海区初中班主任有3个名额参加佛山市班主任技能大赛，区筛选了8名班主任出来在暑假进行为期一周的封闭训练。一周时间里，我们上午听往届省、市第一名的经验传授，听区教育局邀请来的大学教授讲座，下午就进行真题训练。经过一个星期的魔鬼训练，最终区教育局在8人里面挑选了3名，我有幸再次入围。

我最终止步于佛山市班主任能力大赛，仅获二等奖，同时集训的3名初中班主任，其中一人最终走到了广东省班主任能力大赛全能总分第一。

我清楚，我天分如此，之前精心的准备只能让我稍稍走得远一点，却永无法到达巅峰而已。

之后，我被聘为南海区名班主任，再之后被聘为南海区教育局德育艺术指导中心组成员，在区近万名班主任团队里，也算发出微弱的苔米之光了。

时间来到2014年，可能跟一些比赛获奖有关，也可能跟一些公开课开展获得少许名气有关，当年想去优质学校任教而四处碰壁的我，竟然接到了佛山市数一

一路风影一路歌

数二名头响当当的石门实验学校的调令，我窃然感觉，冥冥中有神灵正在圆我当年想到优质学校任教的梦想。

作为一名人民教师，把神灵挂在嘴上，当然不是一件好事。果不其然，生活总是喜欢跟人开玩笑，在镇教育局签下同意调出之后，还未到优质学校报到的我突然接到电话，告知我南海区教育局刚出文件通知，禁止公办教师调入实验类优质学校。

镇已放人，真是留也不能留，走也不能走，进退两难了，

不过事情最后还是得到了解决，石门实验学校是一所民办公助的实验类优质学校，这类学校虽说自主权非常大，但还是要隶属镇级教育局管理。所以，石门实验学校所处的大沥镇教育局接收了我，让我的编制挂在一所大沥镇公办初中，而人就到石门实验学校借调任教一年，一年之后回公办。尽管心有不甘，但也算是不幸中的万幸了，毕竟我能有一年的时间去感受在优质学校工作究竟有什么不同！

2014—2015年，我亲身感受到了优质实验类学校与普通公办学校的巨大差异。优质学校有着自己一套成熟的教育管理体系，有着自己成熟的教育品牌特色。从新教师的培训到新生入学的培训，从每周班主任例会到每周级组、科组会议，从家校亲子研学旅行到每届学校家委传承，再从多如牛毛的各类高级别培训讲座到组织高级别师生的各类赛事，从校本课程的开发到体育艺术的专业化训练，从手把手教会学生做思维导图到学生一本本密密麻麻的错题集，在这所拥有大量资源的学校，每个老师每天都像在前线冲锋陷阵一般忙碌，同时，每个老师又切实地感受到自身不断飞速改进和提升的教育教学技巧和教育教学科研能力。

所以在这里，很多教师迅速成长为各种级别的名师，他们低调务实，勤恳睿智，我再一次感受到自己的渺小，是的，教育的路上，从来没有止境，何况天资愚笨如我！只能跟随着身边这些名师的脚步，深深浅浅地埋头前进！

一年时光很短暂，2015年8月，从石门实验学校出来，辗转又来到了编制挂靠的大沥镇海北中学，又是一个新的环境！

海北中学当年是在大沥镇七所初中里中考成绩较差，社会口碑不好的一所学校，当然，在现任校长的带领下，这所学校现在已经如一颗冉冉升起的新星，蒸蒸日上了。当年所有不知道我为何从最好的学校来到这所学校的人，都在用异样的眼光看着我，恍如看着一枚优质学校弃子，充满同情与怜悯。

我自己倒无所谓了，一年前就做了心理准备，一年的时间，早就学会了接纳生活给我的所有，况且我离孔子说的不惑之年只有两年。

尽管在石门实验学校只待了一年，但毕竟带着名校光环。于是海北中学的学校领导经过研究，让我担任初二一个个性十足班级的班主任，这个班级在初一的时候与班主任的矛盾非常尖锐，有几个学生俨然成了这个班级集团的带头人，怂恿全班同学与班主任对着干。

担任这个班级的班主任这年，我从提升班级凝聚力入手，在每个孩子心中根植自己的理想，大力弘扬班级正气，逐个转化后进生，分化他们的不良影响。通过开展一个个鲜活的主题班会，倾力打造班级家委团队，认真组织家长会，勤与学生个别谈心以及对大部分学生进行家访。每一天都由一名同学轮值在黑板上沿写一行激励人心的话，"不负春光，野蛮生长""不是所有的班级都叫804""勤奋是最美的歌曲"等成为孩子内心闪亮的一颗颗珍珠。一年后，这个班级得到所有人的赞誉是四个字：脱胎换骨！

在这年，我带领全班学生参加朗诵比赛获得第一名，编排《光和影的故事》情景剧入选南海区文化作品展，参加南海区初中语文教师素养大赛获一等奖，参加佛山市初中语文教师现场作文设计及下水作文大赛获一等奖。

还记得这一年接近尾声，一次全镇的主题班会公开课在我班进行，我开展了名为《感动我身边的小事》的主题班会。这堂班会课上，家长流泪了，孩子流泪了，一个孩子拉着我的手，在我的手腕上绑上一条表达心愿的红绳子，哭着说："谢谢您老师，我只有一个愿望，就是您能带我们上初三！"有一个外校的我不认识的听课老师在课堂接近尾声的时候，突然跑上讲台跟我说："李老师，这是我见过的最好的班会课，感谢您！"

是的，我也流泪了，孩子们真挚与纯真感动了我，在教育生涯里有着一个个感动的瞬间，是做教师最宝贵的财富！

后来，我没有跟上初三，也没再做班主任了，学校让我继续留任初二，负责管理初二级的工作。没担任班主任的工作，我感觉生活枯燥了一些，在这些没有涟漪的日子里，兼任了南海区妇联融爱家庭教育的讲师团成员，偶尔到一些社区和学校，开展名为《有效陪伴是最好的教育》的讲座。

管理完初二这一年，2017年，我又机缘巧合，被大沥镇一间小学校长拉去他们学校负责德育行政工作。

这所学校叫潋表小学，它特别小，人数也特别少，总共只有十个班，学生少，教职工少，教师平均年龄超过45岁，职业倦怠感几乎写在每个人的脸上。

我也40岁了，不惑之年。

心中的不惑，让我在这所小学的两年里，积极推动学校德育体系的建构，努力激发教师团队的工作热情，用心开展校本教材的开发研究，大力组织学生各类大型活动。

写到这里，就写到了现在，我不知道四十多岁的我，今后还会不会漂泊，还会怎样地漂泊。

我只知道自己是那只曾经窥见过浩渺天空的井底之蛙，先天的愚笨决定了认知的高度与深度，在二十年的工作生涯里，像蜗牛一样缓慢前行，因为缓慢，前行的风景变得清晰，因为清晰，而变得生动，它生动得像一首动人的歌曲，在四季传唱。

努力进取，天道酬勤

张丽芬

成长之路，没有捷径；唯有一步一个脚印，努力向前，才能有所收获，"天道酬勤"。

一、我用成绩，见证成长

1991年5月荣获共青团揭阳县委员会举办的青年演讲大赛二等奖；

1994年5月荣获第一届全国中小学生作文竞赛优胜指导奖；

1994年9月被评为一九九三年度教育系统优秀教师；

1995年1月荣获首届中国青少年诺贝尔奖写作大赛优秀指导教师称号；

1999年1月荣获揭阳市中学青年语文教师教学课例（录像）评比三等奖；

1999年8月指导学生黄平参加揭阳市"迎澳门回归"演讲比赛荣获二等奖；

2000年9月被评为广东省2000年"南粤优秀教师（教坛新秀）"；

2000年10月荣获省委宣传部等联合举办的"我与残疾小伙伴共同成长"演讲大赛中学组辅导优秀奖；

2001年2月荣获揭阳市中青年初中语文教师阅读教学竞赛一等奖；

2001年4月荣获广东省2001年中青年初中语文教师阅读教学竞赛二等奖；

2002年1月荣获揭阳市教研室举办的首届中学生现场作文比赛初中组优秀指导教师奖；

2004年4月荣获第三届中华全国校园文学大赛优秀指导奖；

2006年12月荣获揭阳市"三十一亿工程"征文比赛指导奖；

2007年8月获得揭阳市中小学班主任专业能力大赛初中组二等奖；

2007年11月荣获揭阳市2007年中学生现场作文活动优秀指导奖；

2012年1月被评为"朝阳读书"活动"先进个人"；

2012年2月荣获揭阳市"三八"红旗手荣誉称号；

2015年7月被评为教育部"国培计划（2013）"优秀工作坊主持人；

2016年5月指导学生参加揭阳市第六届"志英杯"中学生语文竞赛荣获一等奖；

2017年6月所带的九年级（12）班被市教育局评为2016—2017学年度先进班集体；

2018年8月荣获第八届潮汕星河辉勇师表奖；

2018年8月被广东省人民政府授予特级教师称号；

2019年4月在"2018—2019学年度南粤校园中华经典诵读文化艺术节"揭阳选拔赛荣获优秀指导教师奖；

2019年5月在揭阳市"朝阳读书"活动中获优秀指导教师奖；

2000年度、2001年度、2005年度、2010年度、2015年度、2018年度考核优秀。

二、母校沃土，助我成长

1989年6月，我用迷蒙的泪眼回头再看母校，没有豪言壮语，只有深情告别。从此，我将正式走上工作岗位，成为一名人民教师了。

作为一个中文系的学生，在美丽的韩师的两年学习生活里，我没有虚度光阴，把日子过得轻松平常，而是利用时间，为以后的教书育人工作做好一切准备。课堂上，我认真聆听各位老师的讲课，画重点做笔记，沉醉于文学的世界里，感受作品的美妙；晚上准时到图书馆看书，借阅跟专业有关的各类书籍（在这里还有个回忆起来特别温馨的小插曲：那是大二第一学期的冬天，我从图书馆借了一本外国名著，在宿舍熄灯后偷点蜡烛看着的时候，因为天气冷，我把被子摊开取暖时，不小心把蜡烛推倒了，书就被烧了个洞，我慌了，可是无法弥补了。第二天图书馆的门一开，我就赶紧把书拿过去准备赔偿，没想到图书馆的徐老师和郑老师看了一下，说不用赔偿。我诧异问为什么时，两位老师说，这一年多，他们几乎每个晚上都能在图书馆见到我，而且基本上是先来后走，给他们留下了深刻的印象，所以他们愿意帮我，权当对我的奖励。我说不行，这书有些内容看不到，我得赔了。老师说图书馆有库存，可以重新拿本出来。我只记得当时，内心暖暖的，我是唱着《在希望的田野上》走向教室的。这件事让我明白勤奋努力会给人带来好运，并且要有一颗感恩之心，感谢身边美好的一切）。图书馆充实了我的头脑，滋养了我的心灵，拓宽了我的视野，提升了我的文学素养，即使离开30年了，我还是念念不忘藏书量丰富的韩师图书馆。课余时间，我就练写软笔字（小楷）、硬笔字，经常跑去请教书法老师，向有功底的同学讨方法，在他们的热心指导下，我的水平迅速提高，练出了一手体现个性的漂亮字体。我喜欢课余练笔，主要是写散文，中文系的三角梅文学社（不知道今天还存在不），出版的社报上，经常可以看到我的文章，因此也引起了师兄师姐的注意，经过一番考察，他们在毕业前夕郑重地将文学社交给了我，就这样我成了三角梅文学社的社长。一年的社长工作，我从不会到会，征稿、审稿、编辑、排版、刻字、油印、出版……我又在不同方面得到锻炼。在写下这些文字时，我想说一句：谢谢曾经帮助过我的所有人，因为你们，我心向阳。周末时光，我有时也会和同学逛逛街、看电影，但更多的时光，是在学校参加交谊舞训练班、小提琴培训班的学习，虽然学艺不精，但在一定程度上培养了我的艺术素养。我还积极锻炼身体，不管酷暑寒冬，早上的800米跑步，晚上的爬山运动，我从不落下，让自己每天都精力充沛。我是学校团委的宣传部长，也是班里的团支书，出版专栏、做宣传工作等都是得心应手。我还苦练普通话，除了在课堂上努力跟老师学习外，在宿舍里还拜来自吉林和新疆的两位同学为师，每天跟她们聊天对话，让我的普通话水平突飞猛进，到毕业时，我的普通话在同是方言区的同学中，已是佼佼者了。我还有意识培养自己的朗诵、演讲能力，积极参加这方面的各种活动和比赛，使自己的水平上了一个台阶……两年的韩师生活，等到毕业时，我已经是收获满满，满载而归了。而之后在工作中的突出表现和各种荣誉，无不和母校的助力成长有密切关系。

三、初登讲台，迅速成长

1989年的9月1日，当升旗仪式结束的那一刻，我带着天真可爱的学生回到了教室，从此，我三十年如一日的在揭阳的基础教育这块阵地上，努力耕耘，精心育苗，为祖国培养了一批又一批优秀的人才，为家乡教育的发展做出应有的贡献。

我神采奕奕地站在讲台上，用比较纯正的普通话发言时，我发现全班七十多个学生都睁着大大的眼睛看着我，显然他们在惊讶的同时也被我吸引了。第一节

努力进取　天道酬勤

语文课，我没有像别的老师一样放录音带，而是自己把全文声情并茂地演绎出来，孩子们的情绪被我调动了，他们也想跟我一样把课文朗读出来。还有当黑板上出现漂亮的板书时，同学们更是兴奋，纷纷在下面模仿我的字体。这以后的每一节语文课，我根本不用去管纪律，而是想方设法让他们在课堂上多学到一点语文知识，多受一点文学熏陶。我跟学生打成了一片，他们愿意跟我学写字，练习朗读，跟我借书，放学后和我在操场跑步，或者散步谈心；周末时一起踩着自行车到郊外爬山野炊：自己动手包饺子，找柴火生炉子，了解一些名胜古迹，然后写下文章；他们喜欢和我布置教室，出版各种主题的黑板报，召开各种形式的主题班会；他们喜欢跟我分享小秘密，放学后我去家访时肯定是跟着一小队人……相处两个月后，他们甚至还让我给他们替我上课的机会，看看他们以后能不能也去当老师。就这样，我初登讲台就尝到了被学生喜欢的甜蜜滋味，我似乎预见在这三尺讲台上，我不会只做一个普通的教书匠，而是相信有勤奋努力做伴，我可以成长为一个出色的优秀的人民教师。

在工作半学期之后，我也迎来了学校对新老师的各种考核。首先是教学公开课，虽然也上了半学期的课了，熟悉了上课的过程，也具备课堂上应有的应变技巧，但我不敢怠慢，还是做好了充分的准备：深入解读教材，反复编写教案，虚心请教老教师，不断模拟试教。因为用心，结果取得了很好的效果：领导称赞、同事好评、家长满意，从此我也成为学校领导培养的年轻教学骨干了。以后，各级各类公开课，我都勇于承担，在得到锻炼的同时，又是一次成长，因此有了"青年老教师"的美称。因为在学校举行的师德师风演讲比赛中的脱颖而出，所以我被推选参加1991年5月共青团揭阳县委员会举办的青年演讲大赛，荣获二等奖，展现了自己的实力，也为学校争光。还有就是青年教师的基本功比赛，不论是粉笔字、硬笔字，还是教案的编写，我都是名列前茅的。我对未来充满信心。

作为中文系的学生，除了喜欢看书，还喜欢练笔，并且成了习惯。虽然没写出有影响的作品，但我乐此不疲。同时，为了提高学生的作文能力，我主动申请给学生开设写作讲座，和他们一起写作文，以此激发他们的的写作兴趣。在我的影响下，学生们的写作水平得以提高，涌现了不少优秀习作，在各级各类比赛中取得优异的成绩。因为表现突出，努力进取，我也于1994年9月被评为揭阳市榕城区一九九三年教育系统优秀教师，学校领导也开始把初三毕业班的重担交给我了。

四、充实自我，锐意进取

工作几个年头之后，很多同事也渐渐满足现状，开始停下进取的脚步。但我明白，一个优秀的教师在教学工作中，"要给学生一杯水，自己必须有一桶甚至更多的水"，因此，除了具备扎实专业理论知识外，我还努力掌握相关学科的基本理论，充实自我。同时，还注意理论知识与实际教学的联系，不断探索提高课堂教学效果和学生整体素质的方法。为开拓视野，更新教育理念，我长期订阅《语文报》《中学语文教学通讯》《广东教育》《演讲与口才》《诗刊》《小说月报》《读者》《青年文摘》等报刊，追踪本学科的科研信息，掌握教育教学发展动态，提升自己的文学素养，并且在课堂上或者课后，和学生交流读书心得，鼓励他们广泛涉猎，和他们一起成长。我怕长期在方言区工作后，普通话水平下降，多次申请后，我于2000年3月被选派参加广东省普通话水平测试员培训，12天的紧张学习，日日夜夜连睡觉都在念着，凭着刻苦训练，克服潮汕人使用普通话存在的毛病，取得省级测试员资格。我还怕自己因为现实生活的安逸而滞后，为了使自己的专业水平和学历层次得到提高，于是抓住机会，在2000年2月至2003年6月参加华南师范大学汉语言文学教育的函授培训，并参加自学考试，取得本科学历。通过不断学习，自己得到充实，站在更高处看教育，为创造性开展教学工作打下坚实基础。

对工作的永不褪色的热情，使我在教育的道路上孜孜以求，力求培养自己有较强的教学能力和较高的教学水平，我始终以严谨的治学态度去深入领会不同时期的教学大纲要求，结合教学实践，因此我能从总体上准确把握各个学段，各个年级的教学目的、教学重难点，熟悉了解各年龄阶段的学生心理、生理及学习特点，为使自己的教学出特色，在只有一本教参和一本教材的年代里，我深入阅读教材、吃透教材、把握教材要旨。在此基础上，制订相应的教学计划，精心、详尽地编写好每一课时的教案，在教学中灵活采用多种教学方法方式，面向全体学生，落实在课堂四十五分钟中，提高学生的整体素质，在多年的教学实践中，我通过摸索，形成有自己特色的教学：

（1）探索一种"以微笑和声音创设气氛"的教学模式，在实践中大胆实行。我发现，标准的普通话和富有感情的朗读是我吸引学生听讲情绪的重要原因，因此每一节课，我都努力用自己的微笑来感染学生，创设一种轻松、幽默的情景氛围，让学生在课堂上释放情绪，愉快、自然融入语文知识的学习中；我还努力挖掘文学作品中的情感因素，用纯正的普通话，简洁、生动、富有感染力的语言，抑扬顿挫的声调，并借助各种教学辅助手段，引导学生进入作品中，去感受作品的形象之美、情感之美，与作者、作品形象产生情感共鸣，从而深入领悟作品，我朗读余光中的《乡愁》时，隐约可见学生眼中的泪光；我朗读朱自清的《春》，他们恨不得也能马上放声一试。

（2）开设"面批作文教学课"，我在实践中的不断尝试，发现这种作文方式深受学生喜欢，就是在课堂上采用师生双边活动的方式，让学生处于主动地位，消除写作文的抵触心理，发展他们的综合思维能力和写作能力，采用"批改作文四环节"，即：①教师提出简明理论，展示下水作文；②不同层次学生宣读习作；③师生讨论、剖析、点评；④修改作文，推荐优秀习作，竟然在不知不觉中使学生的写作能力大幅度提高，所以不管在何种作文比赛中，我的学生总能脱颖而出，而渐渐地产生一种只要我教作文，就不怕写作文的效应。

（3）"课前三分钟演讲"是我30年来坚持并不断推广的培养学生口头表达能力的一种行之有效的方法。每一节语文课中的第一个环节，在这三分钟里，学生可以站在讲台上畅所欲言，抒情达意，并接受全班同学的评价。为了在这项训练中更好地培养学生的人生观、价值观，我还根据不同年级的年龄特点，给他们制定演讲的主题，如："给我教益的一个故事""我最喜欢的一部电影""对我影响较大的一句名言""成语故事接龙"等，有意识地从不同角度训练学生的口头表达能力。

由于坚持不懈，我历年来所任教的班级中都有学生在各项比赛中脱颖而出，荣获各种级别的奖励，如：

1994年学生陈耿希的作文《第一次做"飞仔"》获全国中小学生作文大赛二等奖；1995年学生蔡洵的作文《错别字》获中国青少年诺贝尔奖写作大赛二等奖；1999年学生林媛参加广东省中学生"金色年华"优秀作文评选获二等奖；学生黄平参加揭阳市"迎澳门回归"演讲比赛荣获二等奖；2000年学生肖若薇参加省委宣传部等联合举办的"我与残疾小伙伴共同成长"演讲大赛获优胜奖；2002年12月学生肖若薇参加广东省"花季·雨季"杯现场作文比赛获一等奖；2004年4月学生陈震参加第三届中华全国校园文学大赛作文获优秀习作奖；学生吴斯懿在2006年"我让父母感动的一封信"书信活动中，荣获揭阳市初中组一等奖、省三等奖，参加第三届"星河杯"潮汕中小学生作文比赛现场决赛获初中组二等奖；

学生郑晗之在第六届广东省学生规范汉字书写大赛中荣获揭阳市初中组硬笔楷书一等奖、省特等奖，第七届广东省中小学规范汉字书写大赛揭阳市中学硬笔组二等奖、省优秀奖，学生李思道在该项比赛中获省三等奖；在揭阳市第六届"志英杯"中学生语文竞赛中，学生郑晗之荣获一等奖，钟涵、袁钊涵荣获二等奖，何梓瑜、曾韵荣获三等奖，王蓓、苏琰荣获优秀奖；在2018—2019年揭阳市"朝阳读书"活动中，学生李可获得一等奖，蔡宜廷获得二等奖；所指导的朗诵团队参加"2018—2019学年度南粤校园中华经典诵读文化艺术节"揭阳选拔赛荣获第一名，并代表揭阳市参加省赛……

多年在初三毕业班教学的挑战，面对初三毕业班的复习，在竞争激烈的教学环境中，我不片面追求升学率，更注重的是学生的语文能力的发展。所以我讲求系统实用，注重基础知识的全面复习，采用由"点"到"面"，回顾归纳，由此及彼的方法，指导学生熟练背诵古诗文、现代文中的名句，把零散的知识点连缀起来，形成知识网。强化现代文阅读能力的训练，加强整体阅读意识、能力的培养，基于解题方法的有效指导，切实提高学生阅读现代文的能力。重视各种形式的作文的有序训练，采用"理论—实践—评析—修改"的方法，培养学生各种形式的作文写作能力。认真编印复习资料，使复习重点突出，并把讲、练、考、评紧密结合起来，教学效果好，深受家长和学生的好评和尊重，注重学生的语文素质培养，使他们在以后的学习或者工作中，能张口就诵读，举笔则成文。

"学无止境"，多年来，在繁忙的教学工作中，我始终提醒自己要关注教育教学新动态，更新教育教学理念，也始终没有停歇探寻的脚步。作为学校的一名骨干教师、学科带头人，我积极参加各种教研和教学活动，大胆尝试课题实验。2002年10月参加了中国教育学会中语委在珠海举办的"汉语文教育与信息技术应用研讨会"的继续教育培训，2004年12月参加中南六省中语会年会"新课程中的语文课堂教学"培训；2005年7月参加广东省语言文字委员会办公室举办的省级普通话水平测试员普通话培训班结业；2005年10月至2006年10月参加广东省教育厅举办的中小学骨干教师初中语文学科省级培训结业；2009年5月参加广东省中小学心理健康教育"C级培训"考核合格；2011年7月参加广东省"家庭教育大讲堂进社区（乡村）民生项目"家庭教育讲师团骨干培训班（第二期）结业；2011年8月参加揭阳教育局举办的方音培训班学习结业；2011年9月参加教育部"国培计划（2011）"——中小学骨干教师研修项目（初中语文学科）培训结业；2013年

努力进取　天道酬勤

11月参加教育部财政部"国培计划（2013）"——骨干教师高端研修"种子"教师集中培训（第一阶段）项目研修结业；2015年7月全省"强师工程"音乐教师培训班"语言艺术班"学习结业；2017年6月成为市教育局教育科学研究室批准的揭阳市实验中学"在初中语文教学中传承潮汕优秀传统文化的实践与研究"的课题的顾问。多年的探索、专家的启示，使我对教育教学理念有了更深更新的认识，对各种现代化教法和手段有了更广泛的了解和理解，并渗透到教学实践中去，走大语文之路。

从2002年开始我担任学校语文教研组长，此时的我，明白自己肩上的重任，更着重从大局出发，注意传帮带的作用。于是我主动、积极、热情开展工作，在学校教学教研活动中，充分发挥作用。主要工作有以下几方面：

（1）定期组织学习、交流。学习新课标，了解最新的教育教学动态，学习先进地区的教学经验，鼓励老师们撰写论文，安排教学经验交流活动，争取出外学习的机会让更多的老师去提升。

（2）组织举行示范课、公开课、研究课。对每一个公开课，我都认真指导，组织听课、评课。还多次亲自承担市、校级公开课、观摩课、示范课、优质课的教学，历次公开课都得到上级领导、同行、同事们的赞赏。

（3）积极培训青年教师，为学校培养更多的教育教学骨干。实验中学青年教师比例较大，为尽快提高青年教师教学能力和水平，掌握驾驭课堂的技巧和教学艺术，我多次开设讲座，如：《如何指导课前三分钟演讲》《语文课堂教学的"设疑"方法》《新课标下的作文教学》等，组织教学比赛，给青年老师上示范课，悉心指导他们。在我的指导帮助下，青年教师迅速成长起来，勤谨的态度、出色的工作、优良的效果使我在学校同事中享有较高威信。

（4）不断总结经验，撰写论文。课余时间勤写作：论文《语文阅读教学课堂提问四类型》一文刊登于《揭阳教育》2001年10月第5期（总第三十八期）；论文《语文课堂教学的"设疑"》刊登于《揭阳教育》2004年6月第三期（总第五十五期）；《语文科备考策略》刊登于2014年4月21日的《揭阳教育周刊》；散文《青葱岁月和你的美好回忆》刊登于2016年6月20日的《揭阳教育周刊》；十年如一日为《揭阳教育周刊》担任学生习作点评员，在工作压力大、任务紧的情况下，我都提醒自己：你是投稿学生的希望，你的点评会为他们打开一扇写作之门，你将是他们走上写作之路的引领人，所以你得热情对待每篇稿子，你得用心斟酌每个用词！就这样，我用自己的努力和坚持，为全市中学生作文水平的提高做出自己的贡献。

五、坚持育人，共同成长

从踏上工作岗位的那天起，"班主任"这三个字就没和我分手过。在多年的班主任工作中，我深知"塑造灵魂"工作的艰难，因此尽职尽责，深入细致做好学生的思想教育工作。每接手一个新的班级，面对每一个学生，我都做到"先摸底—再谈话—提要求"，与学生沟通，取得他们的信任和爱戴。我不仅关心学生的学习，还关心他们的身心健康，经常开展各种文体活动，如：主题班会、辩论会、联欢会、知识竞赛、十分钟即兴演讲等，使学生们的生活多姿多彩；我还通过家访或校访，了解每个学生的成长背景和轨迹，做到因材施教；我经常自掏腰包买奖品给学生，我也想方设法帮助有困难的学生。由于班主任工作的扎实开展，有一颗妈妈般的爱心，所以近年来所带的班级学生在各个学科也是成绩斐然：肖若薇同学荣获2003年度潮汕星河奖学业奖三等奖；吴斯懿同学荣获第七届宋庆龄奖学金；蔡琼懿同学在2010—2011学年度被评为市级中学优秀学生干部；蔡伊媛同学被评为2011—2012学年度广东省中学"三好学生"；李泰然同学参加揭阳市第四届"志英杯"中学生数学竞赛一等奖、理化竞赛一等奖；高梓佳同学参加揭阳市第四届"志英杯"中学生数学竞赛二等奖、理化竞赛三等奖；陈俞廷同学被评为2015年度"揭阳市优秀团员"；何梓瑜同学在2015—2016学年度被评为中学市级三好学生；黄沁蕾同学荣获揭阳市第六届运动会暨第三届中学生运动会乒乓球比赛、竞技丙组女子双打项目第一名；汤子韬、卢晔、蔡茂森、蔡英威等同学参加揭阳市首届学生足球比赛，荣获初中组第一名；李思道、吴承禧等同学荣获揭阳市第二届学生足球比赛初中组团体第四名；所带的班级被市教育局评为2016—2017学年度、2017—2018年度先进班集体。

在用心育人的同时，我也在继续成长，提升了自己的价值。2000年3月获得省级普通话水平测试员资格，成为揭阳市普通话水平测试工作的骨干，与揭阳的所有普通话水平测试员一起，为揭阳的普通话水平测试工作做出贡献；2010年6月至2013年6月被聘为揭阳技术学院中文系语文教育专业校外兼职教师；2013年12月至2015年6月参加教育部 财政部"国培计划（2013）"——骨干教师高端研

努力进取　天道酬勤

修"种子"教师集中培训，在工作坊成立之时，因为出现其他主持人无法开展工作的情况，我不忍心300多名研修学员的学习进程和学习热情受到影响，临危受命，被聘请为北京大学"初中语文"学科教师工作坊主持人，作为一个一线教师，条件大受限制，但我没退缩。在长达两年的时间里，我随时关注学员的学习动态，白天上班，晚上就坐在计算机前跟他们互动，检查他们完成作业的情况，布置下一阶段的研修任务。虽然辛苦，但我无怨无悔，因为我发现这也是成长的机会。后来研修结束，我被评为教育部"国培计划（2013）"优秀工作坊主持人，拿到证书的那一刻，我内心是欣慰也是从容的；2016年5月至2019年5月被聘为"粤东基础教育学科群"中学语文学科首席专家成员、韩山师范学院兼职副教授；2017年8月被聘为广东省县域普通话普及情况调查员，在开展工作过程，我时刻谨记自己的职责，及时上传下达，关注各个县区的工作进度，为他们提供有效意见，陪同领导争取时间实地指导，准时高质完成上级交给的任务，被大家称为贴心人；长期担任《揭阳教育周刊》特约点评员，为揭阳的教育事业贡献力量；2018年8月荣获第八届潮汕星河辉勇师表奖；2018年8月被广东省人民政府授予特级教师称号。

六、不忘初心，继续成长

既然选择远方，我就风雨兼程。三十年，仿佛弹指一挥间。从一个意气风发的师范毕业生成长为今天的特级教师，我最大的感触就是勤奋进取，天道酬勤。还记得1997年的12月评上中学语文一级教师的职称时，我的心里充满光荣感。是啊，多少老教师奋斗了很多年才评上，而我工作还不满十年就得到了，我该珍惜啊。因此在接下来的工作时间里，我更全身心投入，把工作看作最大的乐事，把学校当成我的另一个家。我不挑工作，领导安排我教哪个年级我就教哪个年级，给我什么样的班级我就接受什么样的班级，我把每个学生当成自己的孩子来爱，我让每个孩子也把班级当成自己的家，一起创造温馨的家庭氛围，在这个大家庭里快乐成长。我积极主动配合每个科任老师的工作，因为我知道合作的重要性。我用心上好每节课，也不忘充电，虚心学习，总结反思，因为我并不满足只是一个一级教师，我还要评高级职称，我还要做特级教师。也许这些梦想很遥远、不切实际，但它们却成了我进取的动力，我不敢停下脚步，我在继续奋斗。

2004年的暑假，我准备评高级职称。当时，有人跟我说，评高级不像评中级那么容易，是否再准备准备，再做决定。我不是自大的人，也不轻易动摇，记得当时的我，回家把所有的荣誉证书都拿出来，写的论文摆出来，还有那一本本手写的漂亮的教案，那一篇篇充满激情的下水作文，还有一个个讲座的资料，一摞一摞的，我觉得我可以成为一个高级老师。于是，在那个暑假，我窝在家里为评高级职称做一切的准备，因为我相信自己的实力。经过三个月的紧张准备，我郑重地把自己的评级材料交了上去。而结果，也是如愿以偿，我可以更好地在教育这块阵地上发挥我的作用了。

评上高级职称以后，工作任务更重了，外界的一些教育教学活动也更多了，可越是有挑战，我就越是有干劲。很多人劝我歇歇，不要太折腾自己。我知道大家都是一番好意，可我更清楚，倘若停下来，我就会被安逸打败，我天天在教学生领会"生于忧患，死于安乐"的道理，自己怎么可以嘴上一套行动一套呢？我开始减少一些不必要的娱乐时间，多参加一些能提升自己的培训活动，在工作上多聆听经验丰富的专家、同事的意见，多与年轻有见解的同行交流，吸收他们的先进理念，关注教改新动态，并积极参与其中，边学习边进步，愿意做个扶持新人又能让自己有机会学习的老教师。让我印象深刻、对自己的决定到今天仍感欣慰的一件事就是在申报揭阳市教育科学"十三五"规划2017年度课题时，一开始学校领导是让我当课题主持人的，我也毫不犹豫地答应了。但后来了解了评中高级职称都需要有课题的要求后，我重新考虑当主持人的事情。我开始深入年轻老师中间，倾听他们的意见，了解他们的想法，重视他们的诉求。我发现其中有一位老师对这个课题特别感兴趣，思路也特别清晰，还拥有优质的资源，甚至还表达了想当主持人的愿望。我知道这个老师很上进，重视提升自己，工作主动热情，跟同事相处融洽，教学勤勤恳恳，为学校工作尽心尽力。在这时我有了让贤的想法，我认为自己可以退到后边助她一臂之力。后来我又继续与其他同事交流，跟学校领导汇报，大家都很赞同我的做法，所以我决定就当个课题顾问，把机会让给年轻人。随后课题的开展进程及取得的成果，证明我的做法是正确的。

2018年的特级教师的评选通知来的时候，我毫不犹豫地报名参评了。虽然时间紧，工作量特别大，但我对自己充满信心。当我把接近三十年的荣誉证书一张张复印出来时，当我从报社搬来报纸把一份份点评文章复印出来时，当我把教过的学生的优秀习作辑录成册时，当我把写过的论文集中起来时，当我把这么多年

努力进取　天道酬勤

编写的练习、试卷整理出来时……我心中是自豪是骄傲，我没辜负自己，没辜负初心，没辜负母校对我的培养，没辜负成长路上帮助我支持我的所有人！当双手接过盖着广东省人民政府印章的特级教师证书的时候，我特别高兴。可是这并不意味结束，而又是一个新起点。我会以此鞭策自己，紧跟时代教育的步伐，继续为教育事业贡献自己的一份力量。

努力进取，天道酬勤。我用这两句话鼓励学生，也鼓励自己。不忘初心，在教育的道路上继续成长！这是我的庄重承诺。

教师成长之路：打造属于自己的"传奇"

庄丽如

为什么要当老师？

这是很多老师要回答无数次的问题，也是我们要无数次自问的问题。

是的，为什么要当老师？这是一个最简单也最难回答的问题。不同的人，心中自然有不同的答案。

如果你把教书当作一份养家糊口的职业，那么你可能会在琐碎而繁杂的教育教学工作中迷失自我，从而忘了自己的初心。

如果你把教书冠以"神圣"的称号，那么你可能会为了这份"神圣"过于强调牺牲，从而丢失自我。

那么，究竟应该如何定义自己的教师身份？当你确定了当一名教师，又应该如何走好教师成长之路。

我想，生命的意义在于成长。任何生命都是如此，教育的道路也是生命成长的道路，每个老师都希望自己在教育这条道路上，能够更好地成长。经过将近十年的探索，我认为教师的成长之路可以分为以下几个部分：第一，让自己成为一个"免检产品"；第二，让自己成为一个"驰名商标"，第三，打造属于自己的传奇教育人生。

接下来，我将拿我自己的教育生涯来剖析，一起探索教师成长之路。

一、致力成为一个"免检产品"

初为人师的你，肯定遇到过以下问题：管不住学生、成绩没考好、家长不支持、学校领导不信任……于是，你开始出现各种焦虑，与此同时，学校层面也会担心你没教好，会加大力度关注你的课堂教学和班级管理。你可能会从焦虑慢慢转化为"烦躁"，这些无形的压力有可能会让一个新老师走向崩溃。在我身边就有老师受不了这样的压力，选择了辞职。如果这个时候临阵退缩，选择了当"逃兵"，只能说也许我们不太适合当老师；如果选择"知难而上"，冲出困境，突破重围，那么当你"破茧成蝶"的时候，一定很美。新上手的我们，不妨给自己一个检验的机会：努力让自己成为一个"免检产品"。

（一）追随名师的脚步

这些年，很多学校都意识到了教师专业成长的重要性，所以哪里有名师的讲座，哪里就有诸多追随者。我们学校也不例外。不过作为新老师，一般能出去学习的机会比较少，这就要靠我们自己争取了。我们学校也提供了非常多的机会让老师走出去，去倾听名师的教育教学经验，如每年的"名思教研"；甚至有机会到北京去听窦桂梅老师的课，除此之外，也请了很多专家进校园，让老师和专家们零距离接触。就拿我现在所在的东华小学来说，德育方面专门请了邹六根老师作为学校德育处的专家顾问，又请来梁岗老师做班级管理的经验介绍；教学方面屡次请来名师，如薛瑞萍老师、李丽老师。走出去的机会很难得，如果能争取到就更好。因为学校迫切希望青年教师能够迅速成长，经验丰富的老教师能够消解职业倦怠，通过名师充满激励性的语言，来唤醒每位老师心中的教育梦想。正如朱永新老师所说：教育需要思想的光芒。我们希望通过这样的模式来让更多的老师成长得更好。

我也不例外。作为一名普通的一线老师，刚开始踏上讲台，经过许多挫折，尤其是每次考试前就开始焦虑，每次开公开课就睡不着，每次学校布置工作总担心做不好挨骂。相信许多新老师曾经跟我一样，面对违反纪律的学生，你措手不及；面对刁难的家长，你六神无主；面对领导的问责，你羞愧无比。还记得第一年上公开课时，因为缺乏经验，课堂上屡次说错话。开完课后领导毫不客气地批了我一顿，并质疑："你大学都学了什么？难道连最基本的新课标都没有学过吗？"

这样的质疑，对于刚毕业，对教育充满激情的我来说，是一个巨大的打击。羞愧、难过、愤怒，各种情绪笼罩着我。庆幸当时同科组几个大姐姐一直在旁边鼓励我、开导我，才让我慢慢走出阴影。也正是这一次公开课，促使我反思。之前总是自以为是，觉得大学的知识足以应付初中生的需求，殊不知，教育教学的各种问题，远比我想象中的多、杂、难。谁不曾年少轻狂过？谁不曾摔倒过？感谢第一次失败的公开课，让我从此学会认真地研究教材，更让我下定决心：努力让自己成为一个"免检产品"。所以如果你是年轻老师，不要害怕公开课；只有经历磨公开课的环节，你才有更多的机会钻研文本、钻研教材。

　　尽量争取外出学习的机会，只有走出去，你才能打开视野，才能多接触一些新的教学理念。当然，不是所有别人家的经验都可以照搬，人家的理念未必跟你完全一致。这是我们要做好心理准备的。往往出现这样的情况，每次外出学习，每次听完讲座回来，我们就像打了鸡血，这个老师在班级管理方面的做法，很有用，我马上来试试；这个老师和学生相处得多么融洽，我也要试着和学生这样相处；这个老师这节课上得真好，我回去也要尝试这样来解读文本，这样来上课。但是，每当我们信心满满，激情澎湃地想来"大干一场"，让自己的教育生涯也能轰轰烈烈一番时，就开始碰钉子。学生各种捣乱，学校各种活动的压力，家庭的琐事，总会有很多原因让你戛然而止，打击你的激情，并且很快你又恢复到常态：我只是一名普通老师，教书只是我养家糊口的工具，我何必那么拼命？于是，专家学者那些曾经让你热血沸腾的语言，那些令你非常向往的教育教学模式，很快就被琐碎的日子掩盖了。你开始怀疑专家们那些"作业最好，成绩做好；我教我想，我想我行；给我一个班，我就很幸福"的话，是不是骗人的。

　　然后，我们又开始了之前那种倦态。如果真的只能这样的话，那么你听再多场讲座，请再多的专家来给你现场指导，都是徒劳无功的。因为，随着我自身的教学实践，慢慢发现：教师的成长，是一场孤独的自我修行，借再多外力，如果你自己不能自觉成长，你永远只能站在最低的土壤上，想象外面的精彩。追随名师的脚步固然对成长有帮助，但更需要的是你自身的吸收与内化。正如这个地球上，每一颗种子接受到的阳光、水分都是一样的，但是最后不是每一颗种子都能发芽，不是每一朵花都能结果，关键在于自身的成长。如果你想要成为一个"免检产品"，你一定要懂得自身的努力和觉悟，比什么都重要。

（二）宁静方能致远

　　古语有云：非淡泊无以明志，非宁静无以致远。如果你在教育这条路上，是想着功名利禄，想着我要成为一名名师，想要学校要多给我一些平台，一些荣誉。如果真是这样的话，从这个角度来说，你永远成不了一名真正的名师，顶多就是带着光环的老师。选择了教育，就像我们选择了自己的爱人，我们不能总想着爱人如何让我们成名，我们要想着如何好好经营我们之间的关系，让对方因为我的存在而感到温暖。不要一开始就想得那么远，也不要总想这样做能给我带来什么好处。我们需要做的是：自我成长。自我成长的第一步是调整自己的心态：用一颗宁静的心抵挡外来的喧嚣。告诉自己：安安静静读书，安安静静教书。

与其不停地追随名师，不如自己多看几本书。想要教育之路走得更顺畅，想要教学之路走得更轻松，想要孩子们围着你不停转，那就读书吧。教师不要局限读专业的书，当然专业之内的书是必读，提高自身的专业素养是不在话下。但是作为一名老师，你必须博学，必须博览群书，当你的孩子问到你的时候，你不是说我回去百度一下；当家长向你求助的时候，你不会说我也不知道怎么办。当你不断跟家长和孩子强调读书的重要性时，你要先做到自己多读书。想要给孩子们一杯水，你首先要有一桶水。不要总想着拿来主义，很多技巧性的东西，有时候不是每个班每个学生都适合，你要靠自己多阅读，多积累经验。教学不同于医学，学生的问题，不是简单的头疼眼睛疼，我们按照药方开药片给他就行，我们要观察，要跟踪，要记录，要思考，因为我们面对不是普通的文件，我们面对的是一个个活的生命，他们具有无限的可能性，也具有无限的多变性。面对多变调皮捣蛋的孩子，除了多点耐心，就是多点方法。这些方法从哪里来？实践和阅读。用文字净化自己的心灵，再用文字净化学生的心灵，让彼此的心都能走得更近，让彼此的人生之路走得更远，也走得更精彩。

（三）成长就是一场修行

我这里的成长，不只是说教学成绩好，班级管理好。一个老师关注学生的分数，总想着如何让学生考高分，这当然不是坏事，说明这个老师负责。但是如果为了考高分，牺牲学生的课余时间，比如练琴、学唱歌、做科学实验、打篮球等，那么我觉得哪怕在你的指导之下，进步飞速，甚至考了满分，都意义不大。成长的第一步，我觉得是明确师生关系。我们自己把孩子送到学校，肯定是希望老师把我们的孩子当成自己的孩子，好好爱护他，教他做人，教他知识。很多老师也的确是很爱孩子，但很多时候却以爱的名义，剥夺了学生运动的时间，利用综合课、二课堂的时间给孩子补课，还堂而皇之说对孩子很好。老实说，我自己也做过很多这样的事，很多时候担心孩子的成绩跟不上，影响班级成绩，我会牺牲很多课余时间来给他补课。一个好老师不应该这样，真正的好老师应该如苏霍姆林斯基说的那样：一个好老师首先意味着他热爱孩子，感到跟孩子相处是一种乐趣，相信每个孩子都能成为一个好人，善于跟他们交朋友，关心孩子的快乐和悲伤。了解孩子的心灵，时刻都不要忘了自己也曾是个孩子。

是的，当你意识到自己曾经是个孩子，那么你的修行之路就开始了。想一想，我们平时的管理模式：不许触犯老师立下的规矩，不许触犯学校的规矩，不许奔跑，不许打闹，各种各样的不许……制定这么多的校规班规，并且强行要求孩子遵守。就我所了解到的，这些校规班规基本上很少是与孩子商量过的，很少老师，尤其是男老师，小时候一直都是很规矩，很听话的。那个时候，难道就没有校规班规吗？那个时候你为什么不能遵守？那个时候你不能遵守，凭什么就要求现在的孩子一定你要照你说的来做？就拿课间不能奔跑打闹这项规定来说，我个人是不太喜欢这项规定的，因为孩子的天性就是好动，你上课不让他动，下课还不让他好好舒活筋骨，那什么时候孩子才能自由奔放？难道靠每周只有的两节体育课？当然有这样的规定，是出于为孩子的安全问题着想，可是很多时候，我们为了方便管理，可能会毁了孩子的天性。爱孩子，就从孩子的角度出发，因为我们曾经也是个孩子；爱孩子，你就要注重孩子的身心健康，而不是注重分数。我想，哪一天，当我们面对德育处的扣分，或者是领导的批评时，你不再生气；看到孩子们在操场上奔跑，脸上露出了无比灿烂的笑容，你觉得这世上没什么比儿童这种发自内的喜悦更重要了，那你的修行就走得更远了，因为"明媚的笑声，是灵魂散发的阳光"。

（四）幸福比优秀更重要

很多老师跟随专家的脚步，拼命记录专家的管理技巧，课堂技巧，这虽然不是坏事，但我想专家之所以成为专家，他们绝不是因为他们带的班级分数高。纵观那么多专家老师，他们虽然方法各异，但有一个核心是相同的，他们用自己的人格魅力充分征服了学生，所以孩子们愿意听他们的话，愿意跟着他们学。许多年后，当孩子们聊到我们的时候，他们绝对不会聊到老师当年教给他什么知识，更多时候，他们会聊到老师对他们人生的影响，如果一个孩子回忆起你的时候，满脸笑意，并且自豪地说：跟老师相处那几年，是我人生当中最幸福最快乐的时候。你想想，这是多么幸福，多么骄傲的事，这是其他行业永远无法体会到的自豪感。如果我们把眼光放得足够长远，我们就应该明白：不要局限目前的分数，不要只想着让学生考高分，而应该多想想，我要塑造一个怎样的灵魂？塑造一个高尚的灵魂，比什么都重要。你教出来的孩子，未必每个都很优秀，但只要他们懂得真善美，懂得快乐，懂得感恩，懂得奉献，看到人世的丑陋后依旧热爱这样人世，你就是成功的老师。

二、努力成为"驰名商标"

当你在从教的前五年时间内坚持这样做的时候，你怎么可能局限当一个"免检产品"呢？人，总是在不断追求中得到进步；人，也总是在各种不满足中成就更好的自我。在我从教第三年后，我从原来领导颇为"担心"的一个老师，逐渐成为他们信赖的"好手"，甚至开始有老师和领导把孩子放到我的班上来。当你得到身边同事的认可时，你会获得更多前进的动力。不要担心得罪老师或领导，也不要担心教不好自己同事的孩子，把这份压力化为动力，继续朝着"新目标"前进，那便是努力让自己成为一个"驰名商标"。日本的松下电器，德国的宝马、奔驰汽车，包括国内的海尔、华为，每次提到这些产品的时候，我们总是投去信任的眼神，不是因为他们的广告做得多好，而是因为他们的产品确实做得太好，得到大众的百般信赖。

管健刚老师在开讲座的时候曾经问过老师们：你觉得十年后，你能为孩子们留下什么记忆？那试卷上的考点？还是试卷上那个冷冰冰的分数？还是你为他们精心修改的一篇文章？这个问题引起了在座老师们的思考。确实，当我们盲目地机械地教书，很难换来美好的回忆，更难以给孩子真正心灵的启迪。

听了许多特级教师的讲座，我发现每个老师都有自己的"招牌"，薛瑞萍老师带着孩子们亲近母语，读绘本、讲故事、写日记；桂贤娣老师带着孩子们把每天发生的事都写成一篇篇生动的文章；陈琴老师则是带着孩子们探索国学的海洋，每天沉浸在琅琅诵读声中……换言之，每个老师都有自己的"拿手好戏"，在教学过程中慢慢形成了自己的特色。当你实现了第一阶段：让自己成为"免检产品"后，就可以开始往"特色"这方面探索，努力让人家一提到某个方面的教学就想到你的名字。当然，在探索的过程中我们要秉持初心：结合你自身的特点，发挥你的特长，努力让你的探索对自身和学生的终身发展都能够有益；你的做法是学生乐于接受的，对学生有启发的。

我要感谢母校：韩山师范学院。因为我们学校一直以来都有"诗教"的传统，早在大学的时候，我就接受了这方面的熏陶。诗歌对我的影响深远，由于今天我们要探讨的是教师成长之路，在此我就不赘述。具体跟大家一起交流我在诗歌教学方面的探索，以及我和我们小草班的诗歌之旅。

2010年8月，我开始在城基中学执教。接触孩子后，我发现，有孩子的地方就有诗歌。

在城基中学教书的时候，我也偶尔会教孩子们写诗，但是由于升学压力比较大，所以诗歌教学并没有正式开展。直到2016年2月，我来了东莞东华小学，接触到有时天真可爱，有时调皮捣蛋的孩子们后，我才开始了真正的诗歌教学之旅。

从初中转入到小学，我感触很深：①相比之下，小学阶段的孩子思想很单纯，他们的世界很简单，他们对爱的需求也很简单，一个微笑，一个拥抱，一次表扬，一份小小的奖状，一颗糖，等等，都足以让他们非常开心；②孩子们的语言童真有趣，他们眼里的世界和初中生真的很不一样，他们的想象力有时让我非常惊讶。于是我决定通过诗歌，让他们感受语言文字之美，通过诗歌滋养他们的童年，并尝试将诗歌打造成自己的教学特色。

很多老师看到我在尝试诗歌教学，报以一种观望的态度，毕竟诗歌既不考试，也没有什么标准，更多人表态：自己都不懂诗歌，怎么能去教诗呢？

当你还在犹豫诗歌是否对教学有帮助的时候，其实很多人都已经走在前端了。据我了解，江浙一带、西安、山东、北京等地的诗歌教学已经摸索了十多年，非常成熟。所以不用惧怕探索，只要你愿意尝试，能找到很多前辈和盟友。随着越来越多的人重视诗教，很多学校与很多老师在诗教方面都做了大胆的尝试。

在诗教的过程中，很多人都看到了诗歌对孩子提高语言文字的作用，尤其是看到了诗歌对孩子生命的滋养。当儿童诗在全国蔓延开来时，一些还没有开始诗教，但对语文教学依旧有情怀，依旧希望能够通过诗教让孩子们感受语言文字魅力的老师，他们渴望有人能够总结出一些诗教经验，来给予指导。为此，我也将这三年来在诗教上所做的尝试进行一个整理，并归纳出：儿童诗教学入门三步曲。第一步是：大量读诗，培养诗意；第二步是：赏析与仿诗并行；第三步是：创诗有技巧。因为不惧怕失败，敢于尝试，又搭上了东莞试教之舟，所以很快，我所带的小草班写出了许多好作品，得到许多诗教前辈和专家老师的认可和支持。目前，我们班出了两本班刊，两本六一诗集，一本是由黑龙江出版社编辑，我和谭旭东老师主编的儿童诗集《60个孩子的诗》。小草班屡次参加市级、省级的诗歌比赛，获得许多奖项，诞生了一批小诗人，如李想、叶家俊、叶伟康、何宸睿、陈梁英、李铭扬、刘佳、刘希莹、王雅诗、黄莉雯、张兆昕、张子涵等。他们的诗歌充满童真童趣，颇受欢迎。因为小草班的诗歌屡次被发表和获奖，所以我经常应邀到各个学校、作协尤其是东莞文化的诗歌沙龙上去分享诗歌教学经验。可以

教师成长之路　打造属于自己的"传奇"

说，是孩子们给了我一个诗意的天空。从一个写诗的人，变成一个教写诗的人，我慢慢地在自己的教学生涯上，找到了属于自己的特色教学——诗教。我更愿意把我的诗教之路跟大家一起分享，希望能够给到愿意在这个方面尝试的老师一些启发。

（一）大量读诗，培养诗意

阿根廷著名诗人博尔赫斯说："每当我们读诗的时候，艺术就这么发生了。"美国著名诗人约瑟夫·布罗茨基说："培养良好文学趣味的方式，就是阅读诗歌。"

所以对于一个没怎么接触诗歌的老师来说，应该先大量读诗。"想给学生一杯水，老师先要有一桶水。"老师要大量读诗，先自己感受童诗之美，童诗之趣。不是简单地跟风，大家读什么我就读什么，大家做什么我就做什么。如果老师没有先读童诗，没有从童诗中去感受童诗的语言美、音乐美、意境美，那么我们就无法引导我们的学生真正爱上童诗。大量阅读优秀童诗，既可以提高自己的审美，培养自己对诗歌语言的敏感度，而且也可以为孩子们提供最好的童诗读物。"问渠那得清如许？为有源头活水来。"创作源于阅读，阅读为我们提供了极为丰富和宝贵的语言素材！

在选择童诗读物的过程中，要懂得筛选。现在的童诗市场上，很多出版社看到了童诗有利可图，大量粗制滥造了一些童诗读物，并冠以一些专家学者的头衔，不乏"××专家强烈推荐的最佳（最美）童诗"。但实际上很多童诗要么过于直白肤浅，没有想象空间；要么与成人诗混在一起，比如北岛老师选编的《给孩子的诗》，所选的诗都是好诗，只是大部分不适合孩子阅读，并没有选编真正符合这个年龄特点的孩子的诗。不要一看到是名家就觉得一定好，我们老师可以先自己阅读，自己判断。

总而言之，我们要用一双慧眼，去挑选真正适合孩子们阅读的好诗。很多优秀的学者和诗人，用心编辑了一些好的童诗集。如谭旭东老师主编的《世界最美儿童诗集》(中国卷、外国卷)、王宜振老师主编的《中国经典童诗诵读100首》《外国经典童诗诵读100首》、聪善老师创作的《谁偷了小熊的梦》、果麦老师编的《给孩子读诗》、金本老师主编了童诗刊物《少年时刊》等。这些书籍既适合老师读，也适合学生读。而针对儿童诗教学，建议老师可以细读王宜振老师编著的《现代诗歌教育》上下两册；王秀梅老师编写的《推开童诗的门——儿童诗阅读教学与创作》等。同时可以多关注一些童诗公众号：宜振谈诗教、儿童诗歌、小不点儿童诗歌报、新童诗、戴达童心树等。这些公众号定期都会推荐一些优秀童诗，充分利用网络的发达，为自己和孩子提供童诗营养。

（二）赏析与仿诗并行

首先是赏析。学会赏析好诗是创作好诗的基础。什么是好诗？好诗都有什么特征？既然要带着孩子们读诗，我们就有必要让他们知道什么是好诗。所以赏析诗歌是一个重要的环节。

低段的赏析诗歌可以采用朗读指导法。低段的孩子积累的词汇比较少，所以我们重点要放在指导学生如何读好一首诗，读好的过程就是赏析的过程。每一首诗都有意境，教师可以通过自己的朗读将孩子带入诗中的意境，并指导学生朗读，朗读一定要注意：一是读出声；二是把自己放进诗里。教师不要太多的齐读，每个孩子对意境的理解不尽相同，注重儿童自身的感受，可以自由读、指明读，每次朗读都有针对性，尽量在一个周期内了解到每个孩子的朗读情况，并给予指导，尤其要关注不太愿意读出声的孩子，要鼓励他通过自己的声音去感受诗歌的魅力。

到了中段的赏析，我们可以通过对词句的赏析，让孩子逐渐积累诗歌的语言。在赏析的过程中，要引导学生注意到童诗中词语的运用，例如：动词、形容词的使用；注意一些新奇的修辞手法。

诗可以赏析的东西还有很多，而赏析诗歌也不仅仅局限词语和修辞手法，还有很多方面，如诗歌的语言美、音乐美、意象美、想象美，或者诗歌中的画面感、营造意境的方法等。随着学生知识和语文的积累，可以慢慢提高赏析的水平。但是赏析诗歌的时候，切忌教师为了赶时间，全部东西都自己讲了，这样会把美感破坏了，也会让学生觉得索然无味。促使人类不断探索的动力是求知欲，是那"不知"的世界。要保持学生学习童诗的兴趣，就要不断给予新的东西，而不是全盘托出；要鼓励学生自己去发现、观察、总结，而不是背诵既定的东西。

赏析除了让孩子了解诗歌的创作特点和积累词语之外，更重要的是让孩子学会运用。任何一门技艺都是从模仿开始的，诗歌也可以。虽然对仿诗一直都有两种截然不同的观点，有的认为模仿不行，缺乏创新，拾人牙慧；有人认为模仿可行，应当扶着学生走，以后才能放着走。在王秀梅老师的著作《推开童诗之门——儿童诗阅读教学有创作》中，就提到几位专家对仿诗的看法。其中金本老师说："仿写，是诗（包括其他文学形式）教的重要方法，是必不可少的。人会走路，不也是从'仿走'开始的吗？但是，这些作品不要拿去发表，因为这里面有

教师成长之路　打造属于自己的"传奇"

别人的劳动成果。"王宜振老师表示：孩子是可以模仿诗歌的，正像一个大人扶着他学会走路一样，但扶的目的是自己走，模仿的目的在于学会创造。

孩子在刚开始学写诗时，还没掌握儿童诗的特点和创作规律，他们可以先借助经典优秀童诗进行模仿创作。模仿可以从以下几个方面入手：

一方面是内容上的模仿。比如人教版出现的现代诗《听听，秋的声音》，可以让孩子发挥想象，诗人除了听到大树、蟋蟀、大雁的声音，还会听到哪些声音？又如《太阳是大家的》，让孩子们反复朗读第二节，感受太阳为人类带来的快乐，并引导学生观察太阳还为大家做了哪些好事？可以从这些相同的主题入手，让孩子们采用相同的形式进行仿写，一来是引导学生多观察身边的事物；二来是让学生先练习诗歌的语言，作为自由创作的小练笔。

另一个方面是形式上的模仿。在推荐优秀童诗的时候，我们可以从一些易于模仿的诗歌入手。比如高洪波老师的《我想》，通过朗读和赏析，让孩子互相交流，说说自己的愿望，并且尝试像高老师一样，借助大自然的一切来表达你的愿望；又像金波老师的《如果我是一片雪花》，诗人从一片雪花展开联想，由小河想到鱼虾；由广场想到堆雪人；再联想到妈妈，"我飘落在妈妈的脸上/亲亲她/然后就快乐地融化"，由一种事物，展开联想，最后表达了对母亲的爱。从题目入手，采用联想的手法，尝试表达一种情感。

除此之外，还可以是句式的模仿、片段的模仿、构思的模仿等。但跟孩子们明确：模仿不等于抄袭，不能只换一两个词语，比如《如果我是一片雪花》，不能说全部一样，只把妈妈换成"奶奶"或者"爸爸"。这样的做法无异于抄袭。最开始为了鼓励学生的写诗兴趣，我提倡孩子们模仿，容易入手，很多学生写出了不错的诗歌，如叶伟康、申紫潼的《听听，秋的声音》，徐佳琪、施奥欣《如果我是》，虽然内容写得不错，但是我没有大力表扬，而是借此契机鼓励他们在此基础上，继续创造真正属于自己的作品。

1.巧取意象，诗化意象

什么是意象？在文学作品中，作者想要表达自己的感情，又不想直接表达的时候，就用一些景物、物品等表达，这些景物、物品就叫做意象。如古诗人常用月亮这个意象来表达思乡的感情。"举头望明月，低头思故乡"；用秋天的落叶来表达一种悲凉"自古逢秋悲寂寥"。只要是诗，就离不开意象。意象的选择对一首诗来说很重要。但是一首诗中的意象不需要太多，我们在选取意象的时候，只需要选取对我们主题有帮助的意象。比如芬兰著名诗人索德格朗的《星星》：

当夜色降临／我站在台阶上倾听／星星蜂拥在花园里／而我站在黑暗中／听，一颗星星落地作响／你别赤脚在这草地上散步／我的花园到处是星星的碎片

在这首诗中，诗人巧妙地选取了夜晚最经典意象之一：星星，并且展开丰富的联想：站在夜色中，诗人看到了夜空里的星星，并想象星星来到花园里，是来赏花？来探访好朋友？是在天上太寂寞了，想来花园里玩耍？这不，还有一颗星星不小心摔倒了，碎了一地。诗中最后一句"别赤脚在这草地上散步／我的花园到处是星星的碎片"更是奇特的想象，化心为物。可以看出诗人内心是多么渴望花园里也种满星星，渴望一个黑夜里也能发光发亮的花园。

诗化的过程有几种方法，王秀梅老师在她的《推开童诗之门——童诗阅读教学与创作》一书中，第五章讲到诗歌创作技巧里面就提到意象的诗化。她说：诗化，是指经过构思，将生活素材变得更有诗意，更加具体、形象可感。而王宜振老师的《现代诗歌教育》中则提到，诗是内视点文学，其存在方式有三种：以心观物、化物为心、以心观心。在我的理解，则认为：物、心、人三者之间是融为一体的，是不可分开的。人是最重要的存在，是内心世界和现实世界互通的桥梁。人要懂得将自己的内心寄托于外界的物上，也要懂得用心去感受万物，万物皆有生命，皆有灵性。

2.追问式的指导

比如，上《苹果里的诗意》时，我会采用几个问题进行追问：苹果是什么颜色？为什么苹果会是这样的颜色？它可能发生了什么事？这里可以采用哪些动词更能体现这种心情？通过这样的追问，让孩子在观察与思考的时候有一定的方向。通过追问，学生会跟着问题进行思考，写出来的语言有时候会出乎你的意料，如一位孩子当堂写了这样一首诗：

苹果在和风玩捉迷藏／正好，庄老师在讲苹果的诗／苹果灵机一动／藏到了庄老师的脸蛋里（《苹果玩捉迷藏》梁呈诚）

当然，诗歌创作不仅仅这些技巧。但是童诗创作有一个最基本的原则：纯真的情感是第一位。有的人认为童诗就是展示丰富的想象力，能想得多奇特就多奇

特，所以侧重夸张的想象力。这样片面地理解和创作，写不出优秀童诗。记得有一次，我和女儿散步回来，桌子上放着爸爸送给她的漂亮蝴蝶夹，为了激发她的想象力，我说："妮妮，今天那只迷路的蝴蝶跑到我们家来啦，变成了这只漂亮的蝴蝶夹。"正当我为自己的想象力颇感满意的时候，女儿一脸严肃地说："不，妈妈，这不是那只迷路的蝴蝶变的。我相信，那只蝴蝶一定找到了她的爸爸妈妈，回家了。"那一刻我惊呆了！也终于明白了赤子之心为何可贵！那份可贵就是纯真！在她纯真的情感里：蝴蝶找到了自己的爸爸妈妈，和家人团聚。这才是最可贵的！所以从她身上我明白了：任何打动人的作品，首先一定是真情流露！任何矫揉造作的想象，在童真面前都显得苍白无力！

这样的童真、这样的童趣，难道不应该呵护吗？正是因为童心可贵，所以诗歌教育尤为重要！有人问：用古诗来滋养不是一样吗？古诗词是我们祖先留给我们的文化瑰宝，几乎人类所有的情感和人生经历都能在古诗词中找到。但是毕竟古人的生活环境和我们现代生活有一定的差距，而且对一些古诗词的理解是需要人生阅历的。现代童诗一般契合儿童的年龄特征，适应他们的理解能力。所以诗歌教育应把现代童诗放在重要位置。愿我这童诗入门三步曲能帮到所有有意于诗歌教学之路的老师们。

因为自己在这条诗歌教学路上摸爬滚打了三年，也逐渐形成了自己的教学风格。在东莞，如果提到诗教班级，很多人会第一个想到小草班，因为小草班是第一个以班级为单位正式出版诗集，并且全班每个同学都有自己的作品，同时被《少年时刊》授予创作基地牌匾，这也是全国唯一一个以班级为单位的牌匾。感谢孩子们，我也跟着孩子们一起走进大众的视线，成为一名诗教老师。

三、打造属于自己的"传奇"

苏格拉底说："未经省察的人生没有价值。"只有不断反思生活，才能明晰生活的意义，从而更好地创造生命的价值。当你从一个"免检产品"，成功过渡到一个"驰名商标"的时候，不要停止探索，不要停止追求。想要在教育这条路上继续成长，就要做好自我修行的准备。只有坚持，才有"奇迹"；只有坚持，才有"传奇"。不管你处于什么环境，不管你面临什么样的磨难，你都可以成为一个"教育家"，只要你有追求，不要永远停留在"教书匠"的阶段。我们要从"教书匠"努力提升为"教育家"，以一个"教育家"的情怀，打造自己的教育人生。正如人家说的："不是你有了条件才能成功，而是你想成功才创造了条件。"

在诗歌教学的路上，我们小草班取得了些许成绩，在过去的两年时间里，小草班基本上每个孩子都发表过诗歌作品，大部分同学获得了奖项，从市级到省级、再到国家级别的，均有孩子的作品刊登或者获奖，帮学校拿过三次省级别的"优秀组织奖"，出版了诗集《60个孩子的诗》。这些小小的成就，不断激励着孩子，也鼓励着我前进。

在网上看过一篇文章，一个女孩子和朋友一起跑步，还没跑几步就让朋友停下来，等她摆好姿势后让朋友给她拍照发朋友圈。朋友很吃惊，终于明白原来之前看她晒的健康朋友圈全是"做"出来的。有人说过，真正的愚蠢并不可怕，可怕的是你的"假努力"。有些人看似很努力，但要她真正拿出点什么实干本事来却没有；有些人则在悄无声息中就把真本事拿下来了。

作为教师，最不能出现容许和做作。我们做教育的，不能搞门面。李镇西老师曾经说过：很多学校的校训、特色都是做给别人看的，从来不考虑孩子需要什么。我们如果真的想要在教育上有所成就，就必须真正走进孩子的心里，从孩子的角度出发去思考问题。而想要验证自己的教育教学是否符合孩子的需求，一定要实践与反思。你一定要亲近孩子，记录孩子的点滴。朱永新老师曾跟他的"成功保险公司"的老师说：每天坚持记录自己的生活，坚持十年，如果不成功可以找他索赔。但十年过去了，没有一个老师去找他。凡是坚持下来的老师，都取得不少成绩。

一条路，别人走，你也走，你们看的风景是相同的；当别人停，你还在走，你才能欣赏到与别人不一样的风景。坚持能创造奇迹，想办法让自己坚持下来很重要。每次带孩子们出去参加活动，每次孩子们取得了成绩，我都会拍下来，发在朋友圈，一来与家长分享，让家长了解孩子的成长，二来主要是想通过朋友圈鼓励自己和孩子们在众人的期许下继续进步。除此之外，你可以在自己的办公桌或计算机桌面设置一些提醒的功能，每天抽时间，哪怕是写几十字几百字都行，目的是不要停止观察和记录。我们常常教孩子们要坚持观察，坚持记录，那么，请问我们自己观察和记录了吗？如果你真的有心想成就自我，就从现在开始。教育教学的生涯还很长，我们还有许多日子可以努力。行动，就会有收获；坚持，就会有奇迹。无论在哪里，只要能够始终坚持在自己的教学天地之间，必定能开

教师成长之路　打造属于自己的"传奇"

出别样的生命之花。

准备从阅读开始，多读书，少投机取巧，将书读进骨子里，在文字的字样下完善自己的灵魂，让灵魂散发出无尽的魅力，让自己的思想先飞翔起来，再带着孩子一起飞翔；先让自己努力追寻自己的梦想，再教会孩子们如何寻找梦想；先点燃自己对生活的激情，再唤醒孩子们的激情。教师，就是需要不断实践，不断思考，不断阅读，不断记录，不仅要让自己的生命更有价值，更重要的是教会孩子们如何体现自己的生命价值。

当然，我们光说读与写还是有些泛泛而谈，教师毕竟与其他行业不一样，我们读的书也是有自己行业特点。读一些杂书，让自己的世面广起来；读一些天文地理科学历史哲学的书，让自己的知识渊博起来；读一些专业的书，让自己的思想提升起来。提到专业的书，在这里我想起了朱永新老师曾经给新教育教师提供过"吉祥三宝"，我觉得很有帮助。他提出：

第一，专业阅读。站在大师的肩膀上前行。朱永新老师在一次讲座中提到：一个人的精神发展史就是他的阅读史，一个民族的精神境界取决于他的阅读水平，一个没有阅读的学校永远不可能有真正的教育。教师是对学生产生深远影响的角色，一个不爱阅读的老师很难培养出一个爱阅读的学生。在专业阅读的道路上，我们可以回到根本书籍的阅读中来。一个是关于学科的书籍，一个是关于学生的书籍，一个是专业领域包括教育学心理学等理论书籍。尤其是理论性的书籍，很多老师不愿意读，因为晦涩难懂，仿佛读了也没有多大的用处。很多老师偏向文学性书籍，但我觉得真正提升我们个人专业素养的正是这些略微枯燥的理论书籍。读这些书，我们看问题的角度和思考的层次都会有所不同。

第二，专业写作。站在自己的肩膀上攀升。我们要坚持写，但要先解决写什么的问题。有些老师为了完成写的任务，特别是一些教育随笔、教育故事，会捏造一些故事，来证实自己的观点。如果你只是为了完成任务而编造故事，就不如不写。因为我们的最终的目的不在写，而在提升。我们更强调真实与反思，通过我们的笔尖，记录自己的、学生的、教室的日常，我们通过这些日常反思自己的行为。我记得一年前，我和我们班的孩子一起在写班级日记。当时坚持每周写，一周分享两次。每次我读我写的故事给他们听的时候，他们非常认真，都在期待老师是否把他们写进故事里。那半年写的感触很深，每写一个孩子的故事，我就反思，对这个孩子的关心够吗？我的做法对吗？我是否真正了解孩子？我还可以为他做点什么？如果你坚持这样写，坚持这样"吾日三省吾身"，你怎么可能不进步？你不想成为"专家"都难！但前提都是一个"恒"字！

如果你记录的是一个失败的案例，没关系，汲取教训；如果你记录的是一个成功的案例，恭喜你，以后可慢慢成为自己的教育策略。如果你能坚持这样做，日积月累，汇聚成河，不断超越昨日的日记，总有一天，你会腾飞！

第三，专业发展共同体。站在集体的肩膀上飞翔。教育不应该是单打独斗。有些老师喜欢自己闷在计算机前，做自己的课件，备自己的教案，甚至有点怕自己的教案被别人发现，教研的时候无法敞开胸怀，将自己成功的经验分享出来。这些老师无法走远。因为"一个人可以走得很快，但一群人可以走得很远"。在诗歌教学探索的这三年，我深有体会。刚开始一个人单打独斗，根本做不出什么成就，但我坚持请教各种在做这方面教学的老师。正是自己这份坚持，让一些老前辈愿意带着我走，在走的过程中，也陆续遇到了一些盟友，大家在群里各抒己见，对自己的教学非常有帮助。有时候我有一个好的做法，分享出来；我有一个不错的主题，分享出来；有征文比赛的活动，我告诉你；有诗教论坛，你告诉我……真正的教研，应该主动敞开心扉与他们分享，同时也是敞开心灵进行自我教育。一些老师向我要诗歌课件，我觉得只要对孩子有益的，就愿意分享。但是前提是这个老师不要偷懒，照搬别人的所有东西。应该先有自己的思考，再与别人探讨。这样彼此才能进步。

在修行这条路上，你可能还会遇到很多阻碍，这个时代到处都是诱惑，处处都是浮躁不安，这些都不要紧，你要做一个修行者，不为名利，保持童真，默默前行，有时候梦想就在一份可贵的坚持中悄然实现了，因为每个人的心中都有一个卓越的自己在等着我们。只要你能坚持下去，总有一天能够创造属于自己的传奇人生。

做一棵向阳树

——我的教育之路

梁　彬

一

刚开始，我并不想教书。

在潮汕地区，从你懂事起，人们就用各种方式和行为告诉你：赚钱、做老板才是王道。而教书一个月拿七百多块钱，在那个时期千万别进餐馆，一顿饭钱都会让你难堪。但父母奔波劳碌久了，希望孩子有个稳定的工作，我又还学不会忤逆他们，最后只能带着不情愿走进教育岗位。

既来之则安之，我长得膀大腰圆，报告时校长以为我是体育专业的，当听到我说还可以教语文时，既惊讶又高兴，因为当时初三正好需要一个会教语文又貌似会武术的老师来镇压"群雄"，从教书第一天开始，我同时光荣地当上了武术总监。

读书的时候以为教书只是备课、批改作业，是一种只和文字打交道的简单工作。等到真正站在讲台才知道：对着"菜市场"讲课，你的精彩讲述根本就是多余的。那个年头，学校还设"择优班""普通班"，像我这种身体结构有优势的老师，去"普通班"再合适不过，至少不会轻易受到这群小牛犊的挑衅。当然，这是在我有良好情绪控制能力的前提下才会出现的局面，但可怜我没有，年轻人多少有点血性，跟学生红脸是常有的事。

可我就不明白，当我还是学生的时候，我是那么尊重老师，为什么眼前这帮小家伙那么喜欢跟我较劲呢？甚至无故挑衅的事也常有发生，是不是九斤老太说的："一代不如一代？"还是我压根就是九斤老太，看不惯新生代？这个问题一直困扰着我，本来我就不怎么青睐这个职业，加上工作起来不顺心，我又萌生退意了。

当时因为住校，又单身，下班没事经常和一位年长的老师开车到山里玩，爬山散心之余，就去茶场品茶，心情平静了许多。走进大自然的人，慢慢也爱上了慢节奏的生活。那个时候，在前辈的指导下，知道了种茶，懂得了品茶，对大自然有了新的认识。

万物自有其生长的规律。一亩茶树，懂管理的人了解它生长的规律和脾气，会让它长成想要的样子。不懂的人去管理，它们就不听使唤，会旁逸斜出，会杂草重生，难以达到收成目标。一些茶树因为管理不当，我们总看不到它最茂盛的样子，因此它们也被归为"普通"档次。我分到一亩被界定为"普通"的茶树，我很气馁，原因是看不到好收成的希望，但毫无疑问，他们任何一棵都有可能长成一棵大树，我用优秀茶树的标准去要求一些能量还没有被挖掘出来或者暂时被管"坏"的茶树，显然太急于求成、追求完美了。

事物的发展都有一个循序渐进的过程，无法在短时间内达到某个高标准，但至少可以朝高标准发展，这便是我们这些管理者的本分职责。我想，如果这个时候放弃了，除了说明我没有管理能力之外，也说明我缺乏信心和耐心。想到这里，我释然了。

好的茶树大多已经被打磨出统一规格和脾气，在管理者要求的轨道上合理地前进。普通的茶树各种调皮、任性、不服，我们必须先摸清楚他们的脾气和套路。他们在正当不可一世的叛逆时期被划为"普通"，可想而知，内心是多么不服气。他们敌视制度敌视学校敌视老师，是因为他们被否定："既然你们已经否定我，为什么我还要做出一副好的样子去迎合你们呢？"所以，我的出现从一开始就站在他们的对立面，我要跟他们相处，首先必须消除他们对我的敌意，这个障碍如果没有清除掉，任何对他们的要求都会激起反抗。

那么，如何消除敌意呢？唐诗云："射人先射马，擒贼先擒王。"我必须找出这个"王"，一般冲锋陷阵的时候，"王"都是躲在后面冷笑的，你无法在充满硝烟的战场上找到他，但在闲暇时，虾兵蟹将都会跟随左右，我终于发现那些经常出现在僻静角落里，身边围着三三两两几个喽啰的便是传说中的"王"。他们神情骄傲，笑容冷漠，回答问题无理而尖锐。如何接近他们？我必须放低姿态，不能把自己当成一个老师，想想自己还在读高中，你可以是一个年龄稍长他们几岁的大哥哥。当他们路过你办公室的时候，把"王"叫进来，一起喝喝茶、侃大山，

做一棵向阳树

不要训斥他们，慢慢引导他们，听他们讲辉煌事迹，不要摆出一副厌恶的姿态。从他们的讲述中，发现他们处理事情的亮点加以肯定，至于那些恶劣的作为，暂时不要去批评，姑且任之。这样反复几次，"王"发现我这个倾听者跟其他老师不同，不会一棍将他们打入"地狱"。接下来我发现，课堂上跟我抬杠的学生越来越少，上课顺畅多了。但随着双方熟悉起来，"王"越来越放肆，有时候甚至要和你勾肩搭背，这个时候我的态度开始转换，当然，我采取慢慢转换，从安静地听他们讲丰功伟绩转换为适当地指出他某些做法的不妥，慢慢引导他们，"度"把握在他能接受的范围内，我怕一下子太猛烈会把他吓跑。"王"在我"温水煮青蛙"的柔情中终于慢慢朝我设定的方面发展。当然，设定的最终目标不能太高，冰冻三尺非一日之寒，不好的习惯和作风不是一朝一夕形成的，更不可能一下子转变过来。比如上课无法认真听讲的习惯，是因为落下太多的功课和作业，他就算想改变，也无法承受一头雾水的打击，通常在课堂上听不到五分钟就不耐烦了，我只能要求他不要影响其他同学，至于落下的功课，可以通过辅导或者让其他同学"一对一"帮扶的方式一点一点改善。而打架的习惯则要通过慢慢引导他合理利用时间做一些有意义的事情，来吸引他的注意力，以此消费掉他剩余的课外时间，使他不会无所事事，需要从打架中获得存在感。

　　总之那几年，我和这些"王"交上了朋友，也从他们那里获得了很多青少年心理方面的知识。我觉得，青少年最需要无非是尊重和宽容，我们要把他们当成大人来沟通，而不应该把他们当弱势的小孩子或者没有脾气的物品随意处置安排，更不应该按照成绩把他们分成三六九等，那样，我们在教育的过程中会自食其果的。现在我们提倡教育公平、教育均衡，禁止设择优班普通班了，这是教育发展的成果。而十多年过去了，我也看到当时那些"王"，他们虽然学业上没有成就，但他们也在各自的岗位上为社会做贡献，有的当老板解决了很多就业问题；有的成了个体户，兢兢业业为这个社会提供优质服务。在学习上，他们也许没有那些优秀学生的专注和智性，但他们早早体味人生百态，情商高，待人有礼，内心朴实。至今，和我交往更多的还是这些"王"，可能他们认为我对他们的启发较多。

二

　　什么是因材施教？很多时候这只是一个口号，在现行的班级教育制度里，根本不可能为每一个学生都制定一套适合个体的教育。所以，在最前沿的"未来学校"设想里，人们设想把课程像货物一样摆放在货架上，采取专家评定、学生选择的方式来让学生接受合适的教育。当然，这只是一种理想化的设想，在人口众多的中国，我们暂时没有条件提供那么多教育资源供学生选择。所以虽然一开始我对学校开设"择优班"和"普通班"这件事不以为然，但仔细想想，我们不能改变环境就只能适应环境，如果教师对普通班的教学认识到位，因材施教的话，对学生们也未免是件坏事。

当时我们学校确实存在有一些老师用"择优班"的标准去教"普通班"的学生，原因是他们任教两种班级，懒得去备两种课。在他们看来，"普通班"的学生永远教不会，再怎么努力也不会有学生考上重点高中，在课堂上，他们照本宣科，该提的要求提，该背诵的地方背诵，机械地把职责履行完，至于学生是否接受得了，有没有完成作业，他们一概不问。但"普通班"的学生本来程度就相对较弱，老师的课程要求对他们来说都难于登天，他们完成不了，就干脆把作业本扔掉，不做得了，这就是老师口中的"死猪不怕开水烫"，这也是导致"普通班"学生厌学的另一个原因。如果我们教师把要求降低到他们能完成的范围，加以督促，我相信还是有很多同学乐意去做的，人之初，性本善。如果真有机会让老师表扬、家长开心，谁不愿做得好一些？

在这种认知的推动下，我在"普通班"上课，一般会把问题和知识点极度浓缩，让学生必须理解和识记的内容更少更精，但我会要求每个同学都必须掌握。每次上课前，我至少会用十至二十分钟的时间对前面一节课的内容进行巩固和检查，所以当时对比其他"普通班"，我的要求是最低的，但考试成绩一出来，我们班的平均分总名列"普通班"前茅，有时候和第二名还拉开了不小的距离。在完美主义者看来，我也许没有完成教学目标。而其实标准虽是整齐划一的，人却是参差不齐，用同等量的饭菜来填饱一群人中的每个人，有人会撑死，有人却还没吃饱，如果做老师不懂得这个道理，只会一味机械地按教学大纲要求行事，那么，估计在未来，我们的职业会被机器人代替，因为，缺乏思考和灵活性的教育是没有灵魂的。这一点在我任教"择优班"的时候也感受颇深。

第二年，估计是我已经适应了教师这个职业，并在这个职业上表现出认真和锲而不舍，我开始任教"择优班"的语文，在这个班级上课，又是另一种场景，教学大纲的内容根本满足不了这群学生，你稍微不慎，就会被学生无意间抛来的

做一棵向阳树

个问题卡住喉咙，他们的脑子就是一个问题产生器，而且好像根本停不下来。他们像一群填不饱肚子的鸭子，总是把你刚掏出来的食物一抢而光，并迫不及待地问你还有没有。那段时间，我有一种脑袋被抽干的忧虑。幸好大学的积累够足，而毕业后又依旧保持着阅读的习惯，文学、历史、哲学这些他们随口就要问的问题我勉强还能够答下来。但当半桶水遇到干旱，我必须保持危机感，努力让它满起来，不然就要面临供不应求的尴尬了。接下来那段时间，我跑书店跑得更勤了。

所谓书店，就是闹市间一个小铺子，店老板是个书迷，估计比我年长几岁，他每天把书扔一地，让人随意翻。我估计他是懒得整理，就像他懒得整理衣裳一样，他就一直杵在那里看书，来了客人头也不抬一下，但就在那偶尔的一瞥中，我突然间对他产生了敬畏。在这样一个金钱至上的闹市中，他每天安静地读书究竟是因为喜欢还是在逃避什么？我喜欢去他那里买书，因为书便宜，可以减少对我七百多块钱工资的伤害，另外是他的书品种齐全，不是那种除了学生畅销辅导书之外就摆几本四大名著充充门面的假书店。我们几乎没有交流，但那几年，我们对着不说话，就十分美好。

为了给"择优班"的孩子养料，我不断读书，不断挖掘课外素材，有时候课本里那些容易掌握的文章我会让他们自学，另外复印一些课外的好文章给他们，人手一份进行精教精读。当时，复印机在教师办公室还没有普及，到外面印又太贵，我只能想办法跟主任搞好关系，好去他办公室蹭打印。值得欣慰的是，班里的这些"野鸭子"都吃得津津有味，慢慢的，他们的阅读写作水平也提上来了，这是我教书生涯中另一件通过"越轨"取得成效的事，它也让我开始觉得自己是适合教书的，也应该有能力教好书。而更加肯定自己能教好书是在第一次参加县级优质课例比赛后确认的。

三

那一年，刚好有一个县级的语文优质课例评比，大家纷纷推荐我去参加。我猜，大家的这种推荐是由一次校级公开课开始的。

作为新教师，我必须开设"过关课"，我选的篇目是语文老师们每次开公开课都要回避的传统诗词，老师们回避的原因估计是因为传统诗词太有深度，内容又少，难以讲出精彩的效果。然而，我恰恰非常喜欢传统诗词，这归功于大学的时候赵松元老师的感染，他是那种对传统诗词表现出时而深情款款，时而激情四射的导师，他教我们写诗词，教我们朗诵诗词，那几年，他用他对传统诗词的热爱与执着感染着我们，让我们也爱上传统诗词，只要他说好的作品，我们都会努力背诵起来。这让我们在教学的时候能轻松地旁征博引、出口成章。也就是这种用"才华"妆点起来的课堂，让听课的老师对我刮目相看。当时，来听我的"过关课"的老师们坐满了教室的过道，甚至走廊、窗外，各种科目的老师都到齐了，他们第一次见到这种激情四射的课堂，对我大加赞赏，特别是我们的倪校长，他是一个有才华有教育情怀的领导，当时就对我倍加青睐，后来也是他早早地提拔我当上了教导主任，至今，他虽然退休了，但我们还经常一起写诗、讨论诗歌。领导、老师们对我的鼓励，让我勇敢地接受县级优质课例比赛的挑战。

参加县级优质课例比赛，我选了冰心的《谈生命》，在我们区域还没有普及多媒体教学的时候，我勇敢地尝试了多媒体教学，我开始学习做课件。我想，既然是新教师，那就得有个"新"的样子。我一边向老教师学习经验一边尝试新的事物，包括课堂，只要看过的想到的新教法、新模式我都恨不得把它们一股脑塞进课堂。但是，开始磨课的时候就出现了问题，不是超时，就是主次不当，不是连接不好就是学情的关注不足，原来自认为新型的那一套模式被磨课导师批评得千疮百孔。我既困惑又懊恼，差点就在评课现场提出反驳意见，但最终还是忍了下来，我想，作为一个新教师，不接受别人的批评就是自封成长的脚步，别人只会善意提醒你一次，如果一次就碰一鼻子灰，他们绝不会再提第二次意见，那时，我就只能在自己的世界里孤芳自赏了。我虚心地记录下每一条我认为好的或者不以为然的意见，回来后细细斟酌。当时，头脑像一个酱缸，五味杂陈，我拿起教参书重新仔细参详起来，一遍又一遍，慢慢的，头脑开始清晰了：课堂教学不就是要实现教学目标吗？条条大道通罗马，只要能实现教学目标就好了，为什么要每一条你认为好的"大道"都走一遍？方法必须有取舍，择其优者，直接抵达目标就好了。悟出这个道理之后，我终于狠下心来，砍掉了许多貌似漂亮却多余的环节，把注意力放在各个环节的衔接上，这样，一节从容又实用的语文课便呈现出来了。再次试讲的时候，老师们给予了赞许，又帮忙将细节修整一番，等到比赛之前，我至少已试讲过十次。后来这节课获得了县优质课例评比一等奖。

一场不厌其烦的磨课，对一个新教师确实是极其必要的。我们能在老师们的批评中照见自己的不足，促使自己反思，并逐渐形成正确的教学思路。之前磨课

做一棵向阳树

时老师们提出的那些我难以接受的意见，有很多后来都被我采用了，这充分说明了经验也是教学的财富，这也是我在比赛后的教学工作中，不断确认出来的道理，比如如何在课堂上从容地随机应变、举一反三，做到形散而神不散，这一些貌似轻盈却让课堂效率在无形中大幅度提高的小技巧，无一不是经验的馈赠。所以，后来我担任校长时，对新教师无一不是迅速地将他们推上比赛的平台，行拂乱其所为，让他们在磨课中涅槃，并不断地将他们派到教育发达地区学习，更新他们的教育教学理念。这就像将一个不会游泳的孩子扔进水里，让他们在挣扎中激发自身的求生欲，以此唤醒潜能。每年我们花在每个新教师身上的培训费都不低于一万元，我觉得义务教育经费用在这种有意义的事上面，可以说是真正用在刀刃上了。

四

昨天晚上回老家，晚饭后到村里散步。一阵子没回家，突然间冒出许多七八层的小洋楼，但根本没人住。我知道这是在外面赚到钱的乡亲回家建房子光宗耀祖来了。这让我想到，人活着其实就是为了寻找价值感和成就感。有些人的价值感和成就感在于回到出生地光宗耀祖，有人则希望能在一个高大上的平台上指点江山，有人只为了子孙后代……无论哪种方式，只要能寻找到价值感和成就感，他的人生就不会空洞。所以，我们无论做什么，只要有目标，又能获得一定量的价值感和成就感，即使过着清贫的日子，也可以很快乐，我想，这就是我后来开始慢慢沉下心思教书的原因。我们当时学校的副校长就多次跟我提到，他对教育错爱一生，但无怨无悔，在他们那个年代，一直到他前几年退休，都没有享受过大幅度工资提升的福利，这几年我们的工资急剧增长，相对于他们这些老前辈，我们这一代教师应该是很幸福的。如果我们现在还在职厌职，那不得不说是一件悲催的事情，因为这种悲催在于它是自己造就的。前面我提到那位书店的老板，估计在我们这种小地方，像我这种喜欢看杂书的奇葩太少，后来他的店经营不下去，倒闭了。接下来几年都没再见过他，慢慢便忘却了。直到我当校长后，大概就几年前，一天放学后，我在学校走动，突然有一个人叫住了我，这人正在用绳子捆实三轮车上的废纸箱，一看就是到我学校回收旧废物品的人员。我起先只是觉得有点面熟，直到他神情中出现了那个特别的一瞥，我才猛然记起他就是曾经的书店老板。只是那个眼神多了一丝羞赧、无奈——我邀请他到办公室一叙，但他以工作忙为由离开了。同样是书迷，我可以把我们喜欢的阅读和工作统一起来，让它们相得益彰。然而，我在和这位旧相识的谈话中得知，生活已把他喜爱的阅读挤向九霄云外，我仿佛看到了一个中年的闰土……

我想我没有理由再讨厌教书了，它给了我价值感，同时也给了我阅读的闲暇，再不好好爱就老了。

五

后来我当上教导主任，主管教学教研。因为当时学校恰好这一块缺一个行政领导，我便被破格提升了。作为一个刚毕业两年的新教师，我虽一腔热血，但毕竟经验有限，资历尚浅，难免有人闲言碎语，而我也只能硬着头皮，尽自己最大的努力扮演好这个角色。我现在经常对新教师说，年轻的好在于勇于挑战一切新事物，而且身轻如燕，我当时就是凭着这股劲走上这个新岗位的。这个岗位对我最大的挑战在于我首先必须懂教育规律和评课。但我举目四望，身边全是资历比我丰厚，教学经验比我丰富的老师，我要如何"艺压群雄"呢？没办法，我只能学，拼命学！那段时间，我一有空就跑到临近学校向那些年长的教导主任请教，从业务到评课方法，一点一点学起。教导主任的工作貌似机械，但处处要求你心细如针，又具备整理"乱麻"的本事。比如功课安排，应该如何结合学校实际和教育主题安排地方课程？一张功课表，什么课合适安排在上午，什么课安排在下午？都是有要求的——例如早上第一节不宜安排体育课，因为学生刚刚吃饱不宜运动，下午不宜安排太多数学课，因为学生精神不佳，头脑不灵活。同时也要考虑任课教师的个体情况——如音乐课不宜安排太集中，因为音乐老师会太累等，这一些都要求你摸清教育规律。当时我几乎每天晚上都是一两点睡觉，早上七点起床。除了赶业务，还要读教育教学类书籍，以自我提升。好在功夫不负有心人，大概一年后，我开始适应这个角色，也敢于在没有大量的谦虚和寒暄后进行评课了。勤能补拙，这个普通到一不小心就被人忽略的道理，却让我真正体会到成长的苦痛和喜悦，而喜悦也促使我继续学习，并勇敢拿起笔写下所感所思。

我发现，当你拿起笔的时候，灵感也会待在脑子里某个地方守候着你，而各种储存在记忆中的互不相干的"海藻"也在蠢蠢欲动，它们会在你思路的触动下，

做一棵向阳树

神奇地交汇在一起，产生新的想法——我想这就是思考的力量，很多新想法就是从思考中来的，而促使思考最直接的方法就是写，叶澜教授说："一个教师写一辈子教案难以成为名师，但如果写三年反思则有可能成为名师。"所以，从那个时候起，我一直没有停止过论文和反思的撰写。而我最初撰写论文反思文字的目的并不是发表或获奖，我都存了起来，等到真正需要的时候，我就挑选一些好的去投稿，并往往能够一箭中靶。至今，我获得县区级以上的论文奖项或在县区级以上刊物发表的教育教学论文、随笔少说也有几十篇。其中，有省教育厅奖项，也有论文、随笔在《中国教师报》《师道》等教育类权威刊物发表。

当然，我们习惯带着目的去做某件事，比如写论文为了获奖发表，获奖发表为了评职称，而职称评好了就不用再写了。这种实用主义的浅短想法严重地限制了我们的专业发展。学习—思考（或写）—行动，这是每一个教师发展的必由之路，做得好了，这个过程自然会馈赠你一些产品，比如荣誉、奖项、职称、名声之类，但这些不应该是我们努力的最终目的所在，我们更应该看到其对你个人最终也是最丰厚的赠与，就是自我综合素质的提升。从个人经历来说，我虽愚钝，但一步一个脚印的努力和学习自然使我有所提升，在这个过程中，我也感受到身边的同事对我日益增加的尊重，因为正能量的人们尊重知识、尊重努力，这种自我提升也和收获的尊重成正比。

当然，这种认可也不是完全建立在个人的成长上的，作为中层干部，还必须磨炼出百炼钢化为绕指柔的情商。

我们的文化产生了纵横交错的人际关系，人际极其微妙，它有时候会随着你职位的变化产生改变。当一个人跟你处在平等职位的时候，你们的关系可以很融洽。但当你职位提升了，同事、朋友们会在潜意识中把你归类为"管理者"，也就是那个分配工作，让你受苦受累又不时会指责你的人，你和同事的关系不知不觉中会产生敌对成分，而另一些平时要好的朋友也想利用朋友关系希望在你这里捞到让你不得不破坏原则的照顾，这就使教导主任的位置很尴尬。一边是原则，一边是友情，外边还围一圈不容侵犯的藐视的眼睛，如何处理这种关系？我苦恼过，但最后还是选择了"原则"。

既然你担当了管理责任，有些原则立了就不能去破，破了就会像黄河决堤，一发不可收拾。做教导主任期间，包括后来担任校长，我确实得罪了一些原来的朋友，但反过来想想，如果一个朋友只想在你这里得到好处，没有支持，没有鼓励，无法理解你的处境，那这种朋友关系本身就是脆弱不堪的，让它像蒲公英随夏季的风飘散也罢。央视有一句广告语："高度决定视野，角度改变观念，尺度把握人生。"既然要成事，就不要谨小慎微，这是我担任教导主任直至担任校长之后慢慢总结出来的道理。

六

2011年，我参加"公推直选"，冲破四层关卡，成功竞选为一个一千多学生的小学的校长。当时我29岁，真是"春风得意马蹄疾"。

我觉得我的小成功最直接得益于大学期间的积累和当时就被培养起来的读书习惯，让我貌似很有才华，也让我能成功应对此后的教学和教研工作，至少在当校长之前、当教师和担任教导主任期间我很成功。

然而，校长的职位是一个综合型的管理职位，除了要应对学校内部的各种管理，还要处理好学校外部的交际，当然还有上下级关系。对于一个涉世未深的年轻人，确实是一个不小的考验，我不断告诉自己，至少我有一股少年意气。但繁杂的事务、举步维艰的制度改革、难以调动的教师积极性、落后的教育教学观念、错综复杂的外部关系……把我这股少年意气消磨殆尽。别说是实现教育理想，连最基本的学校事务都应付得喘不过气来。你必须如履薄冰地处理着上下级关系、小心翼翼地应付着各种人际关系、苦口婆心地维持着同事关系、心力交瘁地处理学生问题，害怕工作没做好、成绩上不来。那段时间，我知道了失眠的滋味，又开始跑去山里，去山顶的大石头上坐，看落日流水。我想起了读书时的自在，想起了教书时的意气风发，想起了史铁生的《我与地坛》——我喜欢这篇散文始于黄景忠老师的课堂，到现在我还清楚记得他讲过它的主旨：人生的意义在过程，而不在目的，在于你能创造过程的美好与精彩。要懂得热爱生命、善待生活、重视生活的磨炼，勇敢面对挫折……是的！何必追求细节的完美、纠结于结果，做自己想做的和该做的事，放任结果的到来，后来慢慢地，我开始释怀了。我不想再耽于事务惶惶不可终日了，我应该站在一个新的高度上，找到一个好的角度，去创造学校新的精彩，也许真的精彩起来了，一切眼前的难题都迎刃而解。

那几年去过很多地方考察学习，浙江、江苏、四川，以及广东的广州、深圳……我明白，也看到了我们农村地区的学校和他们的差距，最明显就是没有校

做一棵向阳树

园文化和特色。我觉得一个学校没有文化，就像一个文盲，即使让他拥有财富，也只能是个土豪；没有特色就像一个人没有个性，人云亦云，说再多话也吸引不了别人的眼球，我决定要构建学校文化和教育特色。

首先我必须先把学校的音乐、美术、体育课程及活动完善起来。缺老师就外聘，在保证课程以外，开设培训班，构建各种平台，举办比赛，营造氛围。艺体教育虽不是什么特色教育，但却是校园文化基础。因为相关教师的缺乏，普遍农村学校连艺体课程都难以开齐。一个学校没有艺体课程和活动，就像过年没有锣鼓鞭炮，如死水一潭，这种现状保持久了，教师形成定向思维，安于应试教学，懒得动起来。学校缺乏吸引力，貌似学生有更多时间学习文化知识，实则厌学情绪严重，他们会打架、斗殴、逃课、辍学，对学校带来沉重的管理负担。且别说艺体课程对学生的性格和人生影响多大，它首先就是学校教育的调味料，加一点下去，味道将出现翻天覆地的变化。而其实农村家长的教育意识也在逐渐提高，在成绩对等的情况下，他们更愿意把孩子送到开齐艺体课程且校园活动丰富的学校。所以近几年，我们一旦缺音美体教师，便立即外聘，而周边学校只愿意把钱花在聘用语、数、英三科教师上，很多家长都愿意把学生送到我们学校，我们的学生数量急剧增长，学位也开始紧张起来。

在打文化基础的同时，我们也在慢慢寻找特色教育的方向，我首先考虑的是书法。因为每一个家长都希望自己的孩子写一手好字，况且我本人就是一个书法的爱好者和曾经的书法狂热者。在担任教导主任期间，每有闲暇，便在报纸上涂鸦起来，也曾程门立雪寻访名师，也曾书里淘金遍寻字帖，只因为缺乏耐心，无法专深下去，但基本的书法知识还是懂了一些。为了带动书法教育氛围，我首先组织了一个书法兴趣班，自己担任辅导老师，同时也收了一些本校的同事做学生，我是想让这些老师学成之后担任各班的书法辅导老师。一学期过后，我们开始开设书法课程，尝试在各班铺开书法课程。因为师资所限，又难以聘请到合格的软笔书法教师，我们只能从硬笔入手，低段开展规范汉字书写，高段开展硬笔书法，为了弥补各班教师书法知识的不足，我们还下载了相关书写视频，从坐姿、握笔等各方面对学生进行辅导。就这样，我们的书法教育一步一步慢慢前进，学生慢慢开始获奖，各个展示橱窗、教室里展示栏的学生作品水平越来越高。我们不定时举办一些书法比赛，让书法教育的氛围保持着较高的温度。

书法是传统文化艺术结晶，它的章法、结构、线条的组合无一不体现了中国传统的艺术审美，它会让人不自觉地爱上，学生练习书法，审美受到熏陶，作业、试卷的书写也好起来了。但书法特色教育要继续发扬出来，有一个问题是绕不开的，那就是师资。"取法于上，仅得为中；取法于中，故为其下"，如果教师的书法水平在于"中"，那么学生只能得"其下"，况且我们老师的书法水平能得其"中"的少之又少，所以其实学生们大多也只是以临摹为主，得到真正的指导是较少的。

所以，那几年构建书法教育特色，并没有开展得风声水起，反倒是另一个尝试项目让我看到希望。

七

2012年，我办起了区域内第一份校园刊物《硕果》，阿兽是《粤东文萃》创始人，版面设计都出自他的手笔，是个实打实的编辑老手，我把刊物的编辑工作交给了他。新鲜出炉的《硕果》精美得我都爱不释手，可想而知，学生也喜欢得不得了。其实，早在我担任教导主任期间他就叫我帮他在我们学校推广《粤东文萃》，当时因为我一方面主不了事，另一方面我也还没有形成开展特色教育的理念，我们不欢而散了。但当我有的理念成长起来的时候，阿兽又跑过来全力支持我了，果然，共同爱好促使人们相爱，他就这样一直支持我到现在。

这份校刊让我看到阅读写作教育的吸引力。我开始朝这方面用力，当时我申请了上海的"真爱梦想"基金会支持，在学校建了一个"梦想教室"，里面设备先进，也得到一批适合小学阶段阅读的图书。"真爱梦想"基金会还派遣老师到我们学校送课，其中的"绘本阅读"课程是最切合阅读写作教育的，我让语文老师们参加培训，并在各个班级推广，结合语文课进行教学，效果非常好，这门课程大大增加了学生阅读写作的兴趣。那几千册图书也被我们分散到各班的图书角供学生随时随地阅读。接着我们举办各种阅读写作比赛，在校刊开辟读后感专栏，学校的阅读氛围一下子就浓郁了起来。我觉得阅读写作特色教育的优点在于老师们容易上手，有能力也有条件推广开来，同时对学生成绩的提升效果也很明显，容易得到家长的支持和社会各界的肯定。后来，热爱诗歌的我又在这个基础上加入了诗歌教育项目，校刊也开辟了诗歌专栏。

我们的特色教育越来越受社会各界的关注，2016年我被区委、区政府授予

做一棵向阳树

"名校长"荣誉称号，同一年调至中心小学担任校长，我把阅读写作特色教育的理念带到了新学校，在新的土壤上创办新校刊《榕树下》，号召爱心人士捐赠图书、开展亲子阅读、邀请名师名家进校园。在诗歌这一块，我们在全校范围内开展诵读活动，保证了学生诗歌的积累和诵读练习。说到这里不得不提到一点，韩师系的资源真是无穷丰富，我们将06级庄丽如师妹主编的《60个孩子的诗》作为诗歌学习的基础教材，把阿兽、黄春龙主编的几套《粤东诗歌年选》作为提升教材，让老师、学生慢慢认知诗歌，学习写作诗歌。三年了，创作的苗子开始发芽生长，前段时间有一个家长突然加了我的微信，并发了几首他女儿写的现代诗给我，这个孩子才读二年级，但诗已写得充满清新的灵气，我当即为这几首小诗写了评语，一并发给校刊编辑部，让他们刊登在下一期的《榕树下》上。我们提供平台，不敢把目标设定在培养未来的大师上，但我们希望能通过平台展示让学生发现自己的优点和特长，平台越多，这种发现的几率就越多。即使无法做到最好，但一定会更好。

确实还有一部分人认为学校应该把成绩和应试放在首位，当我接收到这种论调的时候，我会跟他们说，我们构建校园文化，开展特色教育并不是要放弃应试和成绩，而是把教育的各个部分放在相对平等的位置上，让他们有机结合，相互促进。就像我们吃东西，饭、菜、肉都应该相剂，如果认为肉在补充能量这一方面有优势就一味吃肉，那么身体不久将会出现"三高"，而其后果就是身体因失衡而崩溃。我们中心小学近几年在普及艺体教育的基础上构建阅读写作和诗歌教育，学校每天都热闹非凡，与此同时教学成绩也稳步提高，去年在区的跟踪测试中，我们学校的三年级获得了全区第一名，成绩超过了包括城区小学在内的一百多所小学，这完美地证明了"有机"的意义。2019年4月，我们学校又作为区域内特色教育的先进典型接受全区小学校长的参观，阅读写作和诗歌特色教育受到了全区的关注，我们的坚持终于没有白费。

回首来时路，有激情，有失落，有成功，有迷惘。但更多的还是感恩，感恩我的大学给予我的积淀，感恩我的师长给予我的激情和指点，感恩挫折给予我的磨炼。在未来的道路上，我不会停止探索，经验告诉我，一个人如果停止了前进的脚步，那么，他也将失去解决困难和面对挫折的能力，正如尼采所说："人跟树一样的，越是向往高处的阳光，它的根就越要伸向黑暗的地底。"我们要做就做一棵向阳的树，不回避黑暗，勇敢前进。

你好，我是陈雅洁！

陈雅洁

文前见谅，我不想中规中矩写自己的成长经历，我想借此认真地梳理自己十五年的心路历程：我是一个奋斗中的普通人，我是一个非常棒的老师。

我的成长之路，更多是一个独立教师的成长之路，一个独立的大写的人的养成之路。

在正式写这篇有关个体成长的文章前，我用两个自己曾用过的风格迥异的个人介绍来描述自己：

介绍一，是2019年7月回韩师参加"韩派名师"研讨会时递交的材料。

陈雅洁，2004年毕业于韩山师范学院中文系，现任佛山市大先生国文副校长。有广东省重点高中、北京市重点高中语文教学及班级管理实践和研究经验，倡导乐行教育，倡导感染式教学，深得家长、学生的信赖和喜爱。2015年与欧阳安老师一起创办大先生国文，致力传播中华优秀传统文化。

曾常年为国家、省、市、区、街道等级别班主任活动担任讲座主讲、活动嘉宾、培训主讲等；为各级别中小学班主任专业能力大赛担任出题人及评委；为各级别教育大型活动担任主持人。教育教学论文、课例、说课比赛多次获国家、省、市、区等级别奖项。辅导学生参加全国各级各种赛事多人次获奖。培养大量高中学子进入北京大学、中国政法大学、中央民族大学、复旦大学、中山大学、南开大学等高校，教出佛山中考总分最高分屏蔽生、大量小升初优秀学员。

曾获广东省首届班主任专业能力大赛高中组一等奖（全省第一名）、第三届全国中小学班主任风采展示特等奖（全国第一名）、第九届粤港澳普通话大赛广东省亚军、广东省德育中心名班主任工作室核心成员、广东省德育中心名班主任品牌工作室成员、广东省高考省级优秀改卷员、佛山市名班主任、佛山市班主任讲师团成员、南海区优秀党员、南海区十佳班主任、南海区骨干班主任、南海区优秀青年教师、新世纪杯及叶圣陶杯全国中学生作文大赛优秀指导老师等荣誉称号。

介绍二，是2014年给佛山禅城汇景小学林幸谊老师的班级开讲座前的个人情况介绍。

关于陈雅洁：有一个人，她颠覆了传统高中老师的形象……

曾用笔名种栀子墨雅、种栀子墨鸭、桃墨·鸭等。

一个南方女子，向往北方的树和高远的天，然后南人北行；一段愉悦的北方生活后，想换个活法，选择自北归南。

活得很文艺，和她的伴侣号称教育界的梦幻二人组。

她是教育行业里主持得比较好的，也是主持人里教书比较好的。

她擅长校园晚会主持、电台主持、各类活动主持，以日渐增加的体重力压舞台。

她当了十年的高中语文老师和班主任，最喜欢高三，最喜欢文言文教学（各位同行请不要呕血）。教得很好哦，内容严谨，风格活泼，当然，成绩出众。

有时她也教别的。

她靠破烂的英语教过若干外国学生，激动的时候找不到单词，把两只脚翘了起来终于说明了什么是"高跟鞋"。

她教过若干港台学生，但是自己的粤语和闽南语始终马马虎虎。

她有很多少数民族的学生，但是自己只会写汉字，嗯，偶尔冒出几个英语单词还是可以的。

她开功夫茶的课，每次开课前都要问一句"在座有潮汕人么"，答案是否定的话她就很"专业"地讲下去。

她很年轻就成了名班主任，在班主任领域拿过全国第一和全省第一。她的"乐行班级·温暖教育"引领了很多学生。她给很多班主任领域的活动和比赛做过培训，当过评委。

有人曾评价她大气、精干、强势、尖锐，她却觉得自己随性、温暖、包容。

她的学生说她是人生导师，她却活得像个可爱的孩子。

当很多人以为亲爱的陈老师该考虑往成名成家的方向走的时候，这家伙突然说工作满十年，应该休整，然后就真的在家窝着了。

目前她只做一件她最喜欢的事——码字。她的文字充满生活的清新和温暖，她很小女人，很小资，热爱生活，热爱桃红色，狂喜中国风，嗜饮咖啡，刚打造了自己的秋天的阳台，她是那只临水乱舞的憨憨的鸭子。

她过得很自在……我估计她颠覆了很多人对于高中老师的想法……但，她，真的是个老师。

整理资料时，两相对比，突觉一乐。显然，我属于不好定义的生命个体。好吧，那我们慢慢来了解……

你好，我是陈雅洁！

教坛职场·十年南北路

说真的，毕业之后的十年，是一段漫长而艰难的撕裂式的生长。我在广东佛山和北京的重点高中都工作过，十年，苦辣酸甜皆尝，殊为不易。

十年（2014）

十年，倏忽而过。

十年前，我最青涩狂妄的岁月，突然收敛了大学时所有自以为的光芒，做了一名谋生存求立足的老师。

那之前，求职，别人轻飘飘一句，韩师非"211"，我们不需要，我无数次转身。然后，进了一家学校，因男友在该校教书的缘故才得以非"211"而能进去面试。通过试讲后，非"211"毕业生，只能代课，调不进系统。刚安排了班级，还没正式开始上班就拿掉了我一个好一点的班给另一个后来才来的名校毕业生。主任看着我说，你也知道你怎么进来的，有什么委屈找他说去。言下之意，我是因为男友的关系才有的面试机会。我……我是韩师的优秀毕业生，韩师百年校庆我还是主持人呢！那么多的成绩和荣誉，都是我拼搏得来的，我哪里差了！忍不下这口气，要走。男友说，走可以，我跟你一起走。但是不是因为别人把你气走的，是你不要这里的，你做到了我们再走。

好。

三年，始终只给我令人头疼的班级。但是我带得很好。

三年，教育局指名道姓要我去主持活动，主任不同意，答复说，她要上课，推荐别的老师过去？教育局答复，不要，就要陈雅洁。

三年，我拿了广东省首届班主任专业能力大赛高中组一等奖（全省第一名），以校赛、街道赛、区赛、市赛均第一名的成绩代表佛山市参赛。省里的专家来指导的时候，开玩笑问领导，你们不是非名牌大学毕业生不要吗，怎么一路都是这个韩师的毕业生拿第一呢……

再然后，我拿了区十佳班主任，拿了市级名师，一路被培养，也逐渐培养别人。

我承认我的能力不是最好的，只不过，我赶上了好时候，正是区里、市里大力培养班主任的时机，而我是有教育智慧和实践的潜力教师。逐渐地，有了很多关心帮助我的老师和朋友。

在我最愤怒的时候，我只有一个念头，关于母校：如果我不能因母校而精彩，我就要母校因我而美丽。我知道，韩师没有那么差，我其实也没那么强。但是我希望她变得更好，我变得更强，然后我们彼此成为彼此的骄傲。

毕业的第八个年头，我离开了南方，北上，体验另一种生活。

我以为回首往事自己会愤怒异常，后来发现，很多的痛苦似乎不太深刻，更多的，是对那个地方深深的感情，那是我生命的印记。而对自身，我倾向于自省更多。

回首，不想重来，也不觉遗憾。

2012年开始，我在雾霾突然加重的北京，一所市重点中学有点避世有点自在地生活了两年。除了在班主任领域拿了一个全国第一外，事业上没有什么算是有建树的事情。自己埋头教学和班级管理，不愿意接触喧嚣，希望沉淀。北上，是因为自己的生活到了一个瓶颈，我的事业像是一个准备吹起来的气球，有越来越大的趋势。可是，我得弄明白，这是我要的方向和路途吗，我需要时间想想。北上之前，我知道自己不要什么；北上之后，我想明白了自己要什么。两年，是代价，更是财富。

敢争，能放，这就是现在的陈雅洁。不做女战士，不做小女人，就希望自己随性从容，不断行走，有自己的价值。我曾经承诺自己，35岁之前要确定自己下一阶段的人生走向，是继续目前的路，还是重新寻找自己不曾探寻的远方？我从来没有一刻像现在这样，这么强烈地希望自己不愧对光阴，不虚度生命。

关于韩师，我想说，谢谢，真的！韩师的那些人，那些记忆，没有当时，就没有现在。十年前我坚持的，那些信仰、梦想、爱、成长……现在还在坚持。十年前我有过的浮躁和茫然，现在我争取一点点沉淀和清晰。十多年前我在韩师带走的那位中文系师兄，现在是我女儿她爹。我的女儿叫子韩，子韩，是韩师的孩子，也是韩江的孩子，纪念我们记忆中永不老去的韩师岁月、潮汕时光。

谢谢这十年中的人与事，无论好坏，一并珍惜。

然后，继续行走。

鸭子，2014年6月24日于树影斑驳的北京杨中。

十年（2013）

十年，这是我应该要去回顾的时光。不因为难忘、遗憾，仅仅是因为生命中不能重来的那些呼吸声。

从来没有一次，我真正觉得自己是成长完毕，明显成熟的。我总是觉得自己一直稚嫩。不是装嫩，是真的稚嫩。我不擅长所有的圆滑。随着年岁的增长，我比以前更加率性而认真，更不愿意敷衍。也许在这十年的时间面前，我有些逆生长。

再过半年，我就刚好毕业工作十年。这应该是我脱去青涩后最为青春最能奋斗的阶段吧，没想到一晃而过。

现在我还清晰记得，自己找工作的时候，天太冷，回到暂住的地方，没带钥匙，蹲在地上脚底那种冰冷，冷入了骨髓似的……这种记忆似乎刻在了我血液里，即使再烫手的温暖，都没法让我忽视当年心底那一抹清冷。当然，我不是悲观抱怨的人，当年的辛苦，其实比起很多同龄人，并不算什么太大的艰难。但是，十年过去了，想起来倒后知后觉，感慨十年前确实并不容易。

我从事一项雕塑心灵的事业，我一直做得非常好，但是，我从没有像去年和今年这样，明确地感觉到自身的不满足和不情愿。对体制内的若干问题，我突然感到极大的厌烦。厌烦自己身心的不自由，厌烦自己的生命在很多无所谓的细节当中无价值地流失。我突然强烈地意识到了自己要什么，应当舍弃什么。而我，正在做离开前的准备。

看着之前的伙伴，走着很专业的道路，现在更专业。热衷名利的那些名利双收，注重内心的那些平衡了琐碎的无意义和长远的有意义，成长为俗世中的精英。

你好　我是陈雅洁

我不是没有感慨，如果我没有打算离开，没有这些准备的步骤，我想，我应该也在后者的路上踏实地前行吧，并且甚至略略地有些志得意满。

但是，我离开了那片土地。然后才发现，在那片土地的外围，生命的形态是多么不同，可以是那么恣意那么勃发，像我那么热爱的黄色小野菊，摇曳在阳光和并不柔弱的风中，想弯腰弯腰，想抬头抬头，随心舞动身躯……

这才是生命应该有的姿态和向往。

而我，已经错过了太多。我并不觉得之前的十年是遗憾。每一个生命的流程都有其意义和缺憾，也有其流向的必然和偶然，所以，没必要纠结之前的。但是想到当下和之后，我确实知道，自己要调整方向和内容，我着实不愿继续过着另一个重复的十年。有的人喜欢安稳，有的人喜欢变化，也许仅此而已。而我，并非强烈渴望变化，但是我害怕浪费，害怕自己在日复一日的同一中逐渐消亡。我确实并不是一个特别适合成为行业专家的人，随心随性地生活，更适合我。

有时候拿起笔，就兴致勃发，并没有太多发表或者被阅读的欲望，仅仅只是高兴，出于对笔这个东西的强烈喜爱；有时候看到一个地方，就特别向往，想去，并且希望马上去；有时候喜欢坐在流动的车窗边上，看着一闪而过的街景，有着若干种人生的可能性，自己的思考丰沛得如同井喷；有时就是坐着，喝一杯暖暖的咖啡，就美满得眯起了眼睛，弯弯的满足感，像是猫一般的慵懒和自我……

这些不知道是有意义还是无甚意义的东西，流淌在我血液里，像是一种本能的欲望，在毕业差不多十年的现在，一点一点苏醒。我强烈渴望着那些看似浪费时间的生活方式，慢慢地，坐在藤椅上，看日光老去……

这似乎是我不需要经过思考就能答出的生活。仅仅只是这样，片段的阳光，一闪一闪的思绪，缓缓在杯中旋转的咖啡，一个一个的身影在青石板、蒙蒙雨、青瓦、白墙中淡去又重现，了无目的却极有生趣，真好。

我以俗世精英的方式拼搏了十年，光鲜过，狼狈过，拘谨过，无谓过，然后发现，该说再见了，这样的忘我的时光。忘我当然很多时候值得尊重，可是生活中长期忘我，然后，"我"去哪了呢？

从来都是步履匆匆，却不知冲向何方。现在知道想去哪里，却兴奋得慢下了脚步。人生真的充满变化的乐趣，好玩，而且，为什么不去玩呢？

三十岁之后，我经常会发出所谓的人生感慨，并且一度以为自己将会逐渐老去。现在才明白，自己刚刚长开呢，满眼都是生命的慢悠悠的生机和律动。

我以为自己已经开了花结了果，后来才发现，生命本是一棵野草，无花、无果，只是不停在更替和萌发……

真好，十年后，我醒了过来……

鸭子，2013年12月7日于南海，安静的周末时光。

重读这两篇文字，几乎是要热泪盈眶的。这两篇文章，分别写于2014年和2013年，正好是我毕业十年之际的回顾和思考。坦率地讲，当年，真的辛苦。那些具体的艰难，其实已经翻篇了，当中的人与事，说起来也不是多么了不得的困难。但是，我也只是一个普通的姑娘，刚刚毕业，满心欢喜想着要做一番自己的事业，以为努力了就能站住脚，以为拼命工作就会获得认可……现实却不是这样子的良善。当然，其实说到底，自己还是不够强。但是，谁的起步就那么强呢？多数的我们，其实如此普通。刚毕业的时候，急于求生存，敏感、不成熟，底气不足。

以名师成长来说，我不认为毕业后这十年的自己成了名师，虽然，当时我已经领了好些年的名师津贴。那是赶上了区教育发展的好时候，大力发展名师工程。我离名师，远着呢，一方面是自己的成才方向尚有模糊，另一方面，真的也就是一个打基础的阶段。

但这十年很重要，感谢这段岁月，不然，锻造不了我的心性。

以2014年在北京的教育教学工作小结中一段成绩总结为这个阶段收尾："本人所带的两个班级拿到了文科平行班高考语文有效平均分的第一名和第二名，其中学生孙文（文科普通班）以高考全年级文科（包含重点班）语文第一名、总分第二名的成绩毕业，买热叶木被北京大学录取等。数学有效平均分为年级第一，英语年级第二，文综年级第一。22班的整体情况是发挥理想，略超预期。"

这，就是十年专业路上的成长。

大马金刀·五载创业行

到北京工作两年后，我问自己，你害怕吗？你期待吗？

离开原单位去了北京，我才发现，所谓的连根拔起，似乎也没有那么可怕。那么，我如果离开体制，是不是也没有那么可怕？体制不好吗，我是否一定要离开？如果离开了，我又要做什么，往哪个方向拼搏？

我承诺自己，在35岁之前，我要弄明白，是否继续扎根学校教育？如果是，那从此我踏踏实实做一个优质的有意思的人民教师。如果不扎根学校教育，那么，35岁之前，要及时离开，这样才能及时开始。

然后，我认真思考：我的核心竞争力是什么？在各种专业要素中，我最享受什么？

有过很长时间的思索，很煎熬。但是后来，我清晰地给出了自己的答案：课程研发和讲台授课，是我最有优势又最有热情的。尽管我的班主任工作获得过很多荣誉，我也极其热爱班级管理。但是，班主任工作的很多问题，我现在暂时还没办法消解。这个另文再写。反倒是教学，我有了越来越多的想法，有一些却苦于无法实践，那么，我能做吗？有可能性吗？

2014年，结束了那一届的高三班级管理和教学工作，相当好的高考数据，我都为自己骄傲了。然后，我辞职了。我决定，做自己想去做的另一个阶段的事情。

我回南方了。

血脉里的南方

回到南方刚好三个月，谈不上太多波折，只要愿意舍弃，其实很多选择的实现都不艰难。

南人北行，又自北归南，这其中，有历练的需求，有任性的挥霍，有对亲情的靠近，有对爱人的信任，有现实的考量……但是最多的，其实是血脉里对于南方的归属，对于熟悉的生活方式的依赖，还有经过历练之后的新的期待。

我爱北方，尽管我生活过的北京雾霾严重，让我这个南方人诸多不适，但是，我真爱这几年的生活。我见到了那些活在我想象中的笔直的树，那簌簌的雪花，那呵气的脸庞，那些让人心里暖暖的朋友相处。生活在厚德载"雾"的北京很难自强不"吸"，我咳了一个冬天又一个春天，喉咙和皮肤干燥。但是，在那些安静的日子里，我的目光沉淀而悠远，那些我见过或者没见过的，我试图用一种成长的思路去解读我的经历，试图用一种不太熟练的语言去书写自己的岁月。对我而言，这是一段惬意而不可多得的时光，因为这样的时光，我轻轻告别了之前职场上那些浮躁和自以为是，告别了想当然的自己。当然，我不知道这样的告别是否彻底，也不知道这样的彻底是否必要。但是目前来说，我看到了一个踏实而不花哨的女子，依旧有梦想，但比以前多了大马金刀的勇气。

可是，我依旧热爱我的南方，热爱到我不顾其他一路自北而归。我感觉自己看到了生命路途中一朵坚韧的花，开得恣意并且笔挺，我急匆匆欣欣然地回到南方，报告我的成长，然后一头扎进新的岁月，开始新的恋爱般的征程。

我血脉里流动的，是水的光泽，那些流动的轻盈，滋润了我年少无知的岁月。那些年，被雷劈倒的榕树，我爬上去又不敢下来，扑通扑通的心跳声，依然在眸光中敲响。知了的声音，坐在池塘边洗衣服的不清晰的记忆，仿若琥珀，在记忆里泛滥璀璨的光。我的童年有三次溺水的经历，终是得救，却一直到今天都没有学会游泳。应该是可怕的，但是回忆起来，总是能记得在水下睁开眼的那些景象，水下的有绿藻的池塘、清澈的沟渠、浑浊的江水……感谢当年救我的不同的人，尽管他们都已经在我的生命历史中逐渐远去，几乎是陌生的，但是却挽回了我现在能在这里敲打键盘的生命。

我在南方遇到过很多的不安全和不公正事件，比如遭抢劫，摔伤了肩膀。比如以第一的竞争上岗成绩却被分配去了一个好似荒无人烟的单位，只因为我没有走"人情"。比如办理一些证件，认章不认人的经历……当年每一件都是我心底的痛，是我当年害怕和愤怒的片段，但是现在都已洗净气息，平和妥帖地放在我的记忆里。而对比我的害怕和愤怒，我现在感受更多的是，一座和我一样有过很多不足的城市日渐成熟的过程。我骄傲于我所在的地方，这座小城，以及南方若干不够成熟的城市和乡村。

我喜欢的南方台，我喜欢看的《今日一线》，小马总是说着不大气的新闻视角，我却看到了朴实的街坊情结。我从骨子里厌恶假大空和形式化的走场，我喜欢热热闹闹的真实的人群和人群里的法治和民主。不成熟、不完善、不完美，但是，很真实，并且一直在改进。我喜欢这样的氛围。在决定回南方时候，我曾把"自由"和"民主"作为原因之一，小马质疑。其实我很明白，真正的"自由"和"民主"至少目前还是需要完善的，但是我确实在这里感受更深一些，并且我能日渐感受到向"自由"和"民主"的倾向性生长，我是说作为城市的生长。

我喜欢南方的四季均有的鸡蛋花树和木棉树，它们像是忠诚的卫士，坚定地站立在我行经的街道和马路，像淡雅而富于生命力的女汉子和目光苍远的孤独而又热烈的英雄。

我喜欢很多城市里可以随时席地而坐的干净，呼吸顺畅，眸光清澈，皮肤有水的光泽。

我甚至喜欢城市里那并不过于热情的小区邻居的来往，有距离，但友善，然后慢慢温热起来。

我喜欢街上自由而个性的街景，喜欢用自己双脚丈量土地的喜悦，喜欢拿着一杯咖啡晃晃悠悠走自己的路，喜欢客栈和茶楼。

我还很喜欢见到年轻的义工，喜欢可以争辩的自由和冲动，喜欢守秩序并且会抨击人的那些"别人"。

还有岭南的建筑，私家园林的布局，充满人格化的自然空间追求，绿色的饱满，布局的轻巧通透，庭院和居所，墨白与青瓦，明朗淡雅。这是我喜欢的风格，这是我想要居住的地方。

……

说不尽的南方。

并不是因为习惯了，所以回来。而是因为离开后，发现愈加珍爱，也发现更多风景，所以不愿再离开。

也许，我的心理脉络，真的就是一路朝南。最深处，不假思索，自己就会绕一圈回到最适合的地方。三月的烟雨，六月的鸡蛋花，九月的姜兰和岁末幽雅的水仙。那些轻灵的呼吸，那些干净的青瓦，那些迅疾的步伐和个性的生存……

不够厚重，难以大气，太过重商，太过务实和精细，回南天的潮湿，台风的肆虐等，其实我明白的，但是依旧接受并伴随前行。看得清楚了才爱上，爱上后还是看得清楚，但是依然爱着。很多人都有自己宿命般的城市和区域，于我是这般。

我的身体里，流动着南方。

用了将近一年的时间，我在南方这片熟悉的土地上，重新建设自身。没有马上投入创业，而是重新用脚丈量这座城市，重新密密地接触和思考。我如鱼得水般与这片土地亲昵着，自己也舒枝展叶般怒放着。

看见生活的风景（节选，原文见《南人》第152期）

……

2017年，事业稳稳前行。我从来不追求养生式的生活，我觉得生命就是一个历练和产出的过程，所以，可以有选择的有方向性的去折腾。

2014年，我辞职，从体制内出来。然后花了一年时间休整。那一年，我安顿了家庭。回到熟悉的南方，局部装修原来的家，做小调整，重点打造理想的阳台、客厅和玄关。然后快速安排孩子入学，带她到处去闲逛，很快融入这边的生活氛围。特别多的陪伴，来消减孩子因为南北奔波带来的身心不安全感。然后自己花了一年时间，重新教研，也接一些零碎的工作安排，积累调整。

休整一年，其实边休边整，然后于2015年全力创业。

回想起来，我依然骄傲。尽管其间有着若干艰难不易，但是，都是很好的成长历练。

创业过程，诸多亲力亲为，殊为不易。但是，这些都是必然的过程。你想要运筹帷幄，想要举重若轻，首先，要沉浸其中，熟知每一个环节，有能力做好诸多过程。在此基础上，才有后续调配安排的能力和底气。没有凭空而来的管理，没有凭空而来的安逸。成长的每一个台阶，都是自己铸就的，我们大多数人都不是天才，无法总在越级中喜乐。

……

2017年末，我经常一边忙碌公司的各种事物，一边又在网上处理各种装修材料；这边在和小马先生商量工作安排，那边又和设计师在沟通进度和调整……有的时候，看着日程表上一天大大小小二三十件事，自己都乐，搞不好真有日理万机的错觉……

朋友说，你们要多一些人手，不要累坏自己。是的，我知道的，其实没有人愿意总是让自己疲累，尤其像我这种对生活有很多想法的人。但是，对现状要有清醒的认知和判断，节奏把握好，过程一步一步来。

这样之后，我开始有力气去关注生活中那些没有用的美，比如小区里一花一草的光影交错，在阳台和小马先生泡茶瞎侃，比如一家住到山里安静吐纳……

我发现，这一年，我的眼里多了非常多的风景，扶风细柳般的很多柔软的美好。

看一本书，没有考试和其他目的，就是看一本书，真是好！看到开心处就大乐，忧愁处就低眉。

听歌，喜欢的时候就反复地听，轻轻地跟着哼唱，自己圈圈转转。

做饭，自己搭配，从食材营养、颜色，到做法和码盘。喜欢就做，尽可能给家人家的味道。没力气就吃外卖，外卖也不将就，尽量选择更原汁原味的健康餐。

你好　我是陈雅洁

按自己喜欢的方式去生活，包括一日三餐。

走到哪里，找到喜欢的角度，就拍很多很多的照片，在朋友圈里记录自己的生活点滴。我的朋友圈很少工作内容，是想给自己一个相对自我式的空间。不是工作状态的生活。

......

2017年结束的时候，很开心，因为，在负重的同时，发现了很多自己珍爱的美好。看得见生活的风景，才有勇气和清醒去取舍，去放下，去前行，去奋斗……

2018，你会看见更好的我。

创业阶段对我的教学而言，最为重要的意义是，梳理了我的专业储备，逐渐形成了自己的专业优势。从小学一年级到高三的完全教学体系，从阅读写作到趣味国学的优势领域拓展，五载创业行，我至少明白了以下：

其一，自己的专业优势如何转化为生产力；

其二，课程研发中，如何处理好市场需求与学科素养的兼容；

其三，独立教师授课艺术多样性和不可替代性的培养；

其四，不同水平、跨年级学生的混合班授课技能；

其五，教师招聘和培养的若干技能与艺术。

......

2018年，我所带的初三阅读写作班出现3位语文单科状元（120分），3位总分最高分屏蔽生。2019年，我所带的初三阅读写作班出现4位语文单科状元（120分），2位总分最高分屏蔽生，31人上110分（满分120分），班级平均分超110分。总分700分以上4人（中考总分满分720分），自主招生成绩喜人……

这些，当然不是成绩的全部，但是，能说明一些成长。在长达十五年的体制内外教育教学摸索中，我逐渐形成了自己有趣、高效，条分缕析又丝丝入扣的大美国文课堂。

独立教师·美哉，课堂！

我不知道理想的课堂应该是什么样子的。好像没有所谓"应该"二字，百花齐放、各有各美的授课形态才是有意思的吧，我觉得。

我的课堂，我的学生的说法可能更为直接和贴切：

黄靖然（2018中考佛山语文单科状元，高分屏蔽生）：喜欢鸭子（陈雅洁老师）恰到好处的幽默，喜欢鸭子丰富多彩的课堂（尤其喜欢鸭子讲故事！！！最喜欢听故事！！！）

喜欢鸭子对我们的态度，既让我感受到平等与尊重，更让我意识到自己的不成熟，意识到自己一直回避的缺点，意识到世界很复杂，而我们还很单纯。

喜欢这个清新的地方（大先生国文），对我来说，在这里上课，是一种放松，是一种享受。我在别的地方可能很放浪不羁，但在这里，我在尽力收敛自己。因为我真的很喜欢鸭子，想让自己变得不那么骄傲，不那么自私，不那么聒噪，想让鸭子多喜欢我一点，再多喜欢我一点……谢谢大先生让我有了重新爱上语文的决心！

许博杨（2018中考佛山语文单科状元，高分屏蔽生）：不知不觉，就过了两年了，时间真的好快啊！还记得当初"烂到渣"的语文，还有贫乏的课外知识，没有自信的我。是大先生让我知道怎样学语文，原来语文这么interesting！是陈鸭子让我知道什么叫国学，什么是有趣的生活……感谢鸭子，感谢大先生，让我的学习更轻松，思维更敏捷，素养积累更丰富！

如果是五星好评，我要给：大先生好！（用119个五角星拼出的"大先生好！"）

梁晨露（小学趣味国学班学员）：我非常喜欢大先生国文的课，知识点多，鸭子老师讲得很细致有趣，课堂气氛很活跃，能把有点枯燥的历史人文讲得如此生动鲜活真的很不容易。国学精品课为我们展现了历史的另一面，那些冷冰冰的大才子、皇帝、大臣、僧人……也有多情有趣的一面……这里的每一节课都能看出老师的用心，完美的讲义，几乎能编成一部《古文观止》。鸭子老师讲课，让人觉得很亲切，甚至随意，就像是一个朋友在和我们分享她的知识。但是细细品味，每堂课的每一个细节，都是她精心设计的，让我们收获颇丰……

这几年，欧阳老师和我，一直在做一件非常有意义，也非常理想化的事情，就是打造符合我们理想和情怀的教育实体，努力变成学校教育的有益补充，也是国文教学的一种有益尝试。大先生国文这几年，研发了很多课程，教了很多学生，让很多人爱上阅读和写作，爱上传统文化。这些都非常好，但是对于我们而言，

你好　我是陈雅洁

最重要的，不是具体的成绩，而是，身体力行地告诉学生，语文，是一件多么美的事情，不仅仅是考试。学习，是有趣而有用的体验，生活，是有情且有品的滋养。所以才会有那一句：不要害怕语文，你可以找一个人陪你穿过题山文海，然后发现，语文不只是工具，更是有趣的生活。

回到我的课堂上来。

我觉得，我的课堂，有很多欢乐的笑声，听到共鸣处，师生大笑击节拍掌；

我的课堂，知识容量很大，难点较多，但是被老师个人的趣致、狡黠、控场调配处理得张弛有度而不觉艰难；

我的课堂，喜欢旁征博引，喜欢引入名人掌故，喜欢落到实处，喜欢课课有得；

我的课堂，主张读写双辅，主张限时消化，强调表达实操，强调收放自如；

我的课堂，师生均是探究的主体，但是老师侧重引导功能，打开多种维度；学员侧重细节感悟，注重线性层进；

我的课堂，有过去的历史和未来的生活，也有当下的思索，是浸染、是润泽，是师生互相的呼吸吐纳和滋养。

……

到现在为止，我已经完成了小学、初中、高中的完全教学体系的阅读写作教程和各学龄段的趣味国学教程的课程研发和授课工作。这其中，独立教师的身份，使得我更纯粹地面对教学本身，大量的时间精力花在了教学研究和实践上。现实已经把我和大先生国文这一教育实体联系在了一起，如果要说个人成长之路的阶段性成果，那么应该提一提大先生国文。

这两年，大先生国文的录取比例都大致是六七人录一个。最主要的原因，当然是我们老师不多。但是，一个小小国文学堂，能做成这样子，殊为不易。这是欧阳老师和我一起创办的寄托我们情怀理想和实践的教育实体。专注国文教育，传承文化荣光。大先生国文的名字，是对过往国文大先生的致敬和向往，也是对以后成为有担当能传承的国文大先生的期待和勉励。有趣、有用、有情、有品，这是每一个大先生国文老师的课堂内外追求。我们以教师，以课堂作为理想之足，从不曾停下前行的脚步。

在毕业十五年的今天，我在忙碌的暑假班期间，写下这些断断续续的文字。有很多的点，是真切地撞击着我的内心的。有很多点，是可以单独放开来思考并成文的。都先这样吧，留待时间给我进一步的沉淀和凝练。

其实，这篇文章，不像是一个老师的成长，更像是一个人的成长。但是，我愿意是这样子的记录，职业身份与人，其实是不可剥离的，于我，是真诚的记录。一个人的成长，其实是一种综合的发育，就我而言，是人格的养成，是大写的人的进化史。每个人，其实都是不易被定义的生命个体。多数成长，其实都是不可复制的，我愿意真诚地写出来，觉得既是一种自我梳理，也是一种可能性，告诉成长中的很多人，成长的其中一种可能性。

最后我想说，我不喜欢敷衍了事的人生，所以我对于自己的文字和思考，很负责。当老师，我不喜欢做敷衍了事的老师，我喜欢有大格局、有家国情怀、有社会责任感、有理想、有情趣、不囿于生存、不急功近利、能审美、会玩、专业素养高，并且不断在自我进步的丰富鲜活的老师。我用以前经常和学生说的一句话，来说明为什么：因为，你教的，是三十年后的中国。老师群体的丰富、明亮、正义、担当、个性、创造力……是民族之幸。

就是这样了，我是陈雅洁，欢迎大家有机会来听我的课，也欢迎关注大先生国文同名公众号和我的个人原创文字公众号《南人》。

最后的最后，感谢这些年和我一起并肩成长的小马先生，也是和我一起创业的欧阳安老师，也是当年陪我在韩师吃芝麻糊的欧阳师兄。你，很好，是一个慢慢舒展开的，大写的先生！

你好 我是陈雅洁

在乡村的土壤上诗意地栖居

——我的从教之路

林雪芹

语文老师，要用读书提升精神，用写作充实人生，用儒雅涵养性情，用敏锐洞察生活，用激情点燃学生，用严谨对待事业，用良知捍卫文明，用诗意行走人生。读书、写作、反思，勤奋、执着、求索，把这些关键词镶嵌进生命的旅程，路会越走越宽。

——《麦田里的守望者》

"韩师是我们的根"，2019年6月30日，一个不寻常的日子。我荣幸受母校韩师之邀，回到韩师参加《韩派名师工程系列丛书》编纂研讨会。我们30多位来自中文系的各届毕业生代表和母校尊敬的领导老师们共聚一堂，同忆韩师的时光，共享成长的历程。这是一场文化盛宴，不论是母校老师们高屋建瓴的指导性意见，还是我们的师兄师姐弟师妹感人肺腑、发人深省的发言，都让我感受到一种激情四射的科研氛围，我深深震撼并感动着。正如苑青松教授所说：这次会议，本质上是教育心灵的对话，是生命经验的互为。我被一份激情燃烧着，仿佛回到培养我教育我成才的母校的老校区，我依稀还坐在伟南楼205的教室听着赵老师的激情澎湃的诗词课，陶醉在诗海中，不一会儿又徜徉在韩文公祠里，谛听韩老前辈用铿锵有力的声调吟诵着《师说》。爱我所爱，无怨无悔！我多么庆幸自己能在韩师的培育下成长为一名"传道解惑"的语文教师，让我在三尺讲台上能够绽放自己、发出微光、收获自尊自信坚强勇敢。韩师是我深深依恋的根，教育是我深深依恋的魂！我压抑住自己内心的波澜翻滚，也开始对自己从教22年的语文教学之路进行反思和审视。22年弹指一挥间，教学的故事一幕幕上演，真的无法一一诉说。下面，我选择在从教之路中感受最深的几点来谈谈我的点滴感悟。

我的故事——诗心不悔

我1975年出生，中共党员。1997年毕业于韩山师院，参加华南师范大学自学考试毕业，在澄海东里中学任教。现为汕头市澄海东里中学教务处副主任，高中语文高级教师，广东省第十批特级教师，广东省高中语文名教师工作室入室成员，汕头市中小学教师资格面试官，澄海区中级职称评委。参加工作22年来，始终扎根于农村，一直坚守农村教育这片土壤，细心栽培，用心浇灌，终于换得年年桃李芬芳。

一、初出茅庐，小荷初露

1997—2003年，我担任初一、初二语文教学工作，面对农村中学学生素质较低的难题，我不断探索，不断创新，大胆进行教改尝试，初步形成一套"以人为本，真情教育"的行之有效的适应农村中学的教育教学方法，在青年教师中脱颖而出，毕业6年后迅速成为学校的语文教学骨干。其间，所撰写的论文共有镇级4篇，校级1篇获奖。所创作的散文3篇发表在《澄海报》。

二、潜心修行，静待花开

2003—2011年，我担任初三语文教学工作兼学校语文组教研组长。借力新课程改革实验东风，独辟蹊径，以阅读和作文教学为突破口，探索并建构了一系列农村中学"诵读—阅读—鉴赏—表达"的语文高效教学策略。探索并建构了一系列农村中学的潜心教研，及时总结教育教学心得，所撰写的论文教学设计共有国家级1篇、省级3篇、市级6篇、区级15篇、镇级3篇获奖。所创作的散文诗歌11篇发表在《汕头特区晚报》《澄海报》，参加省级课题研究1个。2007年被授予"澄海区优秀教师"；2011年，评审并受聘为"中学语文高级教师"。

三、桃李不言，下自成蹊

2011—2019年，我担任高三语文教学工作兼学校语文组教研组长、教务处主任。在教学中逐步形成逻辑性强、开放性大、语言风趣的教学风格。率先提出"强阅读之基，固语文之本"的教育思想和"诗意语文"的教学主张——在有声的阅读中，让学生深情地表达；在深情的表达中，让学生的灵魂诗意地舞蹈。在农村中学的语文教学中发挥示范带头作用，主动参与多项课题研究，效果突出。所撰写的论文共有省级2篇、市级5篇、区级10篇获奖。所创作的论文散文共7篇发表在《文科爱好者》《粤东基础教育》《汕头特区晚报》《师道》。主持并参加省级课题

在乡村的土壤上诗意地栖居

2个，市级课题3个。2013年被评为"汕头市教学改革先进教师"；2018年被评为"广东省第十批特级教师"。2018年，成为广东省高中语文名教师工作室入室学员。

我与作文教学——诗情勃发

我清楚地记得在2015年11月30号至12月6号，我有幸到广东第二师范学院参加了由汕头市教育局组织的语文骨干教师的培训。虽然只有短短的一个星期，但近距离聆听了几位专家的教诲，我真是受益匪浅。其中，我最佩服的是叶昌前教授。一天的时间，将近八个小时的演讲，单凭一张口，不用任何的教案课件。叶教授用他幽默的语言、渊博的知识、丰富的经历，征服了我们，点燃了我们。我惊叹他怎会有如此丰富的思想和词汇？而这个谜底很快揭开。因为，叶教授在演讲中多次强调读书的重要性，特别是对写作文的重要性。对此，我有深深的同感。王国维在《人间词话》中关于古今之成就大事业大学问者，必经过的第三种境界"众里寻她千百度，蓦然回首，那人却在灯火阑珊处"，用来形容作文，我想是最恰当不过。为了提高学生的作文能力，我们的语文老师真算是用尽浑身解数，可惜收效甚微。究其原因，我认为我们往往只重视在课堂上单纯对学生进行写作方法的指导，而忽略了"读"这一重要环节。这几年来，我参加汕头市级课题"语文高效课堂教学模式研究"，在不断地探索实践中，对于作文这一板块的教学，我尝试采用"读、悟、写"三步教学法，即"在阅读中感悟，在感悟中写作"。具体的步骤为：读主旨，悟立意，写文章；读结构，悟谋篇，写文章；读词句，悟语言，写文章；读材料，悟构思，写文章。这一教法突显了"读"的环节在作文中的地位，让学生在阅读的过程中感悟写作，让学生从阅读中激活思维启迪灵感，激发写作兴趣与欲望。经过这几年来的付出与努力，我欣喜地看到了学生的写作能力逐渐提高，这种重视读书进而来提高作文能力的方法收到了不错的效果。我的做法，和叶教授所提倡的，刚好"不谋而合"。可见，读书和写作既自成体系，又相辅相成，在指导学生读书的同时对学生进行相应的写作训练，双管齐下，一箭双雕，是提高学生写作能力的重要途径。我国伟大的现实主义诗人杜甫曾用最概括的语言表达了读书与写作的关系——"读书破万卷，下笔如有神"。可以说，在某种程度上看，读与写密不可分，读可促写，读是写的前提。读可以为写提供参考模式，读可以给写以更多的启发。能读然后才是会写；善读并好读之人，才能迅速提高写作水平。基于此，早在2008年，我就带领语文组教师积极参加澄海区教研室开展的《作文新教法》课题研究，通过对作文教学的思考和研究，在澄海区作文专题比赛中，全组教师的论文教案共有8人次获奖。我通过实践和探索完成了课题报告《尝试"五体验"的作文教学》，获广东省教育学会论文评比三等奖并发表于成都大学主办的《文科爱好者》第6期。2011年，我还成功召开该课题的区性高三作文公开课《巧用新闻素材》，取得良好的教学效果；教学设计《巧用新闻素材》获澄海区作文教学专题评比一等奖。2014年，我所撰写教学论文《弹起我心爱的作文三步曲》获汕头市教育学会一等奖。2019年，我继续对提高作文教学水平进行思考和研究，所主持的课题"基于语文核心素养背景下，借力时评提高作文教学效果研究"获广东省立项课题。

我与阅读教学——诗意洋溢

"得语文者得天下，能阅读者得语文"。不论从新课改，还是现在提倡的新高考方案的改革，几乎在语文的教学中，阅读永远是最受关注的板块。我着力于新课标下高中语文阅读教学的研究与探索，研究新课标下教学资源的利用和课堂教学的优化，运用"筛选整合，拓展延伸"的策略合理利用教学资源，课堂教学中注重教师精当点拨，联系拓展，重视在阅读教学中，设置教学情境，如"文学沙龙""辩论赛"等活动，让学生在积极参与中有所领悟，有效培养了学生自主合作探究的能力。在阅读教学中，我遵循教育教学规律，尊重学生个性特长，讲究教学方法，大胆进行教改尝试，积累了丰富的中考高考备考经验，初步形成一套行之有效的阅读方法并在语文组中推广。从2003年担任学校语文科教研组长以来，我认真学习先进教学经验，经常阅读、研究专业杂志上的有关文章，积极开展科研促教及新课改活动，使新课改工作有条不紊地开展并初见成效，语文科已经成为我校的优势学科。2006年，通过进行阅读教学的尝试，我所撰写的论文《让每一块玉璞都发出最亮丽的光泽》获汕头市教育学会论文评比三等奖；教案《武陵春》参加全国中学语文教学专业委员会主办的语文优秀教案评比大赛荣获二等奖；我还带领全组教师参与澄海区教研室主持的"'一多二精'语文教学模式的研究"的课题研究活动并运用到教学实践中，使全组的语文教学成绩有了明显的提高。我带领初中教师进行专题阅读研究，参加汕头市教研室组织的"七年级下册第六单元教学设计"并应邀在汕头市初中新课程语文阅读研讨会上做专题发言，阐释对阅读的思考。2007年起我承担学校研究课题《探究式教学法》的研究工作，牵头并与徐学明等几位老师开展自主探究式的课堂教学，我通过实践和探索完成了课题报告《我是鸟儿我要飞翔——谈新课程标准下的语文探究性阅读教学》，荣获省教育学会论文评比三等奖；我每年都主动承担区性、校性、组性等不同级别的公开课，展示自己在诗歌阅读教学、小说阅读教学、散文阅读教学中的成果，受到区教研室领导和兄弟学校同行的高度评价，发挥了示范带头作用。2011年，语文组被评为"澄海区先进教研组"，我也被学校连年评为"优秀教研组长"。我带领全组老师参加汕头市级课题"语文高效课堂教学模式研究"，以阅读为抓手，重视"读"这一教学的基本环节并围绕"读"开展研究，为此探索出一套"高效"的教学模式。我的教育思想是——"强阅读之基，固语文之本"。在此基础上，形成我的教学主张"诗意语文"——在有声的阅读中，让学生深情地表达；在深情的表达中，让学生的灵魂诗意地舞蹈。即引导教师意识到"有声诵读"的重要性，在进行阅读之前，"先有声诵读，再无声默读，再感悟品味"。"诵读"是为了"默读"。以"读"为中心，以"读"为主线，并结合不同的文体特征，启发学生进行熟读精思，加深学生对各类文章的理解，也能使学生从范文中习得语言技巧，并潜移默化地转为表达能力，即说话的表达能力和写作中的立意、构思、选材组材、谋篇布局、遣词造句等能力，培养语文的核心素养，让语文课堂的教学真正实现"高效"，让学生的阅读写作能力真正得到提高。经过三年的实践研究，我主要以"读"为主线，重视循序渐进培养学生"诵读—阅读—鉴赏—表达"的能力。具体包括：在"读"中辨别词句的感情色彩，提高驾驭语言的能力；在"读"中体会文章中心，了解篇章结构；在"读"中感受艺术意境，培养文学鉴赏能力；在"读"中品味语言描写，读出人物的性格；在"读"中养成良好的语言习惯，提高口头的表达能力；在"读"中"以读促写"，提高作文表达能力。我边研究边总结，2013年所撰写的教学论文《"读"你千遍也不厌倦》获汕头市教育学会一等奖。2012—2015年我所主持的汕头市"十二五"课题"语文高效课堂教学模式研究"也顺利结题。2016年所撰写的结题报告《语文高效课堂教学模式研究》获汕头市教育学会二等奖。2018年参加"广东省林诗铨名师工作室"，作为广东省立项课题"核心素养背景下高中语文阅读教学中的文学文本细读的课堂策略研究"课题组成员，我将继续和一群志同道合的教师们行走在阅读教学的研究路上。

我的论文获奖——诗性使然

我自踏上语文教师岗位以来，积极投身教学科研，大胆改革实验，不断加强自己的修养，潜心教研，努力向理论型人才转化。特别是从2003年担任学校语文科教研组长后，更是认真学习先进教学经验，经常阅读、研究专业杂志上的有关文章，积极开展科研促教及新课改活动，使新课改工作有条不紊地开展并初见成效，语文科已经成为东里中学的优势学科，历年来为学校的高考和中考做出应有的贡献，受到教研室和兄弟学校的好评。我在认真教学的同时，总喜欢把课堂上碰到的难题进行反思，结合教学大纲，寻求破解的方法并形成文字，因此，一篇篇小论文由此而生。我积极参加各级各类比赛，所撰写的论文多次获省、市、区、镇级奖项，也多次受到上级的表彰和奖励。

2000年所撰写的论文《特别的爱给特别的你》获东里镇德育论文评比一等奖；

2001年所撰写的德育论文《扣紧时代，鞭骥奋蹄》获校二等奖；

2001年教学论文《谈如何在作文教学中培养学生创新能力》获东里镇教学论文评比三等奖；

2002年所撰写的论文《叩开那一扇扇沉重的"心门"》获东里镇德育论文评比二等奖；

2002年教学论文《你的"美丽"就在今天》获东里镇教学论文评比三等奖；

2003年教学论文《从〈麦琪的礼物〉教学的实践谈探究式教学的作用》获澄海区教学论文评比三等奖；

2003年所撰写的《春望》教学设计在汕头市中青年初中语文教师优秀教学设计评选活动中获二等奖；

2003年获学校优质课评比二等奖；

2003年被评为东里中学"优秀青年教师"；

2003年在澄海区青年教师教学基本功比赛中获语文科初中组三等奖；

2004年教学论文《"仗五将"与"过三关"——浅谈如何培养学生现代文阅读能力》获澄海区教学论文评比三等奖；

2004年被评为澄海区"课程改革实验工作先进个人"；

2004年被评为澄海区"全民读书活动月先进个人"；

2005年被评为"东里镇优秀教师"；

2005年在学校开展的"新课标及探究式教学展示周"活动中，所任教的《谈生命》受到区教研员和兄弟学校教师的好评；

2005年所创作的散文《放下你的鞭子》获澄海区"真爱育新苗"征文优秀奖；

2006年所撰写的教案《武陵春》参加全国中学语文教学专业委员会主办的初中语文优秀教案评比大赛荣获二等奖；

2006年所撰写的论文《让每一块玉璞都发出最亮丽的光泽》获汕头市教育学会论文评比三等奖；

2006年主持学校七年级下册第六单元教学设计参加汕头市初中新课程语文研讨会交流并应邀在会上做专题发言；

2006年所撰写的教学论文《给你一杯"冰红茶"》获澄海区教学论文评比一等奖、省教育学会论文评比三等奖；

2007年所设计的主题班会教案《孝敬父母·回报社会》获澄海区教案评比三等奖；

2007年被授予"澄海区优秀教师"；

2007年被评为"澄海区语言文字先进个人"；

2007年所创作的散文《此情绵绵无绝期》获澄海区征文比赛一等奖、汕头征文三等奖；

2008年所撰写的教学论文《谁家新燕啄春泥》获汕头市教育学会论文评比二等奖；

2009年所撰写的教学论文《我是鸟儿我要飞翔》获省教育学会论文评比三等奖；

2009年所撰写的教学论文《梦里花落知多少》获澄海区三等奖；

2009年获澄海区即席作文比赛优秀辅导奖；

2009年被评为"东里镇优秀共产党员"；

2010年撰写的《爱过方知情重》获东里镇征文一等奖；

2011年撰写的教学设计《巧用新闻素材》获澄海区作文专题比赛一等奖；

2011年举行区性公开课《巧用新闻素材》；

2012年教学论文《再爱"读"一次》获澄海区一等奖、省教育学会二等奖；

2012年被评为澄海区即席作文比赛"优秀辅导教师"；

2012年参加广东省语文科高考评卷；

2013年被评为学校"教学辅导先进教师";

2013年被评为学校"先进教育工作者";

2013年被评为学校"教学先进教师";

2013年参加汕头市高三语文命题设计比赛获三等奖;

2013年教学论文《"读"你千遍也不厌倦》获汕头市教育学会一等奖;

2013年在省高中教师培训中被评为"优秀学员";

2013年荣获"汕头市教学改革先进教师"称号;

2013年荣获澄海区读书征文比赛三等奖;

2013年所创作的散文《敢唱一曲红头船之歌》获澄海区师德征文比赛一等奖;

2013年参加"广东省两岸四地暨新加坡语文教育优秀成果展示活动";

2014年教学论文《弹起我心爱的作文三步曲》获澄海区教学论文评比二等奖,汕头市教育学会一等奖;

2014年被评为"东里镇优秀党员";

2014年被评为学校"教学先进教师";

2011—2015年主持的汕头市"十二五"课题"语文高效课堂教学模式研究"顺利结题;

2014年被评为学校"教学先进教师";

2016年所撰写的结题报告《语文高效课堂教学模式研究》获汕头市教育学会二等奖;

2016年被学校推荐参加广东省"骨干教师培训";

2017年被评为学校"教学先进教师";

2017年荣获澄海区读书征文比赛二等奖;

2017年教学论文《撸起袖子加油干》获澄海区教学论文评比三等奖,在澄海区论文交流会上宣读;

2017年参加澄海区教学技能比赛三等奖;

2018年被评为"广东省第十批特级教师";

2018年成为"广东省林诗铨名师工作室"入室成员;

2018年在澄海中学执教《方山子传》,作为"广东省林诗铨名师工作室"入室成员的展示课;

2019年论文《沧海舞一粟,春秋细钩沉》获澄海区论文评比三等奖并在区宣读交流；

2019年课件《实用类文本阅读指导》获澄海区信息化竞赛二等奖。

我的论文发表——诗化表达

有一种热爱，终生陪伴；有一份情结，一生牵挂。写作，一直是我的最爱。从识文断句至今，从象牙塔到讲台，我都坚持我的写作，因为那已经溶进血液里，不管在清晨在深夜，都愿意为了伊废寝忘食，亢奋不已。正因此，当别人在抱怨写论文很麻烦很讨厌的时候，我却愿意笔耕不辍并乐此不疲。我在潜身教研的同时，总是及时总结教育教学心得，撰写论文多篇并发表；而作为"澄海文学社"的成员，我热爱文学，热爱写作，"下水作文"，所创作的散文诗歌也多篇发表，为学校语文组的作文教学发挥了很好的示范带头作用：

2001年所创作的散文《梦圆又缺》发表在《澄海报》；

2002年所创作的散文《感受大海》发表在《澄海报》；

2002年所创作的散文《为爱逃亡的日子》发表在《澄海报》；

2003年所创作的散文《又见街头樱花开》发表在《澄海报》；

2003年所创作的诗歌《孔雀的遗言》发表在《澄海报》；

2004年所撰写的教学论文《初中阅读方法指导》发表于《东中学法指导》；

2004年所创作的散文《敢唱一曲红头船之歌》获东里镇"红头船"精神征文二等奖，发表在《澄海教研》；

2005年所创作的散文《张家界，我的咖啡之旅》发表在《汕头特区晚报》；

2006年所撰写的教学论文《给你一杯"冰红茶"》发表于《东里中学教育教学论文集》；

2006年所撰写的教学论文《让每一块玉璞焕发亮丽的光泽》发表于《东里中学教育教学论文集》；

2006年所创作的散文《云南印象》发表在《汕头特区晚报》；

2008年所创作的诗歌《红豆女人》发表在《汕头特区晚报》；

2009年所撰写的教学论文《"五体验"提升作文能力》发表在《汕头特区晚报》；

2011年所撰写的教学论文《尝试"五体验"的作文教学》发表于成都大学主

办的《文科爱好者》第6期；

2012年所撰写的教学论文《再爱"读"一次》发表于《澄海教育信息网》；

2012年所创作的散文《农村女人三部曲》发表在《汕头特区晚报》；

2018年所撰写的教学论文《谈作文三步曲："读·悟·写"》发表于韩山师范学院主办的《粤东基础教育》第2期。

2018年所撰写的教学论文《"读"你千遍也不厌倦》发表在《师道》教研第11期；

2018年所撰写的教学论文《乡村的坚守，诗意的舞蹈》将发表在汕头《特级教师教育思想及实践》，已编辑，待出版；

2019年所撰写的教学论文《核心素养背景下文本细读例说》发表在《师道》教研第8期。

我与课题研究——诗境突破

从教以来，我一直积极投身教学科研，大胆改革实验，主动参与多项课题研究，效果突出。很多人觉得搞课题研究很难，而我一直相信"问题即课题"，课题研究无非就是把你在课堂上及学生考试中暴露出的问题进行思考，寻找同类问题，再进行寻根溯源，探寻问题产生的根源及对策，构建问题解决的新模式方法，并举一仿三，通过子课题衍生演变出新的模式方法。多年来，我一直努力，竭力争取课题的申报，主动承担主持人和课题组组长，带领语文组老师走上一条崎岖的科研之路。这条路，虽艰辛难走，但收获良多。特别是2018年的5月10日，我有幸参加了学校五个课题组同时开题的"开题报告仪式"并作为"农村普通高中实施走班分层的有效性研究"课题组代表作开题报告的发言。各级领导及兄弟学校100多位嘉宾参加了我们的开题报告仪式。我深深地感受到了一种浓烈的教研氛围，并让我看到了我们农村中学的"科研兴校"的愿景。

（1）2005年为学校"探究式教学法"课题组的主要成员。在学校开展的"新课标及探究式教学展示周"活动中，所任教的《谈生命》受到区教研员和兄弟学校教师的好评并在全区面上中学进行推广。通过实践和探索完成了课题报告《我是鸟儿我要飞翔——谈新课程标准下的语文探究性阅读教学》，荣获省教育学会论文评比三等奖。

在乡村的土壤上诗意地栖居

（2）2005年为广东省立项"十五"科研项目"中学生网络成瘾的原因及干预"课题组成员。经过认真研究，所撰写的德育论文《迷途的羔羊，我们在等你》获汕头市教育学会三等奖。

（3）2008年带领语文组教师积极参加澄海区教研室开展的"作文新教法"课题研究，在活动中，全组教师的论文教案共有8人次获奖。通过实践和探索完成了课题报告《尝试"五体验"的作文教学》，获广东省教育学会论文评比三等奖并在区教学论文交流会上宣读。2011年还成功召开该课题的区性高三作文公开课《巧用新闻素材》，取得良好的教学效果，受到教研室领导和兄弟学校的好评，教法在全区面上中学推广。教学设计《巧用新闻素材》获澄海区作文教学专题评比一等奖。

（4）2011年任汕头市"十二五"项目"语文高效课堂教学模式研究"课题组组长和主持人，课题已于2015年顺利结题，成果在区推广，效果突出。2013年通过实践和探索所撰写的教学论文《"读"你千遍也不厌倦》获汕头市教育学会一等奖；2014年通过实践和探索所撰写的教学论文《弹起我心爱的作文三步曲》获汕头市教育学会一等奖；2015年通过研究总结所撰写的结题报告《语文高效课堂教学模式研究》获汕头市教育学会二等奖。

（5）2018年任汕头市教育科学"十三五"规划2018年重点立项课题"农村普通高中实施走班分层的有效性研究"课题组副组长。本课题刚刚立项，正在进行研究中。

（6）2018年任澄海区立项课题"新课程改革背景下提高语文阅读课效益的实践和探索"课题组副组长。本课题刚刚立项，正在进行研究中。

（7）2018年任广东省立项课题"基于语文核心素养背景下，借力时评提高作文教学效果研究"课题组组长和主持人。

（8）2018年为广东省立项课题"核心素养背景下高中语文阅读教学中的文学文本细读的课堂策略研究"课题组成员。

我与我的学生——诗路花雨

在班主任工作中，我积累了丰富的德育工作经验，尽心尽职，做到勤、细、实、严、爱相结合。我以语文课堂为主阵地，认真负责，严爱结合，重视学生良好的道德品质、行为习惯及学习品质的培养，善于做学生的思想工作，晓之以理，动之以情，导之以行，持之以恒，关注学生的心理健康，运用心理学的知识，加强学生的心理素质教育。在班级管理中，我能根据新时期学校德育工作的特点，积极探索教书育人的方法，做到"勤、严、细、实、活"有机结合，充分调动学生的积极因素和探求精神，强调自我发现、自我认识、自我反思、自我完善、自我创新，同时运用激励机制增强学生的向上精神，采用角色期待理论激发学生积极进取，通过积极暗示培养学生自信心，从而使所教班级的优秀学生人格健康，中层学生勇于竞争，后进学生充满希望。使同学之间做到诚实守信，与人友善，团结合作，学生在语文学习中形成团结向上的班风、你追我赶的学风。

在教育的过程中，我能根据不同年级学生的特点，确定教育的重点，采用灵活多样的教育方式。我总在不同阶段分别对学生开设专题讲座，如《面对成绩，学会正确归因》《理想、专业和人生》《谈谈考试心理》《高中与初中学习生活的异同》《用诚心与人交往》等。特别是在每学年有针对性地对女生举行《愿你的青春更美》的专题讲座，有效地防止了学生的早恋问题。同时，我还利用课余的时间与学生谈心，倾听学生心声，有时以周记、书信的形式与学生交流，帮助学生解决心理上的问题。还组织学生积极开展第二课堂活动，如参加"原上草"文学社、举行辩论赛、即席作文比赛、演讲比赛、讲故事比赛等活动，丰富学生的课余生活，提高学生的综合素质。在教学中，我采用"分层指导，整体提高"的策略，重视培优转差，工作效果好。对优秀生，高标准，严要求，悉心辅导，积极鼓励，注重培养他们的综合能力和整体素质。如2011届高三（10）班副班长唐梦佳升上高三后，面对新的班级、新的竞争，心理负担过重导致成绩很不稳定，我通过积极暗示培养其自信心，动员她与同学一起参加体育锻炼，劳逸结合，再以"以文会友"的形式与她对话、谈心、沟通思想，鼓励她发挥作文写作能手的优势，在高考中要力争上游，终于使她放下思想包袱，轻装上阵，顺利考上吉林大学珠海学院。我先后培养了吴琳、陈梦佳、林旭丹、林厥峰、林泳萍、陈素文等100多位优秀学生，他们分别考上了韩山师范学院、珠海学院、华南农业大学珠江学院等学校；学生吴琳、林旭丹、林泳萍等分别被评为汕头市"优秀学生干部"、澄海区"优秀学生干部""三好学生"。对于后进生，我始终给予关心、信任、鼓励，因势利导，通过多种途径做好他们的转化工作，成功转化了陈炜然、陈焕建、陈建超等50多位后进生，他们有的顺利地考上了大专院校，有的考上了职业中专。由于

在乡村的土壤上诗意地栖居

我的责任心以及工作的创新性和实效性，我所教班级学风良好，在高考中，学生的合格率达到92.8%以上、优秀率29.6%以上，均超全区面上中学平均水平。由于业绩突出，我所带班级连年被评为东里中学"双优班"。我还参加广东省立项"十五"科研项目"中学生网络成瘾的原因及干预研究"课题组，2007年，我所撰写的教案《孝敬父母 回报社会》获澄海区教案评比三等奖；2011年通过实践探索所撰写的课题报告《迷途的羔羊，我们都在等你》获汕头市教育学会论文评比三等奖。

我的学生获奖——诗道相传

在教学的同时，我积极开展学生的第二课堂活动，树立起大语文的观念，引导学生从生活中学语文，提高学生的语文素质。自2002年以来，我一直担任学校"原上草"文学社指导老师，根据学校特点和地方实际，有计划定期开展活动，指导文学社社员切实开展读书和文学创作活动，通过举办《解读散文》《走近诗歌》等讲座（每学期八次）；欣赏华语大专辩论赛；举办辩论赛、即席作文比赛、演讲比赛、讲故事比赛等活动，以激发学生的兴趣，提高学生的思辨能力和作文写作能力。本人还先后指导学生开展"潮汕民俗研究""东里中学师生读书情况调查""让创作成为我的需要""生活是文学创作的源泉"等专题研讨活动，激发这些农村学生的读书和创作热情，指导他们创作出很多源于生活的作品。文学社成绩斐然，至今已出版了38期社刊《原上草》，多次得到上级部门的表扬和奖励，2004年作为成员单位被澄海文学社吸收为团体会员，2009年被广东作协澄海文学社确定为"澄海文学社文学创作基地"。2010年，文学社还与莅校参访的香港青松中学学生进行交流，本人还为此开设了专题讲座《解读落花意象》，受到远方客人的好评。现在，"原上草"文学社已经成为东里中学最有影响力的学生社团，受到师生的热爱。在我的指导下，文学社的学生在各级各项比赛中多次获奖。先后有谢雯、洪大吟、许晓辉等近20名学生的40多篇作品发表在澄海文学专刊《澄海》和《澄海诗刊》上；谢雯、蔡少玲、林旭丹、陈素文等40多名学生的作品获得校级以上的奖项。如：

（1）2003年中考，所教学生谢雯、陈培娜列澄海区第一、第三名；学生谢雯以语文单科870分的成绩居澄海区第一名，获2003年度"潮汕星河奖学业奖"二等奖。

（2）2003年在澄海区"做新世纪合格学生"征文比赛中学生谢雯获区三等奖；

（3）2003年在澄海区"水是生命之源"征文比赛中学生谢雯获区三等奖；

（4）2008年在学校"三八"征文比赛中学生陈素文撰写的《铿锵玫瑰》获一等奖；

（5）2008年在澄海区即席作文比赛中，蔡少玲获区二等奖、张爱娜、李雪萍获区三等奖；陈少婉、李伟、洪大吟获优秀奖；

（6）2009年在澄海区"澄海英风"征文比赛中，学生陈素文、彭洁分获二、三等奖；

（7）2009年在澄海区即席作文比赛中，学生陈素文获一等奖；

（8）2010年在汕头市"涉台征文"比赛中，学生林旭丹获二等奖；在学校"歌颂改革开放"演讲比赛中学生陈素文获二等奖；

（9）2017年在澄海区写史征文比赛中学生陈漪媛的《情牵潮绣》获三等奖。

《平凡的世界》里孙少平说："一个平凡而普通的人，时时都会感到被生活的波涛巨浪所淹没。你会被淹没吗？除非你甘心就此沉沦！"从诗心不悔，诗情勃发，诗意洋溢，诗性使然，到诗化表达，诗境突破，诗路花雨，诗道相传。一路走来，我不甘沉沦，跌跌撞撞，风雨与共。感谢母校韩师，教我知识铸我品格育我成才，让我能够在乡村的土壤上诗意地栖居；感谢韩愈老前辈，开我心智、导我方向、涤我灵魂，让我在从教路上爱我所爱、无怨无悔，一直坚持读书、写作、反思、提升。高晓松说：生活不止眼前的苟且，还有诗和远方。我们教师的"诗和远方"，就在于——在教研科研中唱歌，在实干实践中舞蹈！

在乡村的土壤上诗意地栖居

"六分之一的大学时光"决定
"六分之五的轨迹"
——我的成长之路

洪淑芸

　　我1995年读大学，1999年毕业，至今20年。低头思量读大学至今这24年的光阴，发现大学四年的学习，占据了这24年的六分之一，而恰是这"六分之一"的求学历程，决定了工作这20年"六分之五"的轨迹：专业发展、工作内容、生活经历，都由前面的"六分之一"决定，甚至将决定我的后半生！

　　如此重要的一段光阴，必将成为"压箱底"的美好回忆。祝贺自己，青春没有虚度！尽管并非名校毕业生，但依然学到了一些技能，培养了专业的自信，遇到了一批博学与人品俱佳之师，收获了深厚的友谊与甜美的爱情。

无缝衔接：从大学报纸编辑到中学报刊编辑

　　1995年，我是以第二志愿进入韩园的，虽然不是最理想，但还好，能读我心仪的专业（当时称"中文系"）。我是以一颗励志之心走进韩园的，我暗暗告诉自己：要好好学习，要过得比以前更精彩！

　　所以开学我就积极报名参加吉他协会、《团讯》编辑，本来还想报广播站记者，后来师姐说社团太多没时间参加，加之听说《团讯》编辑只招1人，难度大，所以就打消报广播站的念头，全力准备《团讯》编辑面试。

　　当时《团讯》的老编辑中有位大师姐即将毕业，剩下两位师兄。根据"男女搭配"的潜规则，加上我高中时就是校刊、班刊编辑，有经验，我充满了信心。但是没想到"半路杀出个程咬金"，出现了一个竞争对手：据说是已经准备了一年才报名的、在学校已经颇有点诗名的大二师兄。面试时，我看见了这位"传说"中的师兄，他面试的顺序恰好在我前一位。他进去面试，我在外面等了很久。好在我当时所了解的信息不多，以至于我充满"初生牛犊"的盛气，也不觉得忐忑。

后来，路上遇到老编辑李漓师姐时，她肯定了我的表现。老编辑瑞平师兄找我，跟我说："我们确实希望招个女编辑，但另一位很有实力，我与衍青（另一位编辑）正跟团委提出申请，同时招两个编辑。"当时编辑部的编制是三个正副部长，只能进一个新编辑。于是，瑞平师兄申请调去宣传部当部长，但依然要从事《团讯》的编辑工作。就这样，我和另一位竞争者同时进入了编辑部。那位竞争者是大二师兄，真所谓"不打不相识"，后来被我"拐骗"到汕头当了汕头女婿。这是后话了。

除了排版、编辑《团讯》，后来我还当了《诗报》的编辑。大学四年的报纸编辑工作，让我掌握了如何排版、选文，当时还要自己选插图，有时找不到合适的配图就自己画，多少个熬夜挑烛（当时点蜡烛）"爬格子"排版的夜晚，多少个撰稿审稿的夜晚，锻炼了我的编辑能力。有时还要当记者，有些大型的采访要跟记者们合作完成。我跟编辑部的记者们的阶级感情也是在这时培养的。即使今天毕业了，编辑部的人各奔东西，但某日相聚，相信我们的情感自与别人不同。故人不见面，心存故人情！青春时期，一群人，为同一个项目，相聚一起，这份情感难能可贵！

"六分之一的大学时光"决定"六分之五的轨迹"

· 155 ·

　　1999年毕业后，我来到了聿怀中学。承蒙当时的老校长赏识，我第一年就担任了一个高一重点班的副班主任，兼任政教处行政人员。主管政教工作的吴副校长让我负责政教的宣传文字工作，协助团委工作。我开始指导学生文学社的校刊，当时的吴校长得知我会编辑报纸，就让我出版校报，于是我干起了"老本行"，找在报社当记者的同学，拿了排版纸，联系了报社的印刷部门，就开始了征集稿件、选稿、审稿、排版、校对等工作。我们学校有位老校长，退休了还留任做校友工作，有一天他找到我，要我编辑校友报，于是我担负起了两份报纸的排版工作，还有一份学生文学社出版的杂志编辑工作。

　　负责学生刊物有九年的时间，后来我开始编辑教师的刊物，编辑校友黄旭华院士的事迹，作为我校的校本教材；把关学校每年一期的年报、审核微信公众号的文章、编写校史及相关视频脚本等。现在，有关学校的文字工作多数由我把关。如果没有大学奠下的编辑基础，也许就没有工作后编辑工作的延续。昔日我为校园编辑，今日我仍为校园编辑，这个报纸编辑的技能为我的自信增添了元素，让我在填写个人信息那一栏"特长"中敢于大胆地写下"报纸编辑"。

跨级发展：从"学生官"到管理层干部

2001年我担任团委副书记，开始带领一群学生为团工作奉献我的青春。从大学团委到中学团委，从学生到老师，真的是把青春给了团。

在团建阵地上挥洒青春：在团工作这块沃土上，我们主管政教的领导都很民主，也相信我，让我有机会自由地摸索，自主地开展活动。1999年11月开始，我们举办首届聿怀艺术节，2000年4月份第二届艺术节，从此每年4月或5月，艺术节成为聿怀的传统节目，成为万千聿怀毕业学子永远的共同回忆。每年的主题、艺术节献辞、活动策划都由我主要策划。在这块活动阵地上，我青春的激情、活力、智慧挥洒无遗：创建了话剧社、羽毛球社等三十多个社团，建立了业余团校、党校，组建了志愿者服务队，打造了一些在区里乃至市里享誉的经典活动项目，培养了一批能干的学生干部……

我们设立了一个爱心工程项目，每届新生我们都会通过摸查、走访，为家庭贫困的学生建立爱心档案，标明贫困程度，寻找机会帮助学生解决生活难题。我记得那时的资助项目有区团委、市团委一些爱心企业家资助项目，市级的有陈汉士先生助学金。陈汉士先生助学金依托教育局督导室落实。督导室有个年纪较大的老科长，非常敬业，每一年都主动约我去走访学生家庭。好几次，我跟他一起乘坐公交车，挨家挨户到申请助学金的学生家走访。那时是8月份，天气酷热，老科长带着学生们的资料，不辞辛苦地走，汗流浃背，详细地记录学生的家庭情况。他的严谨、负责之心让我非常感动。他说："陈汉士先生的爱心，我们不能辜负，一定要准确地将助学金发放给每一个真正需要的家庭和孩子。"用今天的话说就是"精准扶贫"。老科长的为人处事精神可嘉，让我也意识到爱心助学的重大意义，"不辜负资助人，不错过需助者"，这是助学的原则与意义。从此，我常以老科长的话来勉励自己谨记助学的原则，要让爱得其所，让心得所安。

我们也有很多热心校友资助学生，我们充当的角色就是爱心的牵线联系人，帮助有需要的人，善莫大焉！这种爱心助学的善举让我感到拥有最大的获得感和成就感。

团工作琐碎，但这份工作充满了激情与活力，我养成了写共青团日记的习惯，每逢有事就记录事件内容与点滴感受，为工作做记录，留记忆，日后年老退休回忆年轻时光时不至于由于时间久远而要费力回想却还一片空白或者偶尔失忆。

上级凡有要求参加的活动，我都积极发动学生参加，我的宗旨就是"尽量参

"六分之一的大学时光"决定"六分之五的轨迹"

加，尽量拿奖，为校争光"。我带着学生们参加志愿者活动，每周末、假期就到福利院关心孤寡老人，到聋哑学校教孩子们打球、剪纸等，到街道清扫墙上"牛皮癣"……我校青年志愿者队伍2007年获潮汕星河奖、品德奖、集体三等奖。我带着学生们参加区组织的中学生礼仪大赛，获得一等奖；带着学生们参加区第一届中学生辩论赛，获得一等奖……在1999—2009从事团工作的十年间，我指导学生参加各级文艺比赛、征文比赛等，学生共获158项奖励（含区、市、省级）；我们设计的团日活动获得省主题团日竞赛优秀方案奖，团工作成果获广东省侨资学校办学优秀成果吴汉良奖三等奖，团委获得区、市、省五四红旗团委称号。十年间团委共获63项荣誉（含区、市、省级），我也获得了汕头市十佳基层团委书记、汕头市十佳青年志愿者、汕头市青年岗位能手等称号，获指导奖等区级、市级、省级称号共42项。

挂职锻炼，"下放"初中：2006年我担任团委书记，2008年接受区教育局安排，到聿怀初级中学挂职锻炼，担任副校长，分管办公室工作、德育工作、党务工作、工会工作。聿怀初级中学是聿怀中学于2002年响应市关于"优质高初中分离"的号召而独立出来的、校企合作的初级中学，校长由聿怀中学派出。

从高中来到初中，我感觉是"下放"了，但也给了我一个机会，可以去了解初中语文，去发现初中与高中语文的不同。我认为课堂始终是一位教师的主阵地，所以我坚持上课。一下子从高中来到了初一年级，一开始有点不适应，觉得高中生理解力强，有些东西我一讲，高中生就能懂，面对初中生可能要费点力气。但初中生上课活跃，比高中生更愿意表现自己，课堂氛围更好，而且对老师要求更高，老师讲课要经常有笑点、有炸点，否则初中生就更容易走神。因此，我备课花费更多时间的是在于设计能够吸引学生眼球、刺激听力的内容，确保课堂上能"吸睛"和"凝心"。

到聿怀初级中学挂职一年间，我重新布置了校园文化，充分利用一楼柱子与楼层高出的空间做敞开型校史厅，介绍聿怀知名校友，让学生每天上学时，仰头可见校友介绍，心存景仰之志；号召班级设计独特的教室文化，让教室墙上的文化变成"潜课程"，发挥它的育人作用。重新确定学校的Logo，主体是聿怀标志，同时彰显初级中学活泼灵动的特点，体现聿怀文化一脉相承，又各具特色的特点。

从一个管学生的"学生官"转变成管理学校的领导，中间没有过渡，跨度稍微大了点。但有老领导的指点，我的工作才不会"掉链"。人生路上，有不少领导、

同事，一路给予我帮助与支持，我的工作才得以顺利开展。常怀感恩之心，多做力所能及之事，一路才能收获更多的信任与肯定。

分管新校区，成立年管会：在聿怀初级中学锻炼一年后，我回归高中部。当时我的身份依然是团委书记，兼党总支委员。那时聿怀中学规模开始扩大，在2007年12月，聿怀中学顺利通过了广东省教学水平优秀学校评估，被授予"广东省教学水平优秀学校"称号。为了实现学校进一步的跨越发展，在上级部门的统筹协调下，我校开始筹办聿怀中学大洋校区，汕头市市委、市政府、市人大、教育局等部门非常重视与支持，在海滨路黄金地带毅然划出一块区域给聿怀中学。这块区域面朝大海，左右后面都是商品房，可见当时上级部门对我校的支持力度。扩大规模后，聿怀的占地面积和办学规模才能满足国家级示范性普通高中的要求，2008年，聿怀中学顺利评为广东省国家级示范性普通高中。

在各级部门的关心和推动下，聿怀中学大洋校区一期工程主体建筑于2009年8月20日建成。8月26日，我交接好聿怀初级中学的工作后，来到大洋校区，没来得及喘气就投入了迎接新生的筹备工作中。校园建筑与内部装修好了，但教师办公设备都没有，如何迎接新生入学？

校长召集了一批行政人员召开大洋校区启动应急筹备会，各线条提出所缺设备，校长当场解决，然后又确定了高一新生搬迁、午休、接送、安全、交通等项目负责人。为了筹备得更妥当点，高一新生暂且在老校区读一段时间，大洋校准备好了再完成搬迁工作。9月28日，聿怀中学2009级高一学生共16个班一千余人齐聚大洋校区，举行升旗仪式，聿怀中学大洋校区正式启用。这一届是聿怀规模扩大的见证者，年级从12个班扩大到16个班，高中校区从一个增加为两个。

新校区比老校区占地更大，面朝大海，除了主建筑，没有什么景观，校园文化还须布置。为了适应"一校两区"规模化发展的模式，优化学校的管理，突出年级的管理效能，激发年级的主动性、积极性、创新性，时任校长让我考虑搭建团队来管理校区。于是，我在大洋校区率先推行年级管理委员会制度，成立年级管理委员会，由年级长、年级助理及各处室行政干部组成管理团队，制订《高一年管会管理制度》，对年级的各项工作进行具体分工，分教学、德育、教研、评价、后勤线条，确定专人负责，然后制订值班制度、班级分板块管理制，及时跟踪、发现问题及时解决。

成立年级管理委员会是学校提高管理水平的尝试，这种新型管理模式以年级为学校教育教学管理的核心单元，实行"扁平化"管理，学校的管理重心下移，把一定的管理权、评价权、人事权交给年级。落实分级管理责任制度，提高管理效能，而行政处室就能更充分地对年级发挥指导、服务、监督的作用。

年管会用了一年的时间，大力改善大洋校区的生态环境，植树种花，绿化美化校园环境；设立校园宣传栏、民主交流栏，展现师生风采，营造民主和谐的校园氛围；完善各项软硬件设施，改善大洋校区的学习、工作环境，为广大师生的学习和工作服务；联系运输营运公司，开通7路学生专线接送车，解决大洋校区公交站点不足的问题，为广大家长与学生提供了便利。后来，我们又成立了学生年级管理委员会，协助老师管理年级的学生事务，推行"自我管理，自我教育，自主发展"的"三自"教育理念。

年管会是大洋校区的开辟者，是大洋校区的第一批入住者，这其中的拼搏与汗水迎来了安定与肯定。后来学校举办"感动聿怀"活动评选，年管会这支七人团队被学校评为"感动聿怀"的团队。年管会的运作意义日渐彰显，因为直接接受校长室领导，提高了信息传递的速度。由原来"校长室—行政处室—年级"的三级传递，变成"校长室—年级"的传递体系，简化管理层次，提高管理效率，在传递方面减少信号损耗；激发了年级主动性、积极性、创新性。

年管会的成立，提高了年级地位，年级长享有一定的人事推荐权、管理权，激发年级长发挥主观能动性去考虑年级发展，根据年级实际制订年级制度，创新管理；细化年级管理职责，分工更明晰。分工有四条线条，德育线条、教学线条、评价与督导线条、后勤线条。改变以往大事小事均由年级长包揽的局面，让年级长从繁冗的工作中解放出来，统管整个年级的全面工作，制订年级计划与撰写反思、总结。四条线条都有行政处室的主任或行政人员，这样年级能按照处室要求做好工作，处室也能针对年级实际做好协调。年管会成员挂钩班级，指导班主任工作，协调班级事务，加强班级建设；加强备课组建设，组织教研、教学活动，以往是由教研组长组织，现在由年级加强管理，密切与备课组组长的联系，及时了解教学进度与教学情况；加强值班巡视，发现情况及时处理；年管会成员加强交流，针对年级具体情况及时提出解决办法，促进年级发展。

现在我校的年管会管理模式已经成为管理特色，每个年级由一支年管会团队管理，从高一带至高三，采用三年负责制，从起始年级开始养成习惯、方法，各团队自出奇招、高招，相互借鉴经验、学习，也相互竞争。从2009年开始实行年管会管理制度，2012届至今的高考成绩都超越了之前的成绩。

从毕业时从事团工作，到挂职锻炼分管德育线，直接接触团工作共十年。2010年12月，经民主投票，我担任副校长，兼任党总支宣传委员。十年，完成了转型，从团建到党建，从管学生到管学校，肩上的担子越来越重。我把最好的青春给了团工作，在团工作阵地上挥洒了激情、活力，带出了一批批学生干部，而今这些学生干部已经工作了，也在自己的工作岗位上发挥他们的智慧与才华，而他们的组织能力与管理能力离不开当年高中时代的锻炼与奠下的基础！

办公室与年级，线块组合管理：经过几年的摸索，"一校两校区"的运作渐趋稳定、有序，形成了"高三年级在外马校区，高一高二在海滨校区（原称大洋校区，2017年更名）"的模式。学校的管理模式逐渐形成了行政线条与年级板块的"线块"管理模式。每位副校长既要分管一个年级，又要分管处室行政事务。

我分管办公室事务及年级工作。办公室的工作，关系老师们的切身利益，工作量的计算、评优评先、职称评聘、继续教育等，一点都不允许有失误。我向主任们强调办公室的工作要做到规范、科学与高效，确保信息流通及时、教工沟通及时、服务接待及时、通知联系及时。办公室人员分工明确，一位主任、两位副主任分线条负责，主任统管处室全局，副主任负责不同工作项目，我负责把关。

担任工会主席时，我及时了解教职工工作与生活存在的问题，及时给予帮助，及时慰问生病的教职工，我组织教职工参加趣味运动会，开设女工瑜伽班、亲子趣味活动等，让教职工感受聿怀大家庭的温暖。

做好党务日常工作，组织党员学习"两学一做"，学习贯彻习近平新时代中国特色社会主义思想。做好"创文"工作，发动志愿者党员打扫校园周边区域，打造干净校园。

在年级工作中，明确年管会成员的分工，教学与教研、德育、常规、数据分析均有主要负责人，年级大事则团结合作。所带的年管会团队都体现了精诚合作，勠力同心的工作状态。所带年级的高考成绩都有亮点，成绩优异。年级教研推行导师制，即让老教师带领新上年级的青年教师，帮助青年教师成长；在年级德育团队中举办"心灵氧吧"交流会，组织班主任们讨论班级管理难题，分享成功案例，探讨德育艺术。组织班主任们参加校、区、市班主任技能大赛，提升德育能力。

重视年级文化，在年级所属楼层展示学科文化、学生榜样介绍、年级特色活动等内容。高一举办语文数学英语学科节、校歌大合唱，高二举办综合科节、舞蹈节或诗歌节。注重学生的心理健康教育及健全人格的培养，开设心理素质拓展序列活动，从高一开始注重学生的心理健康教育，高一以讲座为主，高二以团队辅导活动为主，高三以导师辅导为主。在2013届高三年级教学工作中尝试分层教学，分A、B班，实行走班制，激发学生学习的竞争性。为2016届的40名高三尖子生配置导师，不仅教授知识，也疏导心理，让尖子生作为酵母在各班中发挥影响作用。这两届的高考成绩都创造了新的辉煌。在2019届高三推出优先投档线及本科临界生的"跨界行动"，制作《临界生学科诊断表》，让学生先自我分析再找老师分析弱科中可提升的题型、强科中的较弱题型，让老师分析后写励志评语给学生，主动帮助学生，每周至少面谈两次，或面批作业，或辅导专题。双向促进，为学生如何提升成绩提供了精细的分析及鼓励。

在重要的时间节点，亲自撰写书信给学生，指出阶段目标、阶段建议及奋斗方向。如开学第一封信是指点考试自我分析方法，将所有双一流学校名单公布，让学生心有奋斗方向。市统考前、一模前、高考前均给予学生书信，详细分析每个阶段的特点，激励学生勇当追梦人。运用活动适时激励学生，如10月8日举办成人礼、高考前百日誓师、高考前宣读书记寄语等活动，为学生"打鸡血"，邀请成功校友、演讲专家、高校教授莅校开励志讲座，点燃学生激情。2019届高考本科率再创新高，被名校录取的学生人数也超过去年。

首设校本课程选修制，在2016年高一年级中首先推出"三维两域，一主多元"校本课程，鼓励青年教师开设专业拓展课，共有30位教师参与，开发出23门课程。推动老师们研究专业知识，将个人擅长的学识、研究所得编成教材。鼓励学生社团设立课程，将社团活动课程化，让有能力的学生当老师，主讲社团相关知识。比如纸艺社，让社长讲授折纸课程或"一课一作品"，能者则走上讲台授课。学校鼓励师生开课，并将优秀教程汇编成册。当时学科拓展课加上社团课共46门，全部让学生选课，建议每人选一至两门课程拓展素质。

爱我所爱：我的专业我的阵地

虽然行政工作忙，但我坚持一线工作——上课，从未因为行政事务多而"荒废"了专业发展。

一位行政人员，我认为更应该争当榜样，在教学上也应该起表率作用。为了这个表率，我付出了更多的精力与时间。我的晚上时间都用来备课和看书，即使是周末，第二天不用上课，我也养成了习惯，提前备课。就是放假，我也总有不少文字工作，有时是学校事务，有时是个人资料的整理，需要坐在计算机旁工作。这样，我的休息日做的事也可能是学校的事。但我已经变成了一种习惯，每天要想"今天要做什么事"。当然，我也会安排出给自己的时间。比如午睡前一个小时和晚上睡前一个小时，可以看书，也可以看手机、追电视剧。看书的范围主要是教育、小说、心理、哲学类，辛夷坞的青春小说、玖月晞的推理小说、丁墨的警匪悬疑小说，我几乎都看完了。电视剧我只看悬疑、侦探和谍匪题材。所以偶尔也写点剧评。

教学教研：从教二十年，我都积极参与科组教研、听课活动，所带班级的成绩多数名列前茅。我要求自己批改学生作文一定要有批注，批改实现由点到面的点评。眼及不足必批注，一点一滴都不放过，一定要留痕迹跟学生说明不足之处。我眼里容不得沙子，凡有错别字、病句、标点符号错误必会圈点出来，并在旁标示正确的写法。凡有表述欠妥的，在旁写建议，引发学生比对、思考。总体评语则针对文章整体结构和内容来点评。我告诉学生一套通用的批改符号，跟学生约定作文的沟通语言，让学生看懂我的点评语言及表达的情感。比如点赞佳句用曲线，提请斟酌的句子用直线。看懂了标注的符号就看懂了我的点评意见。这是语文老师要跟学生达成的文字暗号。我必要求学生先看懂我的批注，这是学作文的第一关。

教学之余要求自己静心研究教学规律与教学艺术，积极撰写论文并发表或参加评比，曾获省、市、区奖项。指导学生参加征文比赛，也多次获奖。

组织年级老师召开高效课堂研讨会、教学研讨会，开展预学案高效课堂模式的探索，组织一批老师到广州学习并开探索课。我也率先开公开课，组织大家进行评课。

在专业发展上，我不懈研究，积极参加试题命题比赛，曾获全市命题设计一等奖，多次参加汕头市高三模拟卷的命题，还制作模拟考的诗歌分析微课，为市学科信息平台提供高考素材。

我的课堂：弘扬民主、自主、活跃的课堂氛围，多年来实行分组合作学习的课堂模式，鼓励学生通过自主学习与合作学习相结合的形式完成课堂任务。设计"图表思维"法、"情境想象"法，让学生根据课文提供的信息整理成图表进行推理、分析；或根据课文情境，体验角色，设身处地考虑角色选择及想法等，提供生活境遇的间接体验机会，增强学生的情境分析能力、判断能力，提高对生活的理解力、辨析力。比如讲《氓》，为了训练学生的发散性思维，我让学生充当街道的家庭纠纷调解员，对"氓"家的家庭暴力事件进行调查，调解氓与妻子的矛盾。在这个过程中，"调解员"要先理清事件的来龙去脉就必须深入钻研课本内容，从字词句到解释，都要弄懂，然后整理出事件前因、过程与后果，形成图表，推理氓婚前婚后变化的心理因素，再进行情境模拟调解。整个课堂上，既有学生角色的模拟对话、人物心理推理，又有"群众"对"调解员"进行监督。当"调解员"判断不公，群众有权干预、质问、反对。

再如讲《项羽本纪》，让学生充当人力资源部干部选拔干部，思考：谁可称王？称王应具备的素质是什么？让学生列出项羽、刘邦各自的优势与不足，分析归纳出当干部的必备素质。

为让学生积累素材，我整理了一些"宝典"，在高三每天的早读时间，与学生分享。如《古希腊神话中的典故》《圣经典故》，将那些脍炙人口的概念介绍给学生，如"潘多拉的魔盒""阿喀琉斯的脚肿""不和的金苹果""诺亚方舟""彩虹之约"等典故。

课题研究：潮汕地区拥有深厚的历史与人文底蕴，如果结合乡土资源，将乡土特色融进语文校本课程中，及时把握当前的教育热点并结合我校实际情况，研究相关课题将有利于我校的课程发展，也有利于教师们的专业发展。因此，我与六位老师提出了"基于学生核心素养的语文乡土特色校本课程开发研究"的课题，以培养学生核心素养为校本课程开发的宗旨和原则，编写有乡土特色的语文校本教材，在我校推行校本课程的基础上进行尝试、实践，让学生了解乡土文化，增强爱校、爱乡、爱国情感和乡土文化自信。我们商定分别从潮汕方言、潮汕现当代文学、潮汕古代文学入手来编写教材。该课题后来被列为市重点课题，我更不敢怠慢，与六位老师一同开展长达两年的研究，目的就是编写一套教材，开发行之有效的评价策略和管理策略。

研究过程采用头脑风暴及相互质疑、相互提问的方式确定内容、教材框架、活动项目等。为了让学生了解母语特点，我们编写了《魔方潮语》，精选有趣的字词句，从潮汕方言与古代汉语的关系、谚语俗语等方面着手，能较好地加深学生对本土方言的认知，帮助学生建构本土方言体系，提高学生的文化自信，让学生在充满趣味的教材中感受母语的魅力与精深。

潮汕现当代文学，则选择了潮汕大家秦牧先生的作品及汕头市作家协会主席、我校校友林继宗先生的作品，编写了《秦牧与林继宗散文选读》，作为语文课本的拓展阅读素材，让学生提高阅读的审美鉴赏能力，了解潮汕现当代文学的特点及潮汕精神风貌。潮汕歌册是传统文化，但青少年对歌册非常陌生，我们采访了老一辈传唱者，编写了《潮汕歌册》，从歌册歌词创作的角度入手，引导学生熟悉潮汕的歌册文化，学会鉴赏，学习传唱，尝试创作，引导现代潮汕年轻人关注和热爱潮汕地区的传统文化。为提升学生的文言文鉴赏能力，拓宽阅读面，我们编写了《潮汕古代名人诗文选集》，作为文言文拓展阅读素材，促使学生有效提高文言文鉴赏能力。为了展示潮汕文化习俗，我们编写了《古风犹存——潮汕风俗一瞥》，从古诗文中挖掘潮汕风俗习惯，通过对婚丧嫁娶、四时节气等潮汕文化的介绍，让学生更深入地了解潮汕风情、生活风貌，传承优秀的传统文化。我们还研究评价策略，我负责课程体系整体设计及制定管理策略。课题组想通过语文校本课程的开发，辐射全校其他学科，为其他具有乡土特色的学科开发作范例，尝试推广至全校各科都开发出基于学生核心素养的具有乡土特色的校本课程。

研究、编写的过程很不容易，先是内容的选择，比如《潮汕古代名人诗文选集》的名人究竟选谁的作品？除了潮汕本土的名人"潮州八贤"、状元林大钦、名将翁万达（金平鮀浦一带），我们经过头脑风暴，想到了凡是跟潮汕结缘的名人也可以，比如贬潮的韩愈、追踪皇帝到海门的文天祥，同时还想到作品与潮汕有关的，比如苏轼写了韩文公庙碑，这些名人的作品都可收录。而潮汕习俗，我们从除夕、春节、端午写到冬至，整一年的习俗都作了介绍，还有伴随人一生的习俗，如出生、成人、婚嫁、丧葬与祭祀等习俗。

对教材单元的编排，我们也进行了多场讨论，最后决定潮语按字、词、句安排单元，现代文学按作者作品的情感归类，歌册按照故事情节编排，古代名人诗文按内容情感编排，民间习俗以时间为序。每课都设计探究与练习题。根据高中生成长的特点，按学科学习上的理解应用能力等因素编选内容。还有单元活动，如何渗透核心素养，设计学生喜欢的活动也是多次讨论的内容。除了课堂活动，还有社会实践，比如联系林继宗校友或民俗名家，举办真人图书、名人访谈、创作等活动。我们希望引导学生建立乡土文化自信的意识，培养学生强烈的潮人意识，带领学生通过了解潮汕历史，认同潮人身份，能自觉捍卫作为潮汕人的尊严和利益，具有文化自信，能尊重潮汕地区的优秀文明成果，传播弘扬潮汕优秀传统文化。

每一次讨论我们会相互质疑、提问，提出异议，再商量应对方法，取得大家一致认同后再确定去执行。教材初步形成时，相互审阅、挑问题，修改后再相互校对。我们上课后不断与学生交流，了解学生学习情况以及对教材的建议，再不断修订、完善。最后还通过调查问卷及现场访谈让学生进行课堂评价及教材评价。这种团队合作，为同一目标而奋斗的感觉良好，增进了同事感情，也让我们体会到课题在身边，只要善于发掘，很多课题能推进专业发展、利于教学与教育。

一群人，因为一个课题而凝心聚力讨论、碰撞、争议、确定，花费精力与时间寻找资料、印证材料、挑选材料、编写教材、反复思考与校对，这个为期两年的过程因研究成果的出炉而成为永恒的美好回忆！在此期间，我们四位女教师还增添了四个孩子，对孩子先做了乡土文化的胎教。

最终在结题汇报会上，四位点评的专家都予以好评，还评价该课题是名副其实的"高产课题"。我在2018年1月被汕头市教育局聘为市首批教学教研专家库专家。2019年1日被聘为汕头大学教育硕士语文教学导师。

网络助学：2008年到2011年，我从英特尔未来教育培训到教育技术能力高级培训、中级培训（我先读高级再读中级），最后是英特尔基于项目的学习，开始接触远程教学。那时候，远程教学还没有流行，只局限于小部分人。之前我参加了一个月的高中职务远程培训、国家行政学院一年的培训，发现了远程培训的共性。所以我在参加基于项目的学习（简称PBA）时已经对远程培训驾轻就熟了，规定23天的培训期限，我用一周时间沉下心学习，完成了作业、写了远程培训攻略（后来作为学员指导资料被推广）、总结，受到当时惠州学院的助学老师梁老师的赞扬，最后他还向省项目办推荐我当远程学习的助学。当省项目办打电话征询我当助学的意见时，我表态我是外行，不知能否完成助学任务。省项目办给我吃了一颗定心丸，说根据我的作业情况是能够胜任的，如果助学期间遇到不懂的问题可以咨询梁老师，于是让我加入了梁老师指导的QQ群，可以关注梁老师的指导动向。一开始接手的广州班人数较多，我跟着梁老师学习，及时地批改学员作业、及时在网络上与学员交流，进展顺利。这个班还没结束，省项目办又让我指导一个人数较少的深圳班。两个班的指导工作就多了，有点应接不暇。后来发现深圳班的学员可能比较自信，咨询我的人远不及广州班的多，所以到后期我渐渐得心应手，最后终于完成项目办交给的任务。我不敢说优秀，但至少我是尽责的。

2012年，承蒙省项目办厚爱，又指名推荐我参加网络督学高级研修班，这对于一个信息技术的外行人来说，确实是一种挑战。但这也是一个机会，让我了解专业以外另一个领域的知识，对于个人综合素质的提升确实是契机。于是我当起了网络学习的督学，现在是汕头市继续教育工程办的网络助学老师，每年都承担一定的助学任务，获得多次优秀助学称号。

当网络助学、督学，提升了不少信心，因为我未曾想到一个语文老师也可当助学，我一直以为这是计算机老师才能胜任的工作，其实最主要的是对助学内容的理解。汕头市的专业继续教育一直走在前头，对于学员的作业，都是汕头地区自创自研的作业模板，主要是引发学员的思考，不是繁冗复杂的行动计划，而是结合实际设计的授课方案。当我与项目组的工作人员一起教研作业模板时，我感受到了教育理念的更新，有利于促进我对本专业教学的思考。这就是我从2011年当助学至今，一直坚持从事助学却未曾因为工作繁忙而辞去的原因。

从教二十年，一直以"教而不思则殆，教而不学则止"自勉，时刻提醒自己不断思考，不断学习，当勤耕力作的教师，兢兢业业地工作，不问收获，只守初心，怀揣诗心，在教坛上求真、探美、向善！

行走在慧师成长的路上

蔡　森

　　我是20世纪70年代初出生的，祖辈一直生活在广东汕尾城区，从小学到高中都是在这个从滨海小镇升格起来的城市生活，1994年从韩山师范学院毕业，回到家乡汕尾城区捷胜镇捷胜中学任教初中，后又到城区凤山中学任教初中，2004年到汕尾中学任教高中，这几所学校我非常熟悉，我的初中就是在捷胜中学、高中在汕尾中学完成学业的，我也一直把根扎在这座生我、养我的小城。一晃25年了，让我感到自豪的是一直都没有搁下语文教学，其间曾有犹豫和短暂的疑惑，但最终还是能够把持住教育的航标。我庆幸在改革开放40多年经济快速发展、思想变革的快车道中，没有迷失方向，选择走上一条正确的人生之路，这种念想与日俱增，越往后越舍不得这个职业，只想当一名纯粹的语文教师。

一、教育缘起：黄天骥老师的三封信

　　回想自己报考师范，并持之不懈走上教书育人的道路，缘于素未蒙面的中山大学黄天骥教授。高中时喜欢学写旧体诗词，一段时间阅读了宋六十名家词、观赏诗论书评文章，痴迷于声律，也学写了十几首诗词，述说忧愁感伤，写得恻隐缠绵，很受同学欢迎。当时也会关注许多广东名家写的诗词，如李汝伦、陈永正等名家，尤其对中山大学中文系系主任黄天骥教授特别关注，其中情愫也许源于对名师的景仰，这种现实生活中对高等学府的向往与梦想中对诗词的执着迷恋形成了交集，于是在高二下学期时我拿起笔给黄天骥老师写起了信，并寄去了诗作，毛头小子无知无畏，也不知天高地厚。黄老师竟然回信了，肯定了诗歌的内容积极，指出了叶韵的错误，帮我校对了许多错别字，在校正原稿时，字体飘逸，如行云流水，一笔一画之间，尽展学养神韵。之后，我又寄去一次，他如期回复，毫无倦怠，对一个不相识的高中生，一位名享诗坛、桃李天下的名师，也许他认为做了一件习以为常、微不足道之事，没想到却为一个高中生的人生理想开了一叶窗。

当一名知识渊博的老师，竟能有如此的魅力和受人尊敬，师范学院在我心中开始播下种子。高考成绩放榜后，经过瞬间现实与愿望的考量之后，我最终选择了当一名师范生，长大之后我就成了您，就是当时的梦想。

师范学院毕业后，我回到家乡的捷胜中学任教，在即将走上讲台之际我给黄老师写了一封信，告诉他大学毕业后的近况，即将初为人师的忐忑。隔了十多天后，他给我回信了，他向我道歉说回信迟了，原因是出差在外，回校看到信后就给我写信。得知我即将走上教师岗位，他表示了祝贺，他说："几年前，记得给汕尾一位中学生写信，我作为教师当然盼望青年奋发有为，这是教师的责任。"他勉励我："语文是给学生打基础的工作，艰难而重要，您有志于此，一定能干出成绩。"他还写道："教师工作清贫而高尚，我一直怀念和敬仰教过我的中学老师，我觉得我若能为社会做一点事情，离不开中小学时老师的教诲，在您走上工作岗位的前夕，祝一切顺利，能够对付新的挑战。"

回顾一路走来，我离不开教学、离不开语文，是否与黄老师的教诲有关呢？信的背后，我似乎看到一位温文尔雅、把一辈子献给教育的老教师的期许与盼望，当我受到磨难与委屈时，我一再咬起牙根，坚定地走下去。先生学问渊博，对元杂剧、明戏曲、诗词学、中国文学史研究深厚，我接触得很少，他能够影响我的是他的谦和品格、治学严谨与为人处世之道，扶掖后学之心。这不正是一名教育者的良知么？名家如此亲近，于是当面对所有形式的权威时我从不迷信，面对那些自我标榜之辈，我想到了先生，付之一笑。君子之风，自卑以牧，让我时刻警醒自足。

二、放飞梦想：韩山、韩水

19岁，应该是一个青春勃发的年华，放飞梦想的地方，高考那年暑假经历了许多人生第一次，第一次对自己懵懂人生有了觉醒，第一次坐上长途汽车历经6个多小时来到另一座城市，当从潮州汽车站下车时，人力三轮车把我送到湘子桥头，桥上人群熙攘，热闹异常，有做小生意的摊贩，有形色匆匆骑着自行车的市民，更多的是背负行囊、带着希望来此求学的少年。桥的尽头便是韩师，我知道，将在这里走过一段独立而充实的求学之路。

我读的是中文专业。两个班经常合在一起上课，班主任是蔡振雄老师，他刚从汕头大学毕业，报到第二天晚上便把全班同学召集到伟南楼二楼的一间教室，让同学介绍自己，畅谈理想。轮到我时，我事先也不知道要讲话，穿着拖鞋，用不太流畅的普通话讲述。记得当时我说，应该不辜负父母的期望，应在这里学到真知识，为未来教育出份力。这是我人生第一次走上讲台谈自己的理想，丝毫没有准备，虽有腼腆和紧张，但讲出自己心声，自我感觉良好。一年后，当有同学说起这次演讲时，好友说我很傻冒，完全是一个没有见过世面的人。我才知道，这次发言是多么糟糕。

"不虚南谪八千里，赢得江山都姓韩"。千百年来人民对韩愈念念不忘，是对师者的尊崇、对文化的景仰。韩山、韩江哺育了潮州这座名城，更重要的是涵养了韩师这座百年学府。韩师偏居一隅，隔绝了外界的喧嚣，留下了治学的平静。校训"勤教力学，为人师表"。教师注重的是言传与身教，人格的熏陶，教学唯勤，治学严谨。黄景忠老师教授当代文学，理智地对文化心理浅析和冷静地思考经典背后的建构，很能贴近90年代初这群文艺青年的心；蔡振雄老师讲授古代汉语，他注重考究，在古板严谨的研究中尚能找到活泼的气息，在生活的严格纪律中宽容这群青年人展示释放青春活力；赵松元老师讲授古代文学，他才情横溢、兼擅诗书，诗词吟诵、课堂激昂；讲授文学概论的郑群辉老师，也深受大家欢迎，他的课总是座无虚席，从文学原型到禅理渗透，偶尔中间抽支烟，又言语铿锵、滔滔不绝连堂讲下去，似乎陶醉其中，欲罢不能，他的敢说能说是我们课余饭后经常讨论的话题。90年代初的大学生很少逃课，这跟老师们的勤勉、认真备课、专心治学有很大的关系。当时，吴愈中老师的社会主义建设实践、陈佳扬老师的外国文学、丁身玮老师的秦汉魏晋南北朝文学、陈新伟老师的元明清文学、郑潮鑫老师的文学概论、何可栋老师的写作、张仲森老师的现代汉语、林景雄老师的语音、唐越老师的中学语文教学法，这些老师的课都讲得生动，既系统、有深度，又能结合学科与生活实际，确实深受同学们喜爱。我很庆幸，在需要汲收知识养分的时期，遇到了这么多卓越的老师。

韩师很多学生能传承校训中的"力学"。考入韩师，有的由于志愿填得不好，有的由于离家较近，有的同学抱怨走进"臭水沟"，有的自我安慰"既来之，则安之"，但更多的是涌现了许多优秀的学生，班长蔡锐群属同学中的佼佼者，他普通话标准，经常主持大型文娱活动，乐于助人，学业优异，是学校学生会主席，后来又当选为整个潮州市学联主席，毕业后留校任教，现担任学校文学与新闻传播学院党总支书记。副班长温淑君能歌善舞，成绩优秀，是广播站优秀播音员，经常与锐群同台主持大型节目，毕业后到深圳成了多间幼教机构的老板。学习委员张介凡，成绩优异，尤擅诗词，刻苦钻研，专插本考上华南师范大学本科，后又考上硕士研究生，成为广州城市职业学院教授。班中有许多品学兼优的学生，如黄茂浩、陈永佳、王毅淳、陈琦。一起上课的另一个班同学也是群星璀璨，杨映玲、林少洲、戴晓华都是优秀学生干部和学习能手。

面对其他同学的聪颖，我略显愚钝，再加上性格内敛，不擅言谈，感觉默默无闻。但我最喜欢去的两个地方：一个是图书馆，到现在我还保存了当时看书时所摘录的一千多张卡片，这为以后写论文、做教研积累了经验；另一个地方就是学校山顶的体育场，几乎每天早晨我都在上面跑上四五圈，风雨无阻，下午也经常打排球，这让我具备一定的耐力。在当年校运会时还代表中文系参加了3 000米长跑，虽然得不到名次，但总算把全程跑完。爱好运动的好处居然是体育成绩排在全班前列，更大的益处是使我有强健的体魄，为身体素质打下坚实的底子，在毕业二十多年后还能应付许多烦琐而劳累的工作，也得益于此。图书馆同时也是晚修的场所，我是常客，把所学课本提前圈点，摘录老师讲解要点，考试时再背一背，每一科都考得不错，当时学校要求获得二等奖学金以上必须每科达到70分以上，包括体育科，我侥幸能够在每学期都获得二等奖学金，按学校规定，毕业时被授予"优秀毕业生"称号。当时也由于热心公益，积极参加系里组织的一些活动，主动向党组织靠拢，在毕业前夕我成为一名中国共产党预备党员。

我时刻感恩韩师，在理想放飞时，遇到一群善教的老师，又结识一群优秀的同伴，他们勤勉力学，催我奋进，更多的是在为人师表的路上，为我打上师者底色，敦促我砥砺前行。

三、教育起点：在乡村中寻找希望

1994年7月，我分配回家乡捷胜镇捷胜中学任教。小镇有四万多人，新石器时代这里便有先民居住，后成为古战场，明洪武二十八年（公元1395年），千户侯良率吏民英勇抗击并大败倭寇，故改称捷胜。捷胜城有600多年历史，人文底蕴深厚，书香之乡，有崇文尚武的传统，历史上也出了很多名人。第一年我担任初二年级二个班语文教学，兼任一个班的班主任，捷胜的学生善读书，书法也写得好，不乏有许多学习尖子。镇中有沙角尾、石岗、石头、牛肚、沙坑、东坑6个沿海村都较为偏远，东坑是最远的山村，学生骑自行车来校需要40多分钟。

乡村教育是能体现一个人教育情怀的地方。刚毕业的我只不过大了学生五六岁而已，老教师向我传授经验，课堂上应该严肃，维护师道尊严，我接受了他们的建议，但课后也和学生们玩得开心。我曾经带班里学生到沙角尾村海边野炊，也带他们到得道庵郊游，当时确实也没顾忌太多的安全与风险，只是觉得应该让学生们学到更多的不同于课堂的东西。第二年也是教初二年级，也任班主任，经验稍为丰富些，学校文娱汇演节目，带班里同学跳扇舞，课余和他们一起排练，几乎每一次都在场，结果这节目竟然获得全校文娱演出第一名。学生们可高兴啦，他们参加的活动丝毫没有影响学习成绩，全班的总成绩一直排在全年级第一，他们也信任我这个班主任。

我的语文课备课详细，教案写得认真端正。记得上课五六周，教导处赖在衍主任、科组长张武钳老师事先没有通知就推门进来听我的课，我刚开始有些紧张；随后便镇定下来，按计划授完整堂课。下课后他们又检查我的备课本，看着详细的课堂设计、端正的书写，他们把我的教案本收走了。第二天科组活动，他们以我的教案为样本，当着众人的面表扬了初出茅庐教师的认真。学生能接纳我的课，除课本外，我把我大学所看的书、所悟的事理，悉数传递出去，学生乐于接受。当时的课堂，确实很少逃课，也很少不听课的，虽注重每次考试，但却没太注重成绩差距，更没有课外补课，学生课后多问你几个问题，理科的问题会多些，老师一一释疑，也不拖堂，解答不了第二天再讨论，倒是其乐融融，初二年级没有更大的学习压力，学生们在校园活得自在和快乐。

在学生眼中，我为人较为温和，但有时会凶些。任教第一年第二学期，不是我当班主任的另一班级有几个"刺头"，经常在课堂捣乱，这种事在90年代农村学校经常发生，对他们我也曾大声吆喝，总没有效果。有一天，刚走进课室上课，又看到他们几个学生在教室乱闯乱叫，气上心头，不知哪来的劲，当场就给一个姓何的学生一巴掌，课堂倒是静了下来，心里却隐隐作痛。他们几个以后虽然收敛，上课不敢喧闹了，我也找那个挨打的学生谈话，但年少气盛的我始终没向他道歉，这是教育生涯中仅有的一次打过学生。在1995年的那个夏天，我就干了这一件蠢事，有失师者本分，这与我的初衷相违背，至今仍难以释怀。

在这里任教初二又当班主任的两年里，我骑着自行车走遍了全镇所有的十多个行政村进行家访，最偏远的东坑村我走了三趟。班里每一个学生我都去过他们的家。至今，很多学生在回顾家访时，记忆犹新，家访让我对学生有更多的了解，也赢得了他们的信任和支持。第三年，我随着初二年级升上了初三，同时又兼任年级组长。第四年，仍是担任班主任兼年级组长，中考升学压力相对重些，我更鼓励其他班主任一起家访，深入接触后，发现许多单亲家庭、贫困学生。我极力向学校反映他们窘境，为这些同学争取减免学费。

20世纪90年代，农村城镇人口最为鼎盛，电子产品却比较稀有，学生也免受电子游戏、手机的困扰。学校设施虽然简陋，体育课还可以跳木马、投标枪，课外活动也是丰富多彩。学生毕业后出路也简单，一部分优秀学生考上高中或中师或中专，另一部分学生便走上求职之路，自力更生，贫富差距仍不大，民风淳朴。我回到家乡小镇任教，怀着理想与激情，心一直扎在乡村上。在学校里也结识了我的爱人，我们和学生一起无忧无虑地成长，确实是人生最为惬意的一段时光。

四、教育发展：在升学中追寻质量

1998年8月，我调到汕尾市城区凤山中学，在这里一教就是六年，前四年担任初三毕业班教学工作，世纪之交，教学上的考试成绩排位很是激烈，校与校、班与班、学生与学生之间注重分数。作为毕业班把关教师，刷题、制订中考备考计划、按知识结构拉网过关，就是当年常用术语，学校成绩一直在城区面上中学遥遥领先。2002年，国家实行新一轮新课程改革，先从初中实施，我便申请任教初一语文，这是我第一次以自主的眼光审视新教材，同时系统地接受了这场新课程改革理念。于是我在学校进行探索，开始举行全校公开课、参加全区优质课比赛，在全市总结新课改经验时，我以语文学科教师身份在全市三县一区做介绍，与同行们交流切磋，这是我第一次在全市范围内介绍教学心得，一些教改教学论文在报刊杂志发表。这一年是我从教的第九个年头，一种职业的荣誉感油然而生，并立志执着地走上教学改革这条路。

2004年，国家新一轮新课程改革扩展到了高中，全区需要一批有经验的教师任教高中和担任行政职务，区政府组织相关职能部门竞争上岗，我以优异成绩考

行走在慧师成长的路上

入汕尾中学，并担任高中语文教学工作。这一年，我们使用广东自己编写的粤教版语文教材，我主讲《雨霖铃》一课参加全区优质课评比获得一等奖，课例获全省评比二等奖。在高一年级任教了二年，又再在高二年级巩固两年后，自此开始了高中循环教学。在教学上坚持"大语文"教育观，和学生一起诵读古诗词；坚持课前3分钟演讲，积累词句、凝练语言、关注社会热点、提升思维能力，就这样一直走下去。带过第一轮高三后，我才发现教材无非是个例子，但要让这个例子拓展，仅以一套教材是不够的，于是我找来人教版高中教材、甚至是苏教版高中教材，第一次以多个版本教材比较的角度解读审视学科课程标准。

语文教学除了站在学科的前沿，还要站在学生终身成长、全面发展实际中去思考。2011年学校申报了全国教育科学规划课题"中学生习得传统文化的有效途经"。这一年，我组织语文组教师编写了《正读论语》《孟子选读》《经典诵读》《古代小说选读》《我们的四书五经》等传统文化校本教材，让传统文化在校园扎根开花。学生学得轻松活泼，乐学善学，拥有自主选择权，他们在写作、演讲、朗诵等比赛中成绩突出，获得国家级2人次，省级13人次，高考语文成绩也名列全市前茅。我独自编写的教材《正读论语》《海陆丰戏曲文化》也获得了中国教育学会中学语文教学专业委员会教材评比二等奖，这一系列的教学研究于2013年获得广东省第八届普通教育教学成果奖二等奖。让传统文化进校园，这件事我们一直在做，潜移默化地促进了师生人文素养的提升。教学站位高些，提高教学质量才更容易些；语文距离学生再近些，学生才能走得更远些。

语文是基础学科，有工具性和综合性特点，但并不是无所不包，片面强调语文功能性，会让语文教学走进死胡同。我推崇"教育如天，语文是地"，要把学生培养成为大写的人，仅仅教给学生语文的知识技能、习惯方法，仅仅把语文视为学习的工具、交往的工具是远远不够的，语文必须落实在育人的广阔天地，关照每一个学生的生命主体发展及适性学习需求，而这一过程无不需要教师倾注着爱。教育最终归宿是把每一个学生都培养成为有修养的文明人、可持续发展的智慧人、身心健康的幸福人。

五、成长机遇：情牵百千万

2015年4月，经过层层遴选，我成为广东省中小学新一轮"百千万人才培养工程"第二批名师培养对象，这是广东省近年来打造"南方教育高地"背景下人才培养的一个重要举措，有教育家、名教师、名校长三个类别，是全省教师培养的最高层次，其中名教师项目分高中、初中、小学三个学段，高中文科和理科各25人，委托华南师范大学基础教育学院培养，历时四年。语文与英语、政治、历史、地理、美术几个学科组成高中文科班，培养对象来自全省各市，这是一个"牛"班，学习期间，这个班培养了8名正高级教师、9名特级教师、2名全国模范教师、7名广东省名教师工作室主持人、4名南粤优秀教师。

来自粤东教育欠发达地区的我，在这群"牛"人面前找到了自己的差距。他们或来自广东省名校，或已在自己的学科教学中独树一帜，并且他们勤奋、拼搏、对教学的睿智，把我远远抛在后面。能跟上前进的步伐吗？我底气不足。语文学科中，其他培养对象是响当当的角色，广东实验中学白云实验学校常务副校长杨鲜亮、珠海市第一中学副校长叶红、深圳龙岗区龙城高级中学正高级教师胡兴桥老师、顺德区杏坛中学副校长周小华、广东北江中学特级教师刘水连，他们敬业、勤奋，课上得很好，又善于总结，口头表达、书面表达能力均佳，一直是我学习的榜样。导师团队阵容强大，班主任宋春燕博士，美国名校访问学者，近年来致力于生涯规划研究，是国内这一领域的知名专家；理论导师华南师范大学周小蓬老师，一生勤耕中学语文教学研究，是语文高考研究专家；实践导师广州市增城区教研室徐海元主任，原湖北黄冈中学党委书记、副校长，在广州长期担任学校校长、大区教研室主任，具有丰富的学校管理经验和语文学科教学经验；还有广东省中语会理事长、广东第二师范学院黄淑琴教授指导凝练教学思想；邀请广州第七中学正高级教师邵长思老师作为跟岗指导教师，为培养对象的专业发展打下良好基础，在培养期间还互相走访培养对象所在学校，对课堂教学进行诊断把脉。

作为培养项目负责人王红教授还把眼光盯上了国内外名师，李镇西、吴颖民、莫雷、陆靖、刘复兴、扈中平等名家给我们授课，组织中美校长论坛，邀请最近几年美国年度教师上台演讲。从教育专家到接触的每一名老师，从先进教育理念到每一堂课的观摩，都给了我思想上的震撼与启迪，每一个讲座都让我们耳目一新，新的教育理念、教育智慧，让学员真切地经历了一场场头脑风暴的洗礼，一次次高层次、大系统的理论进修。我不敢有任何懈怠，贪婪地汲取着他们的研究成果，尤其是教育领域最新的研究动态，并把它融入到自己点滴的学习、工作当中。

行走在慧师成长的路上

　　2016年12月，广东省新一轮"百千万人才培养工程"教育家班、高中文科班和高中理科班3个班学员一行70多人在台湾地区参访。行走了1 745千米，历经11个市县，参访了4所大学、10所高中、1所女子中学、1所私立学校、2所小学，聆听了12个专题讲座，观察了20多节现场教学，16人次与台湾教师开展了同课异构。教育资源无处不在，心灵感动时时涌起，一路走来，不仅领略到台湾地区先进的教学理念、教学实践，还感受到台湾原住民文化、外来文化、传统文化和海洋文化等多元文化的交融。超越了这次参访团团长黄牧航教授所提出的教育之旅、文化之旅、友谊之旅、交流之旅、磨砺之旅、心灵之旅的定位，更是一次读书之旅、民俗之旅、感恩之旅。结业典礼在宜兰佛光大学举行，学校建在一座小山上，环境极为清幽自然，在校园鸟瞰广阔的兰阳平原，这是一所极具人文精神的大学，由星云大师所建，大师先后在世界各地创建4所大学，致力于推动佛教文化、教育、慈善，他以佛教的悲天悯人办教育，特别强调宽容，因为世人经历不同、信仰不同、思想观念不同，所以要尊重每个人，接纳每个人。这就像受教育的学生，每个人都独一无二，有的愚钝、有的聪颖、有的乖巧、有的顽皮、有的勇敢、有的懦弱，需用宽容的心态接纳他们，这种宽容接纳，更需要有大爱。

　　2017年12月，"百千万人才培养工程"高文班和高理班名师培养对象前往美国康州进行为期21天的研修。美国中小学课堂中，教师注重对儿童的独立性、创造性、自信心的培养。在西哈特福市德菲利普中学（King Philtp Middle School），我们聆听了中文课、艺术课，课堂气氛活跃，学生自由活动、自由发言，甚至打断教师的讲课，提出疑问，教师也鼓励学生，即使是荒谬离奇的问题，他们也有问必答。这种自由表达的氛围，让学生的天赋、自发性在开放的课堂上得以自然释放，课堂成为学生个性张扬的乐园。教师很看重学生独立探索的过程，鼓励学生对某些问题发表自己的独特想法，同时引导学生对自己的讲解进行批判性思考。在课堂作业设计中，鼓励学生自主，培养学生的创造性思维能力。美国的老师在如何调动学生的学习兴趣方面确实下了大功夫，纽黑文AMITY High School程老师教授AP中文课，在上课前，她制作许多小卡片，课堂上让学生进行汉语词语拼音的接龙，同时让学生上网，分组做游戏，激发兴趣中让学生自主达成。教师普遍遵循杜威"教育即生活"理念和实用主义哲学，注重从生活寻找教育源泉，多给学生提供想象的机会，并让他们感受到成功的喜悦，不断激励学生探索、创新，从而达成对知识的自主建构。当然，美国的课堂存在一些缺陷，学生容易被活动本身吸引，而对活动所指向的知识却不一定有明确意识；一堂课，除了师生交流、学生分组、互相讨论，知识点不多，个别学生游离于交流活动之外，这些往往造成课堂效率较低。在国内接受过完整中小学教育、在美国留学、而后又在美国当中文教师程老师说，有时很羡慕国内高效的课堂，学生在短时间内能把知识打牢固，这是美国课堂很难做到的。可以说，提高课堂效率也是当前美国教师面临的一个重大课题。

近几年，省教育厅组织部分"百千万人才培养工程"培养对象到粤东西北送教下乡，我先后在河源市东源县东江中学、东源中学上了示范课《定风波》，做了《创新教研与评价》讲座，在茂名第十中学做了《文本解读与语文课堂教学》讲座，并与当地教师结对子研讨教学难题。

这四年来一路在听、在学、在走、在教，始终以学校和学生作为研究、学习、实践的主体，我把所学、所听、所悟整合成一个个教育故事、一段段通俗的教育理论，讲给我的学生、介绍给同行，并结集在微信公众号推广，《为了你，一直走在最前面》在《汕尾教育》分四期连载，让更多的人分享我学习的喜悦与沉思。学校是生命成长的地方，每个个体都是鲜活的，每个生命都有意义，因而教育就应更多地体现人性，尊重生命。学生永远是学校成长的关键，每一次教育活动都提醒我们需要用一颗平常心对待，将目标融入过程，将发展纳入实践，心怀每个孩子的成长足迹，培养孩子的自信；情系每个孩子的健康幸福，认同差异，鼓励全面发展，提高综合能力，为他们终身发展奠定基础。

参加"百千万人才培养工程"名师培养项目，让我吸收了省内外专家名师教育教学智慧，结识了全省许多优秀教师，进入了省内重点、不发达地区各类学校，参访了中国台湾、美国、中国香港等区域不同学段、不同类型学校，理清了学校教育、学科教学的一些热点问题，让我对语文教学的认识更为清晰，这种通透是以往职业经历中所没有的，它不断地融进每天的课堂教学，如清流般一直流淌进学生心田，我归结为这是"百千万名师培养工程"给我生命的厚赐和职业的机缘。

六、教育之慧：摒弃纷繁后内心的丰盈

2017年11月我被省教育厅授予"广东省中小学名教师工作室主持人"，12月被评为中学语文正高级教师，同时也被华南师范大学教师教育学部等聘为兼职教授，

这是教育生涯的终点，抑或是一个新的起点？经历内心攘扰困顿之后，我趋于平静、安宁和明亮，开始了对教育本质的思考，对教育之慧的探索。"慧"从字面上来看，手拿着扫把扫除内心的尘埃，洞察真相，明心见性；"智"本义是谈论作战谋略，智力、才智、机智。我们说"急中生智""静极生慧"，佛家说"照见名智、解了称慧"，智是"日、知"，即以每天知识的累积，"慧"则是摒弃纷繁之后内心的丰盈。

我静下了心，进一步系统地学习教学理论。从教材钻研到专业期刊、从教学案例到学科专著、从语文教学到古今中外教学理论，不断啃一些难懂的"烧脑"的书，静静地读、慢慢地想，是时间的积累让我对语文学科的轮廓更为清晰。在教学上凝练"慧语文"教学思想，即教师注重日常专业发展和思想修炼，成为慧师；在教学上能够实施高效的方法，做到慧教；学习者能够获得适宜的个性化学习和美好的发展体验，得到慧学。在阅读中寻求慧，在写作中彰显慧，在实践中创生慧，从而培养具有良好价值取向、较好思维品质、较深创造潜能的人才。

"慧语文"体现在课堂上是慧教。研究每一堂课，上好每一堂课，以学生为主体，注重发现学习和课堂生成，以提升学生语文素养为核心，以提高学生的学习兴趣为前提，优化学生的学习方法，关注学生的个性发展，重视培养学生的自学能力，在教学上总结了"导学研讨、训练拓展"课堂模式，写作训练上总结了作文材料"叙议结合法"。我特别注重高考备考的研究和团队引领，2018年我被聘为汕尾市高中语文学科中心教研组成员、浙江师范大学高中语文核心团队成员，2019年被聘为粤东基础教育学科群语文首席专家组成员。2017年5月，在汕尾市教学观摩学术研讨会做了《"慧语文"教学思想凝炼》学术报告，2018年7月，为汕尾市骨干教师开展《基于新课标背景下"慧语文"教学实践》讲座，2019年8月，在"浙苏名师大讲堂"中做《写作教学之慧》讲座。

内心丰盈才能有新收获。在注重课堂教学之余，近年来我把目光放在对新人的培养上。担任广东省中小学名教师工作室主持人后，工作室也承担全市大型教研活动，如组织2018汕尾市诗歌教学研讨会，工作室成员同课异构，让全市名师检阅他们的学习成果，组织成员参与全国名师的交流，参加第十届"全国新语文教学尖锋论坛"研讨。为市、区学校介绍经验、做专题讲座，深入边远地区送课下乡，利用寒暑假致力于学科与信息技术的整合与推广，共培养800多名学科教师，有效促进了汕尾市教师的专业成长。

教育是成人达己的事业，幸福是师生的彼此成就。工作室研修团队坚持"向阳、幸福、互研、共生"，"向阳"展示教师对生命充满热爱、积极乐观的研修状态，只有生活丰富的人，才能点燃学生心中的未知；"幸福"是师生的共同追求，只有人性丰盈的教师，才能用耐心启迪学生心灵，种下慧根；"共生"是在互研、互助基础上产生的，教育理想因为一群人走在一起，你将不会孤单，志同道合的同伴你会让你走得更坚实、走得更远。

七、教育跨越：启航、领航

2018年5月，教育部中小学名师名校长领航工程在北京启动，这是全国中小学教师校长培养的最高班次，被喻为国培计划中皇冠上的明珠，其中名师领航班从全国各地包括香港澳门地区遴选129名教师组成，并进行3年连续性系统的培养，培养对象均是正高级教师或特级教师，来自宁夏银川市第六中学的马文科、河北张家口一中的尤立增、河北衡水中学的信金焕、新疆克拉玛依第一中学的孙玉红和我，五位语文老师被分配到教育部名师领航工程浙江师范大学基地，师从博士生导师蔡伟教授。

蔡伟教授注重培训和研修规划，一年多时间举行了三次集中研修。邀请了王尚文、荣维东、郑逸农、项香女、陈益林、寇永升、包建新等名家授课，注重与各流派语文名师思想交汇，帮助学员吸收各家之长。还专门设计了"读、研、写"环节，即让领航学员带着研究主题，泡在浙江师范大学图书馆，快速大量阅读，共同探讨读书心得，将读书所得引进论文写作中。通过参加"全国新语文教学尖峰论坛""苏浙名师大讲坛"让学员能与风格类型不一的专家名师形成多元化的碰撞，实现搜知集见、思维共振，使学员突破了业已形成的模式化惰性，拓展了眼界，强化了创新能力，提高了从知识到观念、从方法到技巧的"领航"能力。

参加浙师大的几次研修，我近距离领略了江浙名师们风采，深入了解金华、绍兴等名镇的人文历史、蓬勃发展的教育生态。但朝夕相处的依然是其他四位领航班学员，"老马"马文科，我们的"定海神针"，年龄最大，宁夏回族自治区银川市第六中学正高级教师，自治区"优秀教师"，首批"塞上名师"，全国优秀班主任、全国教师育人模范，"走心语文"倡导者；"老尤"尤立增，我们的"航标"，张家口一中正高级教师、特级教师，全国人大代表，曾获全国五一劳动奖章、全国师德标兵、全国优秀语文教师、国家"万人计划"教学名师,《尤立增讲语文》《高中作文教与学》、"以学情为核心"教学法早就斐声教坛;信金焕,河北衡水中学正高级教师、特级教师、河北语文名师,河北省十三届人大代表、全国妇联代表,曾获河北省第五届十大女杰、燕赵百名优秀女性、全国三八红旗手、全国五一劳动奖章获得者,某年担任班主任培养了20多名学生考上清华大学与北京大学,首创"叙事语文"。孙玉红,新疆克拉玛依市第一中学正高级教师,华东师范大学教育硕士,克拉玛依特级教师,克拉玛依市人大代表、劳动模范,全国课改优秀教师。对我来说,同伴们亦友亦师,"老马"大我八岁,"老尤"大我六岁,其他二位也比我稍大,论学识、年龄他们足可当我的老师,他们均亲切地称呼我"小蔡",以区别于"老蔡"蔡伟导师。是什么渊源让我们走在一起呢?或者说我们为何一次又一次得到命运的垂青呢?我们之间曾有一次探讨,见过世面的"老马"说:"我们几个都是善良的人!"似是回答,却让我沉思。一个人能走得更远,并不是智商、能力决定,更多的是品德、素养、机遇等因素。我对当前立德树人的教育导向又多了更深的一层认识。

导师"老蔡"对我这个"小蔡"要求较为严格,从学术上规范到课堂磨炼给了很多硬性指标。为国培计划名师上示范课、到边远地区送课、在"全国新语文教学尖峰论坛"中当主持、苏浙名师大讲坛中评课、为浙江名师介绍"慧语文"阅读写作,给任务、促成长、盼启航。2018年10月我在浙江省绍兴市鲁迅中学讲了《观点致胜,创意表达——基于"跨媒介阅读与交流"的读写融合》一课,教育部国培计划一线优秀教师与教研员130多人听了这节课,课后备受赞赏,被浙江师范大学评为首届国培明星讲师。我乐于接受小有挑战的任务,并付诸全力,以求做得更好,这让我获得了很多成长的机会。回首往事,机遇的眷顾,多是从那些不经意的小事而起,而当时你是付出了认真与汗水的。创造苹果奇迹的乔布斯说过一段话值得深省:"你无法预先把点点滴滴串连起来;只有在未来回顾时,你才会明白那些点点滴滴是如何串在一起的。所以你得相信,眼前你经历的种种,将来多少会连结在一起。"

成长路上,历历在目,一一闪现,我努力去捕捉其中一两个迷人的瞬间,终究已成尘忆。但有四句话一直在内心深处回响:以仁爱温度明心育人、站学科高度植根课堂、用共享广度示范引领、以学养深度成人达己。我常念《道德经》"万物恃之以生而不辞,功成而不有"这句话,25年来,每学期都担任语文教学任务,把一届又一届学生送上大学，学生直言我对他们的影响很大，但我从不认为是自己的功劳，只是做了应该做的、想做的事。此刻，想到了500多年前明朝王阳明在贵州龙场悟道，提出"圣人之道，吾性自足"，他所说的道，就是致良知，其途径就是明心和净心。教师应是一个有梦的人，做一名慧师，时刻叩问生命的本质，生命的意义，用自己热爱生命的激情、饱满的文化涵养、高尚的人格魅力，去影响学生。

行走在慧师成长的路上

写字、下厨、读书、饮酒

纪仲龙

写　字

我小学时候字写得特别难看。自上初中，每天晚餐后父母就招呼我一并在餐桌上练字，各练各的，甚少交谈，时间上也不限制长短，练到不想练了就可以随意歇住，也从不临摹。

至今依然记得练习的第一个是"思"，先写十遍，再从里面挑出一个自己认为最好的，照着再写十遍，再挑再写，百千次重复，直到基本满意为止。细数一下，每天练字的习惯已经保持了二十一年。

刚走上讲台那会，我也是取拙。从业十二年来，我的课程量在单位同科组中总是最多，甚至有一段时间包圆了整个高三级的语文课。因为不用坐班，没课的半天我经常跑去其他学校代课，寒暑假在汕头门户网站的灌水区发布义教信息并前往无偿授课，并积极参加各种培训和比赛。也许生长在教育家族是我这么热爱课堂的原动力，但是让我坚持下去的主因还是从常年练字中体会到的积累的意义。

后来我让学生一起练字，2011届的学生被我带了三年，练了三年，现在翻看朋友圈还能经常刷到他们每天晒上去的字。至于这一届当年在高考取得好成绩，是不是因为卷面美观，就不得而知了。

当然，苦苦练字并不一定可以让你进书协，在书协里的人也并不一定经历过苦练。

那些在书法历史上被赐予王座的人确实经历了大量的练习，但是同时期或许也有一些人甚至练得更多，但为什么没有名垂青史？实际上，重复作业只能把技能熟练度练满，与艺术造诣没有必然联系。《笑傲江湖》中，令狐冲初向任盈盈学琴，颇为生涩，为任盈盈婢女所笑。任盈盈却认为令狐公子琴音意境豁达高远，实为上品。同理，写字完成"技"的积累后就要去寻找自己的"艺"，在书写中融入自己的气质和美学主张，印刷体没有灵魂。

"技"与"艺"属两个范畴。教书也是如此，许多人谈及教育心得，总是喜欢介绍一些"艺"的部分。这部分确实生动，但是对于后来者意义不大。"技"具共性，"艺"是个性，共性的事物更具有参考价值。

下　厨

主料：米饭（200克）

辅料：油（适量）、盐（适量）、胡萝卜（20克）、火腿（50克）、豌豆（适量）、鸡蛋（2枚）、小葱（适量）

做法：

1.胡萝卜洗净切丁，火腿切丁备用；

2.锅里倒入清水，倒入豌豆煮熟；

3.倒入胡萝卜丁焯水后捞出备用；

4.起油锅，倒入鸡蛋液小火炒散后盛出；

5.锅里倒入适量植物油，放入葱花爆香；

6.倒入豌豆粒、胡萝卜丁翻炒；

7.倒入米饭，小火翻炒；

8.等米饭炒散发黏后倒入鸡蛋碎翻炒均匀；

9.倒入火腿丁，调入少量精盐，翻炒均匀关火；

10.盖锅盖焖上5分钟。

之前极少下厨，免不了依赖食谱。做完后不仅发现众口难调，还明白了不同的厨师对照同一份食谱做出来的菜也是相去甚远。

考纲、教案之于食谱有何异乎？

教育的原材料、过程和产品都是人，比食材、烹饪步骤和成品更具不确定性。用确定的考纲和教案来套用在不确定的课堂上，诚不可取，而当下有多少站在讲台上的老师敢于去驾驭这种不确定性？诚然照本宣科风险较小，不易犯错，即便犯错，也是"本"有错在先。天马行空地驾驭课堂有时候让人惊艳，让你在学生中疯狂"吸粉"，但也有时候会把菜炒焦。我们该如何取舍？

辛波斯卡说："这样的确信是美丽的，但变化无常更为美丽。"

在教学内容的选择上不妨更为"狂浪"。学生天然地对课本有排斥心理，他们更喜欢外面广阔的世界。在教学内容的取舍选择上，语文比其他科目更具灵活性。在我的课堂上，师弟林伟焕的诗歌《温柔》让学生热泪盈眶；电影《海上钢琴师》的片段被改编为散文；郎朗与父亲在维也纳的合奏视频《赛马》让学生轻易联想起朱自清的《背影》；《赛扬娜拉》让学生在《再别康桥》后再度沦陷；母校韩师110周年校庆的邀请函也让学生在文字的芬芳中沉醉；甚至微信公众号的文案，甚至随处可见的广告词……

在教法方面则更应灵活。我自毕业以来就在汕头市渔洲中学任教，我校的高中录取成绩在整个汕头市排在……反正从后面看的话一眼就可以看见，我唯一教了三年的一届是2011届。高一入学的时候，绝大多数学生没有办法在2节课的时间里完成800字的作文。

面对这个情况，我开展了一个悬赏写作活动。先去印了1 000张300格的作文纸，左上角有一只脚印的图案，告诉学生"千里之行，始于足下"，然后将之放在教室里让学生自由索取。

活动设计如下：

1.时间上从即日起以两个月为限；

2.内容不限，必须原创；

3.写完了自由上交，一旦上交则视为愿意公之于众，且我必给予不低于100字的批阅；

4. 奖品神秘且丰厚。

活动刚开展时，那些愿意上交的学生，我确实花了很多精力予以善意的回复，鼓励他们坚持下去。即便只写了一两句话，我还是努力去寻找细碎的亮点并在课堂上加以放大，使这些学生在尝试中获得成就感和自信。随着他们的带动，越来越多学生参与进来。两个月之后，两个班80多名学生共写出26万多字，产量最高的两位学生获得了"蜜蜂奖"，写得最好的小吟荣获"圣笔奖"，最有文艺范的晓玲荣获"最富才情奖"，还有一些同学得到了"哲思奖"，病休半个月仍在家坚持写作的那个调皮捣蛋的男生获得了"身残志坚奖"，奖品都是书（那时候韩山诗社的兄弟们支援了我不少，特此鸣谢）……就连两位一点文字都没有写的学生，我也给颁发了"沉默是金奖"，当然，奖品是两叠空白的作文纸，各自装在一个超大的礼盒里。

高二的时候学生们关于再次举办文学活动的呼声很高，我在班里开展了一个小说接龙的活动，从1号写起，每人完成一章。结果1号同学第一章就把主角写死了，还好2号聪明，采用了倒叙的写法。过程是好玩的，大家都很喜欢玩。后来他们把自己作品收集起来，由我写序，然后印成一本很有意思的册子。

那叠厚厚在作文纸和这本小册至今被我珍藏在办公桌下的箱子里。后来他们毕业了，读大学，走上社会，甚至成家了，偶尔返校，还是喜欢去翻找自己当年的文字。

这一届之后，我连续在毕业班任教。时间紧，任务重，没有足够长的时间让我去慢慢培养学生的文学素养了，确实挺遗憾。

在毕业班任教，根据后面几届学生的水平，我改变了作文教学的方法。基于长期写下水作文的经验，我拟定了一个高分作文的模板——"9段26句"，并通过17个课时完成这个知识点的教学。有一些卷面较好的学生在高考一模中运用这个模板得到55分左右的高分。

但我在高考后一定告诉他们，赶紧把这个急功近利的东西忘掉。

读　书

有一个中年女同事的儿子每次理完发都会去问母亲好不好看，得到肯定答复就伤心欲绝，反之则得意万分。他说，被老一辈称赞的话说明发型老土，窃以为在理。每当有学生要我推荐书单，我就把这个例子告诉他们。

各种"必读必背"文本确实是经典，但经典不一定具有必然的适用性。特别是基础薄弱的学生，阅读的萌芽可能被经典"掐死"。

我至今庆幸自己的阅读历程。在我还不识字的时候，邻居家的二儿子有很多连环画，大多是侠士、传奇题材。后来他把这些书通通送给了我，它们确确实实是我阅读的启蒙。后来二哥不知道出于什么原因，远走出家，现已不知所踪。那时候印刷品特别稀缺，有时候上厕所发现厕纸筒是由一些碎报纸卷起来的，我也会如获至宝，小心拆开，蹲着反复看，蹲得腿都麻了。现在的小孩基本不用付出什么努力就可以拥有很多书籍，这确实是一种悲剧——书非借而不能读也。

小学时，图书馆管理员是我朋友的母亲，里面的为数不多的藏书对我而言

写字　下厨　读书　饮酒

已经足具诱惑。除开一些确实看不懂的竖版印刷品，剩余的大多数是琼瑶阿姨的《匆匆，太匆匆》之类的作品，在撷取我不少少年泪的同时，确实也让我在某些方面变得早熟。再往后，社会上的杂志和著作等出版物突然就多起来了，但是我小时候毕竟"穷怕了"，便来者不拒……直到大学时候才开始有选择性地阅读专业领域的书。

先自成桃李，再做种桃人，当一个语文老师，自然是要读书的。不仅要会读，还要懂得指导学生阅读。基于理发的例子，我甚少干预学生选择阅读的书目，这就导致我必须了解非常驳杂的题材。武侠的，人物塑造有血有肉；言情的，心理刻画入木三分；战争的，氛围营造身临其境；穿越的，熟知历史；架空的，奇思妙想；幻想的，自圆其说……

饮　酒

有一天我从 KTV 出来遇见学生，他们都很惊讶，纷纷表示想不到老师也会来这种声色犬马之地。我就给他们讲了一个故事。

我读小学低年级的时候，同桌曾神秘兮兮地在班里说："我刚才去上厕所，竟然看到老师也去上厕所了！"大家哗然，像老师这样的存在，竟然也需要上厕所吗？

天之君子，人之小人；人之君子，天之小人。自然属性和社会属性是对立统一的。遵从天性者大多不被社会所喜，而社会对教师这个职业的过度期许则会在一定程度上磨灭教师的自然属性。教师首先是一个人，人首先是一种动物。

当前社会这种相对抑制教师自然属性的氛围，会限制教师的眼界和格局。有血有肉的老师才能教出一班灵魂有趣的学生。

社会可以是大染缸，让人失去本色，也可以是滚滚江流，大势之下磨去棱角。蒋公请吃饭，敢不去的人毕竟少。不去则生计堪忧，去了不免违背本心，郁之于怀。归根结底，是教师社会地位与精神层次无法匹配的尴尬。

我问过学生，如果可以选择，要让国学泰斗，还是让马云来教语文？大多数学生选择了资本英雄。社会不应该一边鼓吹资本，一边让拿着微薄工资的教师传尊师重教之道。在这种尴尬中有多少教师将精力投于副业？会造成多么深远的影响？

"酒乃水谷之气，辛甘性热，入心肝二经。"《本草备要》记载："少饮则和血运气，壮神御寒，遣性消愁，辞邪除秽。"

从教十二年，我喝掉的酒实在难以计数，好在有它热我心肝。

后 记

写这篇文章时，我已经借调在其他部门任职，大半年没有从事教育了。写着写着，特别想回去教书。

写字 下厨 读书 饮酒

三十五载教书育人，一路勤勉为人师表
——海岛杏坛一位勤奋的耕耘者

陈奇南

　　1984年，我从广东省韩山师范专科学校毕业回家乡南澳县，分配到南澳中学工作。从事教育工作35年来，我扎根海岛，立身海岛杏坛，在教育的园地辛勤耕耘，勤勤恳恳工作，认真教书育人。我在南澳中学任教21年，任教初中语文10年，其中任教初三语文5年；任教高中语文11年，其中任教高三语文7年；担任班主任7年，教研组长7年，年级长5年，学校语文教研员1年，政教处副主任1年，教导处副主任1年，校长办公室主任4年，副校长3年。2005年调任南澳县第二中学校长，干了10年。2015年调回南澳中学担任学校党总支书记。授业学生约2 000人，受教育学生约5 000人。获得省级荣誉2项、大市级荣誉1项、市级荣誉3项、县级荣誉5项，中共南澳县委组织部管县级优秀拔尖人才。论文获国家级学会二等奖1篇，省级学会三等奖1篇，市级一等奖3篇、二等奖2篇、三等奖1篇，县级一等奖2篇；论文被收入国家级出版物1篇，被收入省级学会论文集1篇，被收入市级党刊1篇，市级教育刊物发表1篇，被收入市级教改教研论文集1篇，被收入北师大中学校长培训提高班论文集1篇；个人著述教育教学论文集1册、诗集1册、诗词赏析评论1册、散文集2册，编写、编录文稿7册，计有60万字。担任过省级评委1项、市级专家评委2项、市级学术研究会理事4项、县级学术研究会副会长1项；中国共产党市级代表大会代表1届，县级代表大会代表3届，连续三届当选中共南澳县教育局机关党委委员。高中语文高级教师。不是教育家，不是教学大家，也不是大名师，但还算是海岛教学方面的学者型教师、办学方面的学者型校长。

在教书育人的道路上，努力做一名人民群众满意的合格教师

　　从事教育工作以来，我以勤奋、敬业、严谨、好学、广学识、多才华、素养较为全面的秉性，务真求实，工作责任心强，教育教学业务能力较强，颇受学生喜欢信任、喜爱好评。

刚参加工作时我住的教师宿舍在教学区，兼管内宿学生夜自修和早操。因为工作认真，夜晚备课常至深夜。那橘黄色的灯光，曾经温暖了许多学生的心。有《校园即景》纪焉："夜阑孤影月朦胧，钢笔声声自用功。传道启文当如是，今人絮絮说文公。"

任课的年段，多数年段任教毕业班。无论任教初三毕业班还是高三毕业班，都是把关教师的角色，尤以1998年、1999年高考成绩为佳。1998年任学校教导处副主任，担任2个班的语文课教学（1个理科大班，1个文科普通班），当年高考语文科理科大班平均分列汕头市第7，全级（3个班）语文平均分列汕头市第9名，获得汕头市高考奖励；1999年任校长办公室主任，担任1个理科重点班语文课教学，行政工作和教学骨干工作一肩挑，当年高考该班语文平均分仅次于汕头金中、汕头市一中的全校语文平均分（汕头金中、汕头市一中入学分数远高于南澳中学重点班入学分数）。

1997年至2002年连续6年担任高三语文把关教师，带领、指导、培养一批批新任高三语文教学的中青年教师胜任高三语文教学与高考备考工作。这几年也是南澳中学高考创佳绩、学生考上一流大学的黄金时期。1999年，谢光耀同学考上中国人民大学（当年高考语文科标准分850分，语文单科成绩列广东省25名）；2000年，周少雄同学考上浙江大学；2001年，林映才同学考上中山医科大学；2002年，杨泽瀚同学考上中山大学；每年均有学生考上华南理工大学、暨南大学、华南师范大学、广东外语外贸大学、广州中医药大学等"211"工程大学。以后随着行政工作的繁重，特别是担任校级领导后，教学上的研究、精力投入不足了，我渐渐淡出教学一线。

由于教学上的热情投入，较为博学多才，授课"好听好考"，教学效果好，我成为学生喜欢、印象好、记得住、想念的老师。

曾在中国银行深圳市支行风险部工作的南澳中学1986届初中毕业的学生说："当年您给我们讲《苏州园林》《醉翁亭记》，在黑板上用粉笔寥寥几笔就勾画出苏州园林的假山亭阁、醉翁亭亭角高翘的形状；上《记一辆纺车》，在黑板上勾画出纺车的形状，都直观好懂，使我们印象深刻。因为老师您的启蒙，我对诗歌产生了浓厚的兴趣，现在工作之余还喜欢写写诗歌，正如老师您给我诗集作序说的

三十五载教书育人　一路勤勉为人师表

'纪游佳句寓时感，留作闲时遣寂寥'。"

在汕头市人大常委会办公室工作的南澳中学1987届初中毕业的学生说："当年您上《故乡》，在黑板上用粉笔勾画出'苍茫的天底下，一轮金黄的圆月'，勾画出'豆腐西施'杨二嫂'活像教学仪器里的圆规'形象，让我们觉得好新鲜，印象特别深刻。"

在中共南澳县委组织部工作的南澳中学1998届高中毕业的学生说："当年我们刚升上高三，您刚接手我们这个班的语文课。您给我们上第一节语文课时，从教室外唱着电视系列剧《聊斋》的主题曲《说聊斋》走上讲台，引得我们惊奇地哄堂大笑。然后您给我们讲读蒲松龄的《促织》，我们在惊奇的大笑之后，饶有兴味地听您讲读课文。从此我们喜欢上了您的语文课，那年的高考，我们的语文都考得不错，听说高三语文科还得到市的奖励呢。"

考上第二军医大学毕业后在南方医科大学读博士的南澳中学1999届高中毕业的学生说："当年读高三时，语文是我平时考得最差的薄弱学科。在老师您的指导下，我的语文成绩进步很快，当年高考，语文是我高考5个学科中分数最高的。现在我写毕业论文、学术论文以及翻译论文，都没问题。"

在广州读大学的南澳中学2000届高中毕业的学生假期找我谈话说："当年因为老师您而喜欢上了语文课，打下扎实的语文基础，到大学修读大学公共修课程《大学语文》就容易多了。"

在广州某医疗保健机构工作的南澳中学2001届高中毕业的学生说："因为老师您当年课余时间给我辅导写作，使我的写作过关了，参加工作后很是实用受用。能干又能写，工作上就不会吃力吃亏，还得到单位领导的重视和重用。"

有的学生听了其同学对我的介绍，很羡慕其同学有幸有这样的好老师任教；参加学生的聚会，不曾被我教过的学生对我说，当年没有能听老师您上课，真的感到很遗憾。刚参加工作任教初二语文时，就有初三级的学生听了她读初二的妹妹对我上课情况的介绍，偷偷到教室后排座位"偷听"我上课。当年连续担任高三毕业班语文把关老师的六年时间，确有学生为不能在我任教的班级学习而对家长哭闹，家长三请四托找关系，想尽办法让自己的孩子能调进我任教的班级。学生们因认为我属于博学多才的学者型教师而尊敬我，家长们因为我的敬业精神好、教学效果佳、人品口碑好而敬重我。

当教师虽然平凡，但你的名声价值可以通过自身的努力及努力产生的效果，产生印象、评价的传播，形成口碑，产生社会价值，你的人生也就有了价值。

师生情浓也情深

当年刚参加工作当班主任，我时常去家访。由于与学生的年龄相差不大，有的家长错把我当成其孩子的同学。因为经常去家访，几乎班里的学生都家访了一遍，家长对我的印象很好很深，有的走动如同亲戚。后来有些学生结婚，也请我参加他们的婚礼，甚至当他们的证婚人。

由于工作责任心强，教学效果不错，教过的一批批学生毕业、升学、成才，桃李芬芳，学生遍布省外的北京、上海、济南、杭州、重庆等地，省内的广州、深圳、珠海、中山、肇庆、汕头等地。许多学生在汕头市、南澳县的党政机关、事业单位工作，我有时到市里、县里开会或办事，学生都热情招呼我，喝茶叙旧，甚或请我吃饭，安排住宾馆，通知在地同学到宾馆座谈茶叙，临走还送上特产。

由于教过的学生多，有的已想不起他们的名字，有的已记不清他们是哪一届的。每当这样的情形，我就要求他们报上自己是哪一届南澳中学初中或高中毕业的，报上自己的大名；报上姓名还想不起来的，就叫他们说出其要好同学的名字，最终总能记忆起来。

近几年每年都有到深圳参加公务活动。每次都有在深圳工作的学生接车、接待，陪伴左右帮忙，到宾馆座谈茶叙直至深夜，感到十分的暖心和欣慰。

有几位在外地工作的学生，每年春节回家过年，都到我家里给我拜年，有的还专程从汕头市区赶到南澳给我拜年。有的说，"一日为师，终生为师"。有的说，"一日为师，终生为父"。

以前每逢元旦、春节，都有学生寄来明信片；现在，每逢节日、节令，都有学生发来微信问候。师生之间，亦师亦友，形成良师益友关系、氛围。

近年来，有好几届初中、高中毕业的学生春节聚会，常邀请我参加他们的聚会。他们现在毕业20年、30年回母校聚会看看校园，都请我参加他们的聚会并给他们介绍学校的办学发展近况。

很尊敬我的学生以单"师"字称呼我，关系极好的学生以"南师"称我。记得担任南澳中学校长办公室主任时，给校长开车的小黄出于对我的尊敬，称呼我时常省去陈姓简称"主啊"，不明究竟者一时真不知为何这般称呼。

一位学生辈的新任县教育局副局长到县教育局履任，到南澳中学见面时对我说，您的名望在岛内说小有名气委屈了，说如雷贯耳夸大了，确切说是很响亮。

这是莫大的欣慰，是你应当付出的意外收获，也是你真心付出、全身心投入的回报、福报。

在不断学习的道路上，努力践行"终身教育，终生学习"理念

从韩师毕业后从事教育工作，已有35年的教龄。其间不断参加函授、培训、学习，确也践行了已倡行多年的"终身教育，终生学习"的理念。

1998年6月至1999年8月，我参加华南师范大学研究生处举办的中国语言文学研究生课程函授进修班修读。虽教学点设在汕头教育学院而未入华南师范大学校门，但2000年参加广东省高考语文科评卷，也就进了华南师范大学的校门，在图书馆评卷，住进了研究生公寓，算是补了一课。

2001年参加汕头市级骨干教师（语文学科）培训，地点就在汕头教育学院，连同华南师范大学研究生课程函授教学点设在汕头教育学院，在汕头教育学院断断续续学习了不短的时间。

2005年7月参加广东省教育厅举办的高中新课程管理校长省级培训，培训机构及地点在广东教育学院，在广东教育学院学习了一周时间。

2006年3月至5月，参加汕头市委组织部、汕头市教育局与北京师范大学基础教育和教师继续教育学院联合举办的北京师范大学广东省汕头市中学校长高级研修班（首期）学习，千里迢迢到北京师范大学学习了两个月，住进了外籍研究生公寓励耘学苑，在英东学术馆上课学习，感受处于大首都的百年名校"木铎金声"的韵味。

2018年5月参加汕头市教育局举办的汕头市教育系统党务干部培训，又不远千里到了陕西师范大学学习。在陕师大学习了一周，感受处于千年十三朝古都的陕师大的深沉厚重、朴实温雅的校园文化。

2015年因教育强县创建工作处于关键阶段，我放弃了赴华东师范大学为期2周的中学校长提高班的学习培训。但2017年7月随南澳县拔尖人才外出交流学习，到了位于青岛的中国海洋大学水产学院学习交流，填补了未了解华东片教育及文化底蕴的空白。

35年来，除了勤勉教书育人，还不断进修学习。教育系统的学习，从学历进修到骨干教师培训，从课程管理到学校管理，不断参加培训学习，开拓了自己的教育视野，更新自己的教育、教学和学校管理理念，提升了自己教学能力和学校管理水平。在教育生涯的道路上，一直奋力前行，勇进永进。

任南澳中学党总支书记后，积极参加党务干部系列的培训。2017年参加汕头市委党校高层次人才研讨班为期2周的学习研讨，深入学习理解党的十八届六中全会精神和习近平总书记关于广东工作的讲话精神，进行创新理念、创新理论的研讨；2018年5月参加汕头市教育系统党务干部在陕西师范大学为期1周的培训，深入理解领会党的十九大精神和党的"初心"，提高了自己的党的理论素养和政治素养。

2013年随南澳县委组织部党建工作研究中心组参访了党的红色教育基地古田会议故址，接受一次党性、党建教育，领会党的支部作为基层党组织的重要作用。2017年参加南澳县拔尖人才水产养殖研究项目到中国海洋大学学习交流，拓展知识视野，感受中国最早最权威的海洋探索、研究、发现、开发利用成果。

多方面多层次的不断培训学习，令我不断拓展知识视野和思想境界，不断提高自身的综合素养。

在教育教学、教研教改的道路上，努力勇立潮头

我从事教育工作的第一篇论文《漫谈初中语文课课题的引入》撰写于1987年，也就是从教的第三年。该论文参加南澳县教育学会成立大会暨第一届年会优秀论文交流会交流，被安排在大会上宣读，并收入年会论文集；1994年，该论文收入《汕头市中学语文教改教研论文集》，并作为广东省中学语文教学研究会第五届年会交流材料。

20世纪90年代初，初中语文教材曾一度采用《阅读》《汉语·写作》分编，语文课有两本教科书。如何使用好两本教科书上课，完成教学内容，成为任教的语文老师要研究、实践、总结的新任务。经过一学期的教学尝试，1991年，我撰写了《浅谈分编型初中语文教材的处理》一文，就如何处理当时初中语文教材《阅读》《汉语·写作》分编的教学问题作了粗浅论述，在县中语会1991年年会上交流宣读。

1993年实行九年义务教育，采用了九年义务教育新编教材，又撰写了《试谈九年义务教育初中语文教材的处理》一文，在汕头市教育局召开的首届九年义务教育初中语文教材研讨会上作为大会发言宣读交流。

1999年，参加华南师范大学中国语言文学研究生课程进修时，古代汉语课程作业撰写了《古诗中"兮"字用法研究》一文。上古代汉语的华南师范大学古汉语教研室副主任魏达纯教授说，古汉语研究还很少有对古诗中"兮"字用法专

三十五载教书育人 一路勤勉为人师表

门研究的论文。我的文章对"兮"字在古诗中的用法特别是其后来淡出的原因做了粗浅的研究，提出了由于双音词的出现（汉语词逐步双音化）和格律诗出现是"兮"字在古代诗歌中渐渐淡出的主要原因的观点。魏教授很赞同我的观点，便把我的文章推荐在华南师大中文期刊《语文辅导》2000年第二期上发表。

2000年，创新教育如火如荼，汕头市教育局成立学习创新科学研究会，我被被推选为研究会理事，撰写的论文《在中学语文教学中积极培养学生的创新精神和创造能力》获汕头市学习创新研讨会优秀论文一等奖，参加汕头市教育局学习创新研讨大会发言宣读并进行现场答辩；该论文后来入选全国中语会重点课题"中学生语文创新能力培养"的子课题中学语文"读写创"成果论文集《创新实践的魅力》，由开明出版社出版。该课题获全国首届中学语文教学实验成果评选一等奖。

2006年参加北京师范大学广东省汕头市中学校长首期高级研修班研修，写的结业论文《校本教育管理五个层面的优化管理》发表于《汕头教育》2006年第3期，并作为封面标题。同年，该论文收入北京师范大学基础教育和教师培训学院编印的论文集，并被作序的副院长作为学员论文学校管理篇评述引例。

2012年参加市委组织部"创先争优党旗红"征文，写了散文《校园里有一群"牛"》，赞扬学校里一群有"牛"一样勤劳耕耘精神的勤奋教书育人的南澳二中的党员教师，文章入选汕头市委组织部编印的《争先创优党旗红》文集。

教研生涯中，有几篇论文获奖。1997年撰写的论文《叶圣陶教育思想的现代化价值》获全国第二届"三老杯"中学语文教师论文大赛二等奖；2000年撰写的高考作文应考指导的论文《话题作文的特点与应试指导》，获汕头市2000年话题作文研讨会优秀论文一等奖，作为大会发言宣读交流论文，为汕头市高考话题作文备考贡献了一点研究和想法；2000年撰写的论文《在中学语文教学中积极培养学生的创新精神和创造能力》，获汕头市学习创新研讨会优秀论文一等奖，在大会发言宣读并进行现场答辩；1995年的班主任论文《激励鼓舞—教育引导—严格要求》，获汕头市1995年班主任年会优秀论文评选二等奖，并被安排在大会上作发言宣读交流；2002年参加汕头市文教卫"我身边的好老师、好护士"征文的散文《吾师巍巍》，虽只获市三等奖，却是县一等奖，更主要的是借机感恩并赞颂了自己的一位恩师方桂铨老师。

担任初中校长后，我不辍教育教学研究及论文写作。2004年写的关于学生心理健康教育的论文《分析—预防—疏导—激励》，获汕头市社会心理学会2005年度年会一等奖并在大会上交流；2006年撰写的论文《积极构建学校、家庭、社会三结合教育网络》，获第四届"华强杯"校长论坛论文评选三等奖；2011年撰写的论文《善待校园里的学困生》获汕头市教育学会2011年会论文评选二等奖，切实探讨了如何对待学困生问题。

这些交流、发表、获奖的论文，2011年自编成我的教育教学论文集《杏坛英果集》。广东省基础教育学科教学指导委员会委员、广东省中学语文教学专业委员会副秘书长、广东省特级教师、汕头市督学、汕头市教育局原教研室主任任泽老师热情为文集作序。

1997年，我被定为县级语文学科带头人，成为全国中学语文教学研究会教学实验研究中心成员；1998年，被定为县级名师培养对象，被推选为汕头市学习科学研究会理事、汕头市青年教师语文教学研究会理事；1999年，被推选为南澳县中学语文教研会副会长；2002年，被推选为汕头市青年教师中学语文教研会理事；2004年，被推选为汕头市社会心理学会理事；2007年，成为汕头市教师中级职称评委会入库评委；2012年，被推荐为潮汕星河辉勇师表奖专家评委、广东省中学教师高级职称评委会入库评委。

在教研的道路上，我"勇立潮头"。但因工作重心向管理的转移，以及随着年龄的增长，终于不能"永立潮头"了。

努力当好一名校长，转变一所学校

我担任南澳县第二中学校长已有10年。因该校原为改薄学校，校风和教学质量不佳；加之部分较好的师资分流至县第三中学，刚到南澳二中的起初两年，初一新生派位到南澳二中时常哭闹不到学校就读。这深深刺痛了我的自尊心，立志要改变这种境况。

当然，有美好愿景规划很重要，更重要的是脚踏实地地实干、苦干、巧干，做细致入微的工作。我的改薄目标分三个发展层级，分三步走：

首先是以学校德育工作为抓手，"内强素质，外树形象"；以转变学校校风为目标。学校内部加强学校德育工作的领导，配齐、配强学校德育工作领导人员，加强学校的德育队伍建设和德育工作管理，包括校园课间纪律管理、教学秩序、学生仪容仪表及行为习惯规范等。外围通过走访学校服务范围的村居委，取得村居委的支持，确保义务教育学龄段学生全部入学，防止学生辍学流失；通过与辖

三十五载教书育人 一路勤勉为人师表

区派出所隆东边防派出所结成共建文明单位，请派出所干警加强学校周边的治安巡逻；与县社会治安综合治理办公室联系，整治学校周边环境。一系列的举措落实，扭转了学风，改变了社会群众对学校的原有不良印象。

其次是提高学校教学质量。通过加强教研组备课组建设、规范课堂教学常规、学校领导巡视楼层年级教学秩序、规范学校听评课制度、深入课堂听评课、建立教师教学质量统计分析跟踪评价奖励机制、设立教学质量奖、设立教师中考优胜奖、评选表彰优秀学生、设立学业奖、奖励参加各级各类竞赛获奖的师生等建章立制，提升学校的教学质量。

在一批也有此志的学校中层干部和骨干教师的勠力配合下，终于扭转了局面，2008年中考一炮打响，学生获全县中考第一名，学校中考平均分列全县第一名。2012年学校彻底翻身，成为县初中教学质量最好的学校。学校各级各学科在县教育局期末统一质检和全县中考中，成绩实现大幅度提升，各年级总分、各学科尖子层占全县4所初中的一半以上，各年级、各学科平均分稳居第一，师生参加各级各类竞赛，获得省级、市级、县级奖项逐渐增多，成为全县初中学校的获奖大户。每年考上汕头市金山中学的学生保持在5—8名，考上汕头市一中的学生保持在8—12名。中考单科成绩进入全市前100名（全市有中考考生约9万人）的学生，2011年有7名，2012年有8名，改变了县城人民群众对南澳二中的看法，对南澳二中信任度、向往度增强。

自2010年汕头市有中考年报统计至2015年，学校中考平均分由全市129名、126名、124名、112名、93名、58名不断进位（全市有264所初中），后来县城初一新生争着到我们学校，学校中考平均分从2012年至2016年连续6年列全县第一，尖子层占全县一半左右。南澳二中成为南澳规模最大、办学质量最好的初级中学，初步成为海岛品牌学校。每年秋季初一新生入学派位，家长都想方设法让子女能到南澳二中就读，一定程度上减少了初中学生外流到岛外学校就读人数，缓解了岛内群众忧心焦虑、辛苦奔波谋求子女到岛外就读的状况。

最后是提升学校的办学综合水平，争取成为县域品牌学校。学校的办学发展也得到了县政府的高度重视，由正县长挂钩学校；分管教育的副县长认为南澳二中已初具县域品牌初中的雏形，鼓励学校努力打造成为汕头市有影响的县域品牌学校。于是学校在初步形成品牌效应的基础上，启动师资能力提升工程，提升教师的教育教学科研水平，培养一批学科带头人和名教师；提升学校领导的教育教学科研管理水平、办学管理综合水平，提升学校的综合办学水平、学校办学品位、品牌效应、区域吸引力，把数量不多的海岛生源留住，让海岛群众放心把子女留在岛内读书，不用远途奔劳及耗费高额学费，真正办成海岛人民群众满意的学校。

在办学实践中，学校坚持正确的办学方向，全面贯彻教育方针。严谨治校，细化优化学校的教育教学管理，重视校风和校园环境建设，重视教育教学常规管理，狠抓教学质量，重视教研教改与骨干教师培养，重视学科竞赛及激励机制，努力提高学校的办学质量，学校在集体及个人各项评先、教学质量评比、师生学科竞赛获奖、社会评价等方面取得了许多突破，提升了学校的办学水平，把一所薄弱学校改造成全县最好的初级中学。

2015年我调回南澳县南澳中学担任党总支书记，南澳二中办学发展的第三步目标还没能实现，只能留给继任者去努力。但我已给继任者打下扎实的基础，造就了学校办学发展的良好上升运行态势，留下了颇为丰厚的办学发展硬软件资源。

感谢党和政府给了不少荣誉

这35年间，我从不与人争评先评优名额，争荣誉，如推评"南粤教坛新秀"时，就把名额让给其他老师。但也在学校领导、老师们的推选下，获得了一些荣誉。

最早的荣誉是从事教育工作第三年的1987年，被南澳县教育局授予"南澳县优秀班主任"；1994年被南澳县委、县政府评为"南澳县优秀教师"二等奖，分别被南澳县教育局、广东省"振兴中华"读书活动领导小组（设在省教育厅办公室）评为县级、省级"振兴中华"读书活动先进指导者；1998年被南澳县委、县政府评为"南澳县优秀教师"代表；1998年被汕头市委、市政府授予"汕头市优秀教师"；2001年被中共广东省教育工委、人事厅、教育厅等五单位授予"南粤教书育人优秀教师"，县电视台专访报道了我的先进事迹；2008年被汕头市委、市政府授"汕头市优秀校长"；2011年当选为出席中国共产党汕头市第十次代表大会代表；2013荣获"潮汕星河辉勇师表奖"，同年被南澳县委、县政府命名为"南澳县优秀拔尖人才"；2014年被中共汕头市委组织部聘为汕头市干部管理社会监督员。

因为当校长的缘故，我失去了评特级教师的机会（正校长一般不推评），也失去了评正高职称的机会（多年不在教学一线，一般不推评）。汕头市教育局教研室原主任任泽老师、现任主任林荣秋老师，都认为我如果不当正校长，肯定能评上特级教师，还可以申评正高职称。有所得，有所失，得失孰大，唯心自知。但这35年，各级党和政府已给了我许多荣誉；而自己扎根海岛，安心教育工作，认真教书育人，桃李芬芳，确也无愧于家乡教育，无愧于党的教育事业，也无愧于自己。

自感咏曰："少壮不知世途艰，拼将黑发换白头。此生无悔求真实，博得乡亲众口讴。"

勤勉编著写作

35年来，我一直坚持写作。教学任务繁重时，多写些教学体会或经验总结；教育管理工作繁忙时，也写些教育工作心得；闲暇时也有感而发写些小诗或杂文散文；开通微信后，更多写些文史研究小杂文。

2011年，因机缘而整理教育教学论文，集成《杏坛英果集》，约10万字，得汕头市教育局教研室任泽主任为序；把自己多年来写的诗编成诗集《幻悟·闲吟集》，约4万字；把自己假期写的诗词赏析评论辑成《词英闲品》，约6万字；把自己近年来写的散文杂文集成《蛙声》，约5万字。以上诗集文集合编成《散珠集》（《蛙声》），约25万字，亦一生心血之凝注。任南澳二中校长10年，编写了校史《轨迹·南澳县第二中学办学发展大事记》，约4万字；整理个人成长档案《印迹·本人大事记》，约2万字；近年闲暇时或编写或辑录了《中国县域名类集》（约3万字）、《幽默·求职问答说高校》（约3万字）、《中外海军舰艇》（约3万字）、《对草·对偶说草药名》（约2万字）、《成语分类通俗说》（约6万字），整理本人微信杂文集《蛙声·微信杂谭》（约10万字），共约35万字。所有著述有60万字，均为自制作书样，自己设计封面及书页排版，聊作自娱。偶有单本或合集送领导、挚友求指教斧正者。

2012年，南澳县政府决定由将云澳镇申评"广东省渔乡风情小镇"，需要制作介绍材料演示文档及演讲稿，由分管旅游工作的副县长去作PK演讲（这位副县长湖南大学毕业的，曾任汕头市电信局培训部主任，有上课、演讲等经验）。但云澳镇办公室、县党政办写的演讲稿，要去演讲的副县长看了都感到不满意。因为早前我送过本人拙著《散珠集》给这位副县长，于是她想起了我，认为我的文笔不错，与我交流了她的演讲切入角度，让我写这篇演讲稿。经过一番构思和搜集相关资料，写成《请到海岛小镇来》。完成稿件后，副县长很满意。她参加PK演讲，在11个参加的区县中获得第二名，云澳镇获得创评"广东省渔乡风情小镇"资格，争取到了创建资金400多万元。我也秀了一次笔头，证明了"秀才有用"。

蜗居海岛几十年，总体来说还是勤奋上进的。当一名普通教师时，努力做一名受学生信赖尊敬、家长信任敬重的好老师；开始走上领导岗位后，教学工作和行政工作一肩挑两不误；担任校长期间，努力改变一所薄弱学校，将其打造成区域优质学校。但比起在岛外发展的同学、同行，努力还是不够的，成就还是不高的，还是落后的。

虽非井底之蛙，也不过池塘之蛙。早春时，"开声最是春意早，清浅池塘试悠游"；春末时，"清浅池塘水渐暖，暮春小满放歌声"；夏季，初秋，暖凉时发几声蛙声。

常忆韩师玉兰香

每当夏天来临，南中校园的玉兰花开花了，玉白色的花蕊缀满枝头，散发出醉人的清香。闻着散逸在校园里的玉兰花的甜香，每每勾起对三十多年前韩师校园玉兰花香的美好怀忆。

那是20世纪80年代初，我们中文系的学生住在U字楼宿舍楼。楼前的庭院有两棵高大的玉兰树，树冠遮盖了大楼的楼顶。夏秋之间，盛开的玉白色花瓣缀满树冠的枝叶间，落在大楼的屋顶瓦楞上，落满树下红砖花斗围栏及地面上，散发出浓郁的醉人甜香。早先的落花已枯黑而余淡香，刚落下的花瓣玉白还带着清香。玉兰花的醉人甜香，应许飘到隔墙北边的韩文公祠的庭院，弥满文公的祠堂，醉了文公的泥塑坐像吧？

那时宿舍里没有电风扇，大楼的U字形结构较不通风且潮湿。盛夏的夜晚，同学们或坐在二楼的走廊，倚着木栏杆看书；或三五成群聚坐在玉兰树下聊天喝茶；或几个人在大楼前矮围墙边的路灯下学习、讨论问题；甚或在大楼角边吹横笛、吹小号、拉二胡、拉手风琴。一派安静而祥和，热闹而温馨，化解了盛夏的闷热、烦躁。

于是每当放暑假时，我总爱在学校多呆几天。或是为了等从广州来韩师找我的高中同学一起回南澳，更多的是为了在宁静的校园里，独自享受夜色中月光下玉兰花的醉人甜香。

2011年中秋，因怀忆当年韩师校园夏夜里甜香醉人的玉兰花，作了《寄韩师诸师友》："玉轮高挂碧蓝天，轻泻月光大地凉。真羡年轻少烦扰，当年最忆玉兰香。"寄给久阔的同学，也得到绍文兄回应唱和："金轮高挂在南天，如水月光送清凉。宜若襟怀常旷阔，人间烦扰自释然。"

当年在韩师三年的学习生活，短暂而也丰富，其间留下不少温馨美好的记忆。

记得第一次期末考试，其中就有文学概论这一科。文学概论理论性强，需要背诵好多文学理论名词。临考前，任课的陈启泉老师到U字楼去给同学们做考前辅导，答疑解惑，指导鼓励，很是和蔼，善解人意。这中间透着陈老师的工作责任心、细致，对学生的爱心、细心。当年，文学概论一科我考了95分的高分。

上古代汉语的是谢鸿逵老师，讲课严谨，条理清晰。古代汉语比较枯燥，但我却很有兴趣耐心地学。我在教材的古文文段上做了密密匝匝的标注，仿古书竖式排版那样，凡是名词的下面画一横线，知道它是一个名称就可以；余下的实词掌握其一词多词性多词义规律并根据具体语境确定其词义，虚词掌握其用法规律并根据具体语境确定其用法。这样读起古文来就觉得容易和快得多。古代汉语科目考试，我考了96分的高分。后来我用这种读法指导学生的高三备考复习及平时的文言文教学，概括为"名词意会法"，并用这种读法上了市级高考文言文阅读探索的公开课。

上古代文学的是中文系副主任的陈友德老师。听陈老师讲唐诗宋词，饶有兴味。古代文学是考查科目，以完成考查作业评定成绩，我得了优秀等级。由此对古代文学兴趣浓厚，参加工作后利用暑假，写了23篇唐末五代宋初词赏析（因为这时期的词作评论较少），连同后来参加华南师范大学中国语言文学研究生课程函授进修研修"古典诗词鉴赏"写的2篇宋词赏析，自编成集《词英闲品》。

体育一直是我的弱项。那时体育作为大学公共课，必须上两年。大一时的体育任教老师是蔡九龄老师，客家人，很朴实、慈祥、随和。他对我们上体育课的要求是认真参加体育锻炼，尽力尽能完成考试项目。只要认真参与锻炼上课，考试一般能及格。完成800米跑考试项目时，我凭着顽强的毅力坚持跑完全程，成绩及格；完成单杆项目考试时，蔡老师在旁边保护着我做单腿翻转动作，用力帮我完成动作，成绩及格。很是感激和感谢蔡老师，帮助我通过了大一的体育考试。

大二时就没有这么幸运了，任课的是刚从体院毕业分配到韩师任教体育的谢开鑫老师。谢老师年轻，业务水平很高，上课和考试都很认真。大二体育考试考篮球项目，1分钟内在2分线内带球左右边线跑动，并4次投篮投中。这个项目可难倒了我。体育本来就是我的弱项，平时不喜欢打篮球，又很少训练。考试前虽然练了几次，但计时都不及格。考试自然通不过，所以大二的体育成绩便不及格。后来我找谢老师说明原因。谢老师认为体育课是公共课，我还是认真参加体育课和体育锻炼的，同意给我补考的机会。经过努力练习，篮球项目补考及格。但这样的成绩就影响了"三好学生"的评定，大二时虽然文化科成绩优秀，但体育科补考，"三好学生"评定通不过。按照当时韩师的规章，三年连续评为"三好学生"的，毕业可以择优选择分配。由于大二体育补考评不上"三好学生"，只有大一、大三两个年度评为"三好学生"，我的优秀毕业生梦便泡汤了。

大三第一学期开学后，系里让我们几位学习成绩较好的同学去给刚入学中文1983级新同学介绍学习经验。这事我都忘记了，可后来83级的一位同学参加工作后作为同事时还说起。

大三第二学期实习时，我们这一组到饶平县钱东中学实习，带队老师是陈嘉阳老师。陈老师找我商量，说我底子扎实、文笔好，实习生汇报公开课由我上。当时我也不加推托，爽快接受了任务。陈老师组织我们先说课，说教学设计、上课思路，同学们讨论提建议；然后我试上，同学们听课评议，修改教学思路，完善教学设计。因当时天气热、住宿条件较差（住在祠堂大厅打活动铁床），上汇报公开课之前我中暑了。陈老师陪着我到钱东镇看医生拿药，对我的生活关心有加。在陈老师和同实习组同学们的帮助下，汇报公开课上得颇为成功，钱东镇的初中语文教研组长都来听课。下课后几位老教师围着我评课，说他们上了二十几年的课，讲课都没有我思路这么清晰、讲得这么细，说我以后教书没问题。其中有一位老师后来调到饶平县教育局教研室工作，20世纪90年代初，参加汕头市各区县教研主任会议时还向我读高中时的老师吴绍忠老师（时任南澳县教育局教研室主任）打听我的情况。吴老告诉他我已成长为南澳县的中学语文骨干教师、南澳中学的语文教研组长。后来一次座谈时，吴老把这事告诉了我。当年听我上实习生汇报公开课的那位老师，我也不知他名字；可他竟记住了当年刚站上讲台上公开课的我，令我十分意外和感动。

可是评定实习成绩时，陈嘉阳老师找我做思想工作，说全组优秀名额只有2名，要留给我们这一组的正副组长，希望我能理解。当时我没有多计较争辩，只是淡淡一笑置之。因为毕业前有各种毕业分配的传闻，有的人各显神通找关系争取好的毕业分配。我们这些没关系的海岛人，回海岛教书就是了。大多数人已没有什么心思读书了，大家的心态都有一些看透什么似的。我的优秀毕业生梦早已破碎，努力学习争取好成绩毕业留校的梦也已做不成，拼了全力代表实习生上汇报公开课，上得也不错，结果连个实习成绩优秀都没份。当时心里暗自发誓，无

三十五载教书育人 —— 一路勤勉为人师表

成就不再踏进韩师的校门。毕业10周年的同学聚会，我没有参加，心里还带着某种怨气，确实也还没成就感。后来毕业20周年、30周年的同学聚会，我都积极地参加了。因为随着年龄的增长，人也成熟多了，心态也平和多了。成就这东西，有大有小，有高有低，说有时未必真有，说无时却已有。2004年参加韩师1984届中文（1）班毕业20周年聚会时，我这位同学们心目中的"诗人"，还即席口占七绝一首："廿载分飞一挥间，今宵欢聚忆昔颜。恩师教诲犹萦耳，学谊恳谈期卅年。"

记得毕业赠言留言时，同学们勉励我，说我一定能成为一名名教师、教育家，一定可在报刊、电视上看到有关我的报道。同学们太抬爱了，期望也太高了。他们的厚爱、勉励与寄望，至今还未能变为现实。我还未能成为真正有名的名教师，更不要说成为教育家；在报刊、电视上被报道仅仅限于省级以下。但从事教育工作的35年里，扎根海岛，确实勤奋上进，认真教书育人，由一名普通教师成长为优秀教师、优秀校长，教学、教研、教育均取得一些小成就，受学生敬爱，受家长敬重，受领导看重，获得了不少荣誉，在小县域小有名气，也无愧于母校韩师的培养，无愧于当年那些老师的教诲。

北京师范大学的校园有启功大师书写的北师大校训"学为人师，行为世范"，愿以此校训与从事教育工作的同行们共勉。

一路青春一路歌

黄立荣

触　电

　　我大约是从高中时期开始写诗的，那是十多年前的事情了。当时念高二，课本里有现代诗单元，语文老师刘老师布置课后作业，让我们练笔，写一首现代诗歌作为课后作业。绞尽脑汁，冥思苦想了老半天，我进军诗坛的处女作就这样给生产出来了。

　　这首诗叫《思念》，只有简单的四句：

　　夜饿了，
　　偷咬了我的心；
　　我哭了，
　　吵醒了整个黎明。

　　现在回头看这首诗，颇有点朦胧诗的味道。但当时我对朦胧诗的认识也是朦胧的，高中语文课本选入的《致橡树》，读了觉得惊艳，便觉得舒婷是中国当代最好的诗人。

　　真正开始诗歌写作得到韩山师范学院汉语言文学系求学之后。上了大学，个人可自由支配时间大大增加，又正值青春，爱美之心可可，时时如小鹿乱撞。喜欢班上一女同学，便整天琢磨着怎么样才可以打动芳心。一来当时身无长物且貌不惊人，不具备富二代的阔绰潇洒，更不具备当下流量明星的高颜值；二则从小多读古典文学作品，作品中书生以才华写文赋诗俘虏美人心的情节深刻脑海，又想起西方著名诗人里尔克坚持每天为自己的爱人写一首诗，浪漫得一塌糊涂，便以为寻找到"登陆爱情诺曼底"的致命武器——咱也每日为心爱的女孩写一首诗呗。

恰逢班级举行朗诵比赛，同宿舍的兄弟们便决定比赛时统一朗诵我写的情诗，每人一首，为我助力。这次朗诵会后，班里的同学自然都知道了某某会写诗。但，天下几乎所有的单相思大抵都是美好而苦涩的。理想很丰满，现实很骨感，书上才子佳人的故事并没有在现实中上演。但这个事件却阴差阳错让我爱上了诗歌，用心去阅读诗歌，去尝试写作诗歌。

此后几年，我便把韩师图书馆里几乎和现代诗歌有关的诗人作品集、选本、评论集都过了一遍，兴之所至，便站在东丽E幢六楼宿舍前的栏杆边高声朗诵一些现代诗歌名篇，如洛夫的《烟之外》、北岛的《回答》、海子的《今夜，我在德令哈》等。那时不知天高地厚，朗诵时大有睥睨众生之感。

我的诗歌写作也由此拉开了序幕。我读诗，总觉很多作品有妙不可言之处，常若有所悟，便将其付诸于笔端。有时在电光火石之间，脑瓜里闪过一个很有意思的句子，便赶紧拿笔在纸上记了下来，大有点李贺的感觉。那时计算机还不像现在普及，我便经常在深夜，在昏黄的灯光下，拿着笔，一个人在十几平米小房间里，在草稿纸上写写涂涂、涂涂写写。草拟一章之后，反复诵读，心里快慰，无以言表。人常说"文章是自己的好"，确实不无道理。那种舒畅之感快慰之情，无物可比。

在韩师求学四年，算是我个人诗歌写作上的高峰期。其间，我也参加一些诗歌征文比赛，获得一些个人奖项。但获奖、出名（尽管是韩寒说的那种想出名但怎么也出不了的那种），都不是我真正想要的。写诗对于我，最大的益处是能够让物质上贫乏的我获得精神上的充实和满足，让我重新获得勇气和自尊。诗歌是我精神上一块未被红尘俗世沾染的"桃花源"，那是我自己的领地，我是这领地中的"王"。在那一片自由自在的空间里，我可以忘记生活的屡屡挫折和艰辛，在诗歌的写作中获得内心的平静和自由。

在我走上讲台的十几年后，我已经几乎停止了诗歌的写作。但在微信朋友圈仍然为诗歌保留着最后一块净土。看看现在朋友圈，不是卖保险就是做微商，时时刻刻被刷屏，眼花缭乱。但我仍然愿意，隔一段时间，一有所感，便写上几句发在朋友圈。我想，大概很多不知我者谓我迂腐穷酸。但即便我是众微友圈中的一股浊流，也无所谓。毕竟，那是我的青春，我的梦。谁没有青春，谁又没有梦呢!

诗生活

我在韩师声势浩大的诗歌创作群体中算得上是一个另类。当时，在韩师风行的"韩师青年""三角梅文学社""韩山诗社"等诗歌创作的主阵地——我一个也没有加入。比较时髦地说，我当时俨然就是一个自由撰稿人。当然，这并不是因为我是与世无争的绝世高手，也不是我有特立独行的性格不随波逐流，只是因为我希望把更多的时间用在阅读上。我几乎每天去图书馆借来5本书（当时规定一次只能借5本），隔天一换。课余看，上课时也常看。感谢那个时代还没有智能手机，不然我得少看多少书啊。

我喜欢诗歌，喜欢写作诗歌，但我不喜欢诗歌之外的东西。参加社团组织，总避免不了要参加一些活动，会打乱自己内心的平静，影响诗歌的写作。按道理说，我这样潜心学习写诗水平应该芝麻开花节节高，然而并没有。我写作水平不见增长，反而错过了许多多姿多彩的大学社团生活。不得不说是一个遗憾。

我不加入诗歌社团，但我仍然会关注学校诗坛的动态。例如，学校有哪些著名的和非著名的诗人，会阅读学校官方的和非官方的诗歌刊物。韩园诗坛大大小小的明星们我大多听得"名熟"。这其中我比较喜欢陈剑州师兄的作品，他曾出了一本诗集《幸福的疼痛》，那是使我强烈萌生我也要出版一本诗集念头的发源。

我最喜欢还是余史炎师兄的一首诗《过路人》：

向河流打听一位少女
想知道谁做了她的丈夫
并托南风跟她说
我一直在去乡的路上
别问我是谁
我只想知道谁做了她的丈夫
并且想让她知道
我一直在去乡的路上

我一直认为这是我在韩师看到的最美的抒情诗。

当然，大学四年，我偶尔也参加各级别的一些诗歌创作比赛，也陆陆续续获得一些奖项，在一些文学刊物上零星发表一些作品。印象最深的是参加"南粤大学生艺术诗歌节"，写了一首300字左右的怀乡诗，获得了省二等奖，拿到了500元奖金。虽说钱财是身外之物，可我实实在在高兴啊！想我工作第一年，每月工资拿到手才1100多元。一首诗就顶半个月工资，这是我迄今为止感受到的诗歌写作带给我的实惠。

真正开始接触韩师的诗歌圈反倒是在工作后，出版个人诗歌集的时候，认识了黄昏老师，再后来是史炎、增寿等韩园诗歌的主将。我大约可以算是一个半只脚踩在韩师诗歌圈里的局外人吧。

理想中的校园诗人们都是要抽烟喝酒天桥上纵歌的啊，但我不抽烟不喝酒五音不全，完全跟诗人沾不上边。但身边的人都知道我写诗，大家都管我叫诗人。那时候的我，经常蓄起半长发，像半截泼了墨漆的树桩，穿着拖鞋，啪嗒啪嗒地在校园里走来走去。有一个女同学叫我"拖诗"，但我立刻联想到"拖尸"，这让我诚惶诚恐，以为我写的诗，也是那种那一段话五马分尸后再凑在一起的"尸"。

但韩师四年的大学生活却真真切切对我的诗歌写作产生了重大的影响：

她是我创作的源泉。如果不是那一段无果的喜欢，自然就不会有后来的诗歌写作；如果没有大学四年广泛的阅读，我自然也没有写作诗歌的底气。我自觉或不自觉地将大学期间的所见所思所感和喜怒哀乐投影到诗歌当中去，诗歌也不可避免有一股"韩味"。例如，《雪的童话》一诗便有陈剑州师兄《幸福的疼痛》影子。这期间，认识的一些诗兄弟姐妹，他们也对我产生了一定的影响，影响了我对大学生诗歌的认知，在我心中树起高或低的榜样。

各领风骚

现在文艺圈流传着一个笑话：写诗比看诗多，诗人比读者多。我也加入一些诗歌微信群，群里面的诗人让我好不羡慕，到处游览名山大川，鱼肉满席，莺歌燕舞，我流着口水，艳羡不已。心想，诗人真是个好职业，不用工作照样吃好玩好，可谓人生赢家。但他们的作品却远远赶不上生活的精彩。他们自然也很难对我产生什么影响，如果有，只能说让我产生自愧不已的负面影响。

前文说过，在大学的四年期间，我几乎把韩师图书馆里和现代诗歌有关的诗人作品集、选本、评论集都过了一遍。在读诗的过程中，自然有一些诗人和作品对我产生了重要的影响。外国诗人和诗作我不熟，不像有些诗人或诗歌评论家，言必谈《荷马史诗》《瓦尔登湖》、艾略特、里尔克、庞德、叶芝、帕斯捷尔纳克等。说实话，读外国诗，这些都是绕不过去的，但我很难产生共鸣。本人外语水平不佳，没有办法阅读原版，所以很难读出其中的精髓来。因此，我还是谈中国的诗人为好。

我读诗是从现代诗读到古典诗歌，但最后个人浅见，古典诗歌的艺术成就和艺术价值确实比现当代诗歌高得多。

古诗方面，我非常推崇杜牧。唐代熠熠生辉的星空中，杜牧不是最大最闪亮的一颗，但小李杜被誉为"唐诗最后一抹灿烂的晚霞"，其地位也是极高。杜牧的诗歌清新俊逸，琅琅上口，名篇佳作如《泊秦淮》《清明》等众口传颂、流传千古。我向往其诗，更神往其人其事。杜牧扬州为官十年，流连青楼，为青楼女子写下若干美丽动人的诗篇。虽然他自己后来在诗中说"十年一觉扬州梦，赢得青楼薄幸名"，大有懊悔感伤之意。但他对歌女的深情却又如此动人，正如他所写的"春风十里扬州路，卷上珠帘总不如""蜡烛有心还惜别，替人垂泪到天明"，其用情之深，感情之真，让人为之动容。当然元稹的悼亡诗更是写得深情款款、催人泪下，但一了解元稹生平，总觉怪不是味，好比远望是一桌盛宴，但走近一闻，全馊了，大倒胃口。

另一位我喜欢的诗人是杜甫。如果从写诗的技巧、内容和思想性来说，说杜甫是唐诗的集大成者毫不为过。后人多效仿杜氏，以至于杜诗有领袖群星之感。杜诗入选中学语文教材篇目较多。讲得多了，我注意到，杜甫诗歌的思想境界非其他诗人可比。他自己家的草屋屋顶都让狂风卷没了，想到的却是天下寒士何时俱欢颜；同登岳阳楼，孟浩然想的是"欲济无舟楫"，杜甫想到的却是"戎马关山北"，情怀高下立判；邻居寡妇来偷他家枣子吃，杜甫还专门写了一首诗给亲戚吴郎，告诉他人家也是饿得没办法才来偷，对偷者态度要好一些，别吓到人家。如此不胜枚举。在杜甫的诗歌当中，始终洋溢着对众生深沉而热烈的爱，是儒家思想最典型的体现。梁启超说，"杜甫是情圣"，他视天下苍生为情人，为情人他"虽九死其又未悔"。我觉得这正是当代诗歌所缺少的。诗歌就应该为爱而歌，而不是为一己之欲而发骚。

一路青春一路歌

在现当代诗歌中，我对朦胧诗尤为喜爱。朦胧诗常用的写作技巧和表现手法我非常喜欢，如蒙太奇等对我影响深远，我习惯用于小说写作之中。对舒婷、顾城这两大朦胧诗的代表人物自然也是喜欢。舒婷诗文俱佳，名满天下自不待言。顾城诗歌的童心和其杀妻的无行形成了强烈的反差，往事已矣，无法追究。或许只能说在诗人与疯子往往只是一线之隔。20世纪90年代名声大噪的海子，其诗歌也值得品读，淳朴厚实的乡土情结、天马行空想象力都是我极力模仿但模仿不来的。

余光中和洛夫的诗，也打动过我。如抒写乡愁一类的，《乡愁》《边界望乡》等。《边界望乡》是洛夫代表作，但却我更喜欢他的《烟之外》，唯美而忧伤。早期的伊沙是个独树一帜的诗人，《结结巴巴》《梅花：一首失败的抒情诗》曾让我觉得特别惊艳。在特定的年纪，读这类诗，觉得爽利。可惜其作品后来彻底"口水化"，也很难称其为诗了。还有一个小众诗人江一郎，他的《再见春天》《老了》等，清新、热烈，笼罩着淡淡的忧郁，很贴合我的心境。学生参加朗诵比赛，我还专门指定用《再见春天》这个作品。

最后，想谈一谈我最喜欢的当代诗人——北岛。北岛是具有国际影响的大诗人，朦胧诗的代表人物，数次入围诺贝尔文学奖提名。北岛的诗，特别是1985年以前的作品，诗风冷峻，语言凝练，善于运用逆向思维、蒙太奇等艺术手法，在诗歌主题上有鲜明的时代烙印，思想上则带着强烈的批判性和思辨性，具有很强的艺术感染力和表现力。他的诗歌有直抵人心的力量。还记得我第一次读到《回答》时的那种内心的震撼，真的让我爱不释手。十多年后的今天，我仍能一字不差背诵出来。北岛的诗歌给了我写作的使命感——诗歌应该去承载一些社会责任，或者叫人格上的正能量。

诗无达诂

我大学本科毕业论文以《浅谈现当代诗歌边缘化的成因》为题，洋洋洒洒写了一万多字，阐述了诗歌边缘化六七个成因。自觉是对四年大学有了一个比较满意的交代。

文学的边缘化、诗歌的边缘化是一个不争的现实，而且每况日下。多年来，我总觉得这与好诗标准的缺失有直接关系。写诗的门槛太低了，低到网上出现

"写诗软件"，这简直让人笑掉大牙。

但是当代诗歌走到今天，显然已经走进了一个死胡同。最明显的特征就是，写诗的比读诗的人还多。没有了广大的读者群，诗歌就失去了生存和发展的土壤，也就没有了存活的价值和意义。时代的回响变成了几个人的寥寥狂欢和自我陶醉。"诗无达诂"，什么是诗歌？什么是好的诗歌？见仁见智。

个人浅见，优秀的诗歌大约具备以下三个要素：

（一）诗要抒真情。诗歌一大功能就是抒情。为什么现在诗歌很难引起读者共鸣，无人问津，很大的一个原因就是很难获得大众的感情共鸣。所谓的诗人们整天把自己喝酒、吃肉、泡妞甚至上厕所都写到诗里面来，试问哪个读者会关心你上厕所是用了三张还是五张草纸。我不是说他们不抒情，他们是太滥情了；也许还可以这样说，他们不是抒情，是抒欲，把自己内心的各种私欲都赤裸裸地坦露在读者面前。逢场作戏、信口开河，七步能写八首诗，曹子建看了都要含羞九泉。矫揉造作，大大背离了诗歌的抒情功能。举个例子，李白的《静夜思》，也算是白话诗口水诗吧，但里面的游子望月思乡之情不就是全人类最朴素最美好的感情吗？《静夜思》能流传千古，原因不正在于它触动了人们心里最柔软的那根弦吗？

（二）诗要有社会责任感。在个人主义和个人利益至上的今天，时代赋予诗歌和文艺作品的使命我觉得有必要拔高一下。文以载道文以明道，我觉得今时今日，不但不落伍，更应该奉为写作的金科玉律。我们的生活中有那么多美好的人与事，有那么多的榜样和力量，为什么就非要写吃喝拉撒这些隐私的东西呢？甚至一些诗歌更是下流，打着黄腔侮辱女性。我觉得好的诗歌应该承担起一定的社会教化功能，起码三观要正确，能给青少年正确导向。当然，不是说诗歌就一定要全是高大上的内容。最起码，对写进诗歌的内容要加以筛选。就算是没办法拉动时代的车轮，但也别拖时代的后腿嘛。

（三）诗要有深爱。这种爱，可以是对个人的小爱，也可以是家国情怀的大爱。我也看过一些诗人的作品，车站看到一个女的，立马就在诗里想着她晚上躺在我怀里，这是爱吗？这是禽兽不如啊！侮辱了爱这个字。孟郊的《游子吟》，歌颂母爱；林则徐的"苟利国家生死以，岂因祸福趋避之"，是对祖国的爱，这些为什么读了就让我们深受感动，而一些诗人们的爱就让我们哑然失笑甚为不齿？究其根源，只因为爱不是爱，爱得不深。

总而言之，用我之前说过的话来概括，我认为好的诗歌应该是歌颂人世间的

一路青春一路歌

真善美，鞭笞丑恶和龌龊，应该给当代诗歌重新树立一个崭新的形象。

诗教路漫漫

走上中学讲台之后，出于热爱诗歌的初心，也受周围一些优秀同行的影响，有一段时间我在语文教育中进行诗教。除常规教学外，我大致采用了以下四种方法：

（1）翻译重摹法。由于古诗以文言写作，绝大部分学生在阅读时往往体味到的不是诗歌的美感，而是文言文的艰深晦涩，因此很难形成审美的意趣，对意境的把握自然偏颇。在课堂教学中，可以让学生在理解重要意象涵义的基础之上，尝试让学生对古诗进行现代文的翻译，翻译可以遵循以下几个原则：不改变原意，不遗漏重要的意象，不拘泥已有内容，适当调整、补充。在翻译的过程中尽量使内容呈现情境化、故事化。比如岑参的《逢入京使》，教参书上如是翻译：回头东望故园千里，路途遥远迷漫；满面龙钟两袖淋漓，涕泪依然不干。途中与君马上邂逅，修书却无纸笔，只有托你捎个口信，回家报个平安。一个同学改成这样：那天，天阴沉沉的，我正走在路上，回头东望故园千里，故乡已经遥不可见，一路黄沙滚滚，我泪流满面，眼泪把袖子都湿透了，在这半路上，我遇到了你，我想写封信托你带给故乡的亲人，可是偏偏又没有笔啊，只能托你捎个口信，告诉我家里的亲人，说我一路平安。经过这么一重摹，很多同学很容易就理解作者是想表达羁旅之思怀乡之情了。当然对大学生而言，先翻译后感知意境是不提倡的，因为会削弱诗歌的美感，但是对于学力和阅历相对不足的中学生来讲，笔者浅见，这倒是一个从实际出发利大于弊的小方法。

（2）多媒体教学。多媒体教学作为一种现代的先进教学手段，在诗歌教学之中，有着很大的优越性。在客观条件许可的情况下，教师在进行古代诗歌鉴赏教学时，应当适当使用多媒体教学。在课堂上，尽量向学生展示与诗歌相关的图片、视频、音频，让学生"耳濡目染"，从声色光影入手，全方位调动学生的感知能力、联想能力，从而激发学生的审美，更直观清晰地感知全诗，把握作者思想感情。

（3）对于许多叙事诗来说，我们还可以借助课本剧的形式，将抽象的诗歌具体化、形象化，让学生在情境之中更直观地感知诗人的主观感情。如杜甫的《石壕吏》一诗，我就曾让班上的同学以课本剧的形式表演出来。在表演的过程之中，我要求同学着力表现出官差的蛮横，老翁的胆小，老妇的痛苦麻木。在表演的过程当中，许多同学看到官差的嚣张蛮横时，大都义愤填膺，从而理解了民不聊生的战乱年代里普通劳动人民的悲惨命运，体会到杜甫思想中浓烈的人文关怀。

（4）阅读竞赛法。古语有云，"书读百遍，其义自见"，要让学生更好地感知诗人的思想感情，在课堂教学中对诗歌反复地诵读是必不可少的；更重要的还是必须增加学生的阅读量，不断积累学生阅读素养，这要求语文教师在课堂教学中应当强调课外阅读的重要性，以朗读作业的形式，要求学生课余多去阅读经典，谈诗论词。教师可以通过举办一些课堂竞赛，如古诗词记忆大赛、古诗词朗诵比赛等，激发学生阅读动机，激发学习兴趣。唯有发动学生广泛阅读诗歌，从心里爱上诗歌，才是提高学生诗歌鉴赏能力的根本途径。

我认为诗教在中学语文教育中有以下三大重要性：

首先，是中学生提高语文核心素养的诉求。目前高考语文考试有一道必考题，古诗词鉴赏题。考查范围多为古诗词写作技巧、表现手法、思想内容、主题感情等语文核心素养构成要素。这已然明确要求我们语文教师在中学阶段就必须重视诗教。可能有人觉得谈中学诗教显得有点超纲了。实则不然。诗教做得好，从小的方面来讲，有利于学生提高高考语文分数，这是短期最直接的收益；从长远的角度来看，则回归到当下语文教育的热点问题——提高学生的语文核心素养。在进行诗教的过程中，学生读诗、背诗、欣赏诗，甚至自己写诗，这些都切切实实地提高学生的诗歌鉴赏水平，从而有益于学生语文核心素养的提高。

其次，是培养学生气质的内在诉求。我们进行诗教，不是要把所有的学生都培养成诗人，但如果我们的学生随手来上一首五绝或七律，同学往来，吟诵唱和，不亦雅事一桩？俗话说，腹有诗书气自华，在读诗、学诗的过程中，学生们既充盈了自己的文化内涵，提高了自己的文化修养，在诗歌中接受传统文化的熏陶，可以使人由内而外散发出一种温文尔雅的气质。这大概就是我们经常说的书卷气。气质这种东西，只可意会，难以言传，用心方可感知。事实上，不同的人往往会有不同的气质。如看到一个光着膀子袒胸露乳满头大汗手拿尖刀的，哎呀喂，杀猪大哥啊。

最后，是传承和发扬传统文化的必然要求。习近平总书记提出"四个自信"，其中就有文化自信。自《诗经》始，中国诗歌至今已经有几千年的历史积淀，有

一路青春一路歌

数不清的杰出诗人，数不清的优秀作品。它们作为传承优秀传统文化的载体，对整个民族的文化熏陶是潜移默化的。不知多少人从诗歌当中窥探到历史的镜像，如从《诗经》中了解到春秋时期的民风民俗；不知多少人从诗歌当中明白了人生的哲思，如"不识庐山真面目，只缘身在此山中"；更不知多少人从诗歌当中感悟到人世间最美好的情愫，如"曾经沧海难为水，除却巫山不是云"。我们从诗歌中去感受传统文化的魅力，把那些最真最纯最美好的菁华一代代传承下来，又在传承中发扬光大，从而激发学生去热爱我们的国家、我们的民族、我们的传统文化，收获文化自信。这方面，国家走在了我们的前头。2019年新入学的学生将使用部编版语文教材。部编版语文教材最大的特点是什么？就是大量增加古文、古诗词的篇目。这说明什么？说明国家高度重视传统文化的传承和发扬。相比之下，我们一线语文教师反而后知后觉，走在了国家的后头。

至于制约中学诗教的瓶颈，我认为也有以下客观困难：

首先，没时间。中学生有中考、高考的压力，在考试指挥棒，不，是考试大棒槌面前，学生必须合理分配各科的学习时间，把各科都学好，才能考衡水中学、华师附中，才能考"双一流"。按照广东省目前的情况来看，中考科目有九科，高考科目有六科，平均下来，给语文的时间其实是很少的。而语文教师又必须按照学校的教学计划安排教材的教学，能用来诗教的时间自然少之又少。

其次，不重视。无论温儒敏教授说的"语文考试要让15%的考生做不完试卷"还是大量的语文刊物上面鼓吹"得语文者得高考"之类的口号，都很难掩盖在实际教学中语文被大部分学生打入冷宫的事实。特别是高中阶段，听说过学生课外辅导数学、英语的，听说过学生课外补习物理、化学的，你说去补习语文，那要笑掉人家大牙。为什么呢？语文书上教的高考都不考现成的啊。再者，一线的语文教师几乎都有一个共识，语文学科要考高分，要靠锱铢累积，非一朝一夕之功。很多学生心里想，反正读了也不考，何必浪费时间？于是便将有限的学习语文的时间也投入到了无限的其他科学习中去了。

再次，不喜欢。以笔者所在学校为例。我们学校有一个文学社，以前一到招新季，人头涌动，随便一招便是百十号人，搞征文比赛、出作品集，举办各种活动，办得红红火火。但近年来，每况日下，人员锐减。我便问新任社长怎么回事。她长叹一声说，人都跑街舞社和舞蹈社去了。当然这是一个小的样本，但取大的样本，我们也可以放眼整个诗坛，甚至文学界，其实也就是外行全不看，内行在独欢。文学的边缘化造成文学爱好者锐减，并迅速影响下一代。文学之死、诗歌之死，并不是危言耸听。诗教，缺少的是可施教的群体。

最后，不专业。我身材比较"伟岸"，因此人家第一次见到我总以为我是体育老师。一听我是语文老师之后，常会带着很崇拜的眼神说：哇塞，教语文的，很厉害哦。我便郑重其事告诉他：只要认识字就能教语文。日常教学中，非语文专业的老师教语文教得比科班出身成绩好的屡见不鲜。但能教和教好是两码事，教的学生考试分数高跟语文教得好也是两码事。我理想中的语文教得好是让学生听课听着听着，在不知不觉中就过完一节课的那种境界。

但教诗，我认为恐怕很多语文老师是不大能够胜任的。脱离教参看不懂课本诗歌篇目的大有人在。换而言之，很多语文老师脱离了教参，就没办法上课了。因为老师本身就缺少诗歌教学的素养啊。比如讲律诗，平仄你得懂一点吧？讲唐诗，唐诗大概分几个阶段有哪些流派有哪些代表诗人你也总该知道吧？遗憾的是都不知道，只知道李白、杜甫写得好，好在哪？教参拿过来念一念。你总得有自己的感悟吧？统统都没有。中学诗教最缺的其实是有诗歌素养的老师。不信看看身边的同行，有几个能按格律写一首正儿八经的格律诗出来？恐怕是凤毛麟角吧。有人说，你说得好像自己很能似的。不好意思，其实我所知所学也只是一鳞半爪，我也不是一个合格的诗教老师。

当我毕业刚走上三尺讲台时，在耳濡目染赵松元、郑群辉、余海鹰等老师上课的风采后，我曾经暗下决心要把上课当成一门艺术，让我的每一个学生都爱上语文课。那时候，我想着我要像陈寅恪先生那样"书上有的我不讲，别人讲的我不讲，自己讲过的也不讲"，要创新，要潜心做学问。现在看来，是多么地不知天高地厚。认识优秀的同行多了，越来越觉得自己的浅薄和渺小，如沧海一粟。曾经的锋芒、激情、灵气也渐渐消磨在日复一日的机械作业当中。但在我内心深处，却始终对语文、对诗歌有着一份难解难分的眷恋，那是我仍然拥有一颗语文老师的初心。回首十多年的学诗、写诗、教诗之路，那正是：一路青春一路歌。

我会老去，但诗心不老。

那些年，那些事

林诗铨

我出生于1978年，2018年被评为广东省特级教师，这是一件幸运的事。当然我也偶尔会问自己，究竟什么让我更接近运气的呢？一时有点说不上来，只是想到一些事，一些人，姑且从中选择若干感触比较能凝聚的点来说说。

"你的心里要有学生！"

第一次听老师的课，他讲作文，讲"过五关"，即"审题关""立意关""选材关""剪裁关"和"语言关"，他在黑板正中偏上的位置写上"审题关"，字体独特而有文人气，大小适宜，线条深浅恰到好处，书写速度甚快。

"而审题要三审。即审话题，审材料，审要求。审话题，就要审话题的语言形式，有的话题是一个词，有的话题是一个短语，有的话题是一句话……"这几句，是2001年9月听的，一直记得。那时老师教两个高三物理班，一个班70多人，我听课这个班含复读生共90人，偌大的教室，我靠着后墙，还能把他每个字都记得清清楚楚，当时老师已临近退休。

因为老师既是教研组长，又是高三备课组长，学校为替他减压，让我们三个新老师帮他改人数多那一班的作文，每人30篇。递作文给我们时，老师有点难为情，他说："实在忙不过来。"然后他用近一个小时的时间告诉我们如何打分，如何写评语，如何登记分数。"实在改不了，或不知怎么改的，提前跟我说。"老师可能还不知道，他自己很喜欢用"实在"这个词。

把改好的作文给他的两天后遇见他，他满脸微笑，我松了一口气，毕竟是代名师评学生作文。一周后，我们三个被他请去喝茶，原来他把那90篇作文和我们的评价都看了一遍。

"你的评语相对简单。"他对一位同事说完后转头对另一位同事说，"你的评语相对单一。"然后开始谈评语如何切中恳切，几十分钟过去了，临别时我又松了一口气。

"好了，诗铨留下来，你们两位先走。"听了这话我内心一紧。办公室就只剩下我俩，他点起一根烟，缓缓地从我改的作文里抽出了一张，好像在思考着怎么跟我说话，然后指着作文上我写的两个张牙舞爪的红字问："你写了什么？""胡说。""他胡说，才需要老师。你是老师，就该教他不胡说！但你不能在他的作文上说他胡说。"我羞红了脸。"你回去吧，三位中，你的评语最详细，也最有变化。但你出现了最不该出现的问题，因为你还没有意识到你是老师。"

那一年听了好几节老师的课，记忆犹新的东西不少，其中有一个细节如今常常想起。那节课老师讲李白的《将进酒》，上到中段，在他的课上少有的冷场出现了。他问："'与尔同销万古愁？'为什么是'万古'？"集体没有人回答，他又问了几次，气氛凝寂，他开始个别提问，我对着的那列学生几乎要被叫完，每一个站起来都摇着头，气氛低沉，我也不敢抬头看老师，心想为什么不点拨提示，弄得如此尴尬。老师发声了："'万古'是什么意思？"下面有学生说："时间很长。""诗里谁有愁？""李白。"学生声音大了点。"还有谁？""陈王。""陈王是谁？""曹植。"这时有三四只手勇敢地竖起来，老师有点激动。喊起其中某只手的主人，一个声音不大的女生站起来说："老师，我懂了。'万古'就是从陈王到李白的很多不得志的人都是愁的。""对，那么这还没有'万古'呢？""老师这是李白爱用的夸张手法。""夸张可以解释。但这里的'万古'也可指向将来，也就是说过去的陈王是这样，陈王之前的人是这样，现在我李白也是这样，我李白之后的人也是这样，过去—现在—未来，不得志的人心中的骚情都是一致。"老师说完，我听到一片"噢"声。

我第一年教高三，老师已办完退休手续，留用任原职，有一次他要我命制一份散文阅读题。于我，那是何等荣幸的事，因为命题现代文阅读，往往最考验一个语文老师的基本功。老师给了我一周的时间斟酌，那时没现在方便，命题一般需要原创，我翻遍了自己订的《散文》月刊和一些名家的散文，后来节选了自己深爱的黑塞散文《童年轶事》，自命得意地命了一份题目。老师接过试卷后开设验收，我在一旁和其他同事喝茶聊天等着，过了半节课，老师转身对我说，你先去做事吧，我再找你。那天中午，老师打来电话："你认为你的题命得怎样？""感

那些年 那些事

觉还好吧。""你用了多久看懂这篇文章？""好久的，这篇比较难懂。""诗铨，你心里要有学生！你的选文命题处处在为难学生呀！你我都要看很久，学生要看多久呢？"多年以后，每每会想起这个片断，却老想不起当时命了什么题，反复在移动硬盘检索，还是没有找到，而当年的那一叠3.5寸盘也已成了非我能打开之物。

2005年，学校推荐我参加一个省级语文新课程课堂观摩大赛的汕头市选拔赛，当时汕头教研员得知开课内容是新选文《黄州快哉亭记》，遂决定将此课先定为市性公开课，公开课一共试讲三次，后来参赛前又试讲三次，老师一共听了我八次课，接近用了一本听课本，后七次的每一次记录量几乎都比前面一次要多，老师把我课堂上任何一处有待探讨的地方都做了记录，包括一处要擦掉的副板书，一句不该出现的闲话，一个莫名其妙的神情……

其实，我和老师私交不深，他留给我的记忆大多是在共事的场合里发生的，老师现在应该是76岁吧。几年前去拜访他，他说："我经常留意你的朋友圈，感觉你好像还是不够快乐，凡事乐观点，什么都要向前看。"

老师是广东省特级教师，姓邓，名秀安，广东大埔客家人，我是潮汕人，我们对话基本不用方言，所以上文的所有对话基本不用转述，只是回忆有没有不自觉地为我添枝加叶，这个是有些可能的。

"你就是那个带书来和人顶嘴的小孩！"

前段时间回家，路过乡里的老人组，遇到70多岁阿融叔，我跟他打招呼后，他愣了很久才认出我，说："你就是那个带书来和人顶嘴的小孩！"我点了点头，其实我知道他强调的不是"顶嘴"，而是"带书来"。那时我十一二岁，和伙伴们一样迷上了金庸，小伙伴们常常会聚在一起说金庸小说里的人物，有时会说谁的武功更厉害，有时会说谁的女友更漂亮，更多的时候是在比谁的偶像更迷人……然后我成了那个常常带书去交流的人，因为我的记忆力不太好又不太相信别人，表达能力平平又不希望自己的偶像被比下去，自己和他人或者看他人争到面红耳赤处，我的习惯是翻开书，找到那个段落、句子、词语、字，然后指给他们看。

现在我真的想不起我们争论的点，想不起我翻开哪一处书页，也想不起那些书里言语，但那种翻书时的激动一直漫延之后的人生阶段直至现在：上学阶段，面对老师讲得含糊的地方、同学辩论不休的点，我会去翻书；教学阶段，面对自己想不清楚的问题、学生含糊不清的点、同事讲得不好的地方，我会去翻书；平时生活，面对亲朋的困惑、自己不清楚的任何内容，我会翻书或者搜索查询一下。不得不说人是习惯的动物，你从小养成了什么习惯，长大往往就成了什么样的人，你的兴趣和癖好、优势和劣势都基于你的习惯。当然，后来自己走上了高中语文教学这条道路，似乎选对了，因为爱翻书的习惯的确隐中了语文教学的道。

在十八年的语文教学生涯里，正是这个爱翻书的习惯支撑着我去用心探访那些无声的文字。

每备一节阅读课，我的案头通常有三本相同的教材：用来随意勾画批注的新书、之前用过的老书和将带上讲台的新书。

读第一本书，是为了发现，这一阶段较费力，却是我认为的"最刺激"时光，面对已执教多次甚至能背出来的诗文，我总会静下心来边读边思边画边作批注，尽力发现那些以前没发现的教材亮点——隐藏各种智慧的文本语言，用它来作为激活学生思维的载体。其实有些执教多次的课文，实在是"熟悉的地方没有风景"，但我从不轻易放弃，有时会一个字一个字去抠，一旦有所发现会特别兴奋，因为那是一种无法描述的快乐。

这些快乐既是源于的文字理性与感性之美的发现，也源于传递发现的快乐，更源于看他人更好成长的幸福感。

文本语言是作者思维过程的外现和思维成果的记录，形成文本语言是思维生成的过程，而语文课堂上师生与文本对话，则是向作者思维回复的过程。通常情况下，这两个"过程"接合得越好，文本对学生思维培养产生的作用就越大，关键的是，努力接合这两个"过程"能产生许多激活学生思维的机会，从而起到培养学生思维能力和思维习惯的作用。在这些年的教学过程中，我自己对文本细读下足了功夫，我有很多比较满意的发现和体验，而这既是所教学生喜欢的语文课，课外的阅读热情较高，整体的阅读水平有较明显的提高的原因，也是我曾多次开设各级公开课，有多个课例、论文获奖或发表的筹码。

这大多数的发现，其实可以归为两类：抽象思维智慧的文本语言和形象思维智慧的文本语言。在抽象思维这一方面，有可以激活学生概括思维的统摄全篇的语言，可以激活学生联系思维的前后关联的文本语言，可以激活学生深层思维的多层意蕴的语言，可以激活学生全面思考问题的思维的自相矛盾的语言，可以激活学生的辩证思维的辩证思维的语言，可以激活学生逆反思维的反弹琵琶的语言。

那些年 那些事

在形象思维方面，有可以激活学生的联想思维的精炼传神的语言，可以激活学生的想象思维的有意留白的语言。

比如张爱玲笔下的《封锁》，文中先后出现了男主人公眼里的女主人公形象描写："白得像牙膏""像一朵白描的牡丹""像冬天里呵出的一口气"。这三句均以"白"为本体，而喻体的前后变化，表现了男主人公对女主人公印象的变化。我抓住了"白"字来生发、讨论、勾连，将课堂变成理性而不失趣味的探究之旅，这是我努力发现前后关联的语言去激活学生思维的办法。而在探究刘心武《等待散场》的主题时，我则挖掘多层意蕴的语言来激活学生深层思维，抓住了篇末的"永恒的旋律"来阐释、讨论、探究，从而生发出多层意蕴的解读，深化了学生对小说"爱情永恒"这一主旨的认识。"旋律"表面说的是《天鹅湖》的乐曲，深层说的是爱情。而"永恒"就是"亘古不变"，是一个时空问题，从时间上看，爱情的不变体现在《天鹅湖》中的王子与公主到眼前这对小情侣再到将来的人们的身上；从空间上看，西方与东方如一；从理想与现实的角度看，浪漫的神话与现实生活如一；从身份地位看，王族与庶民如一。上杜甫的《登高》一课，可以将提取"无边落木萧萧下"之"萧萧"二字来与"飘飘"作比较联想，学生就能根据"飘飘"的词义来联想到秋天落叶慢慢飘落的场景，然后感受到"飘飘"一词的轻快之感，无法表现出快速落下的速度感，从而无法扣合诗歌的意境，若是写甜蜜爱情的诗，那么"飘飘"比"萧萧"就更好了。这样的，学生就能从比较联想中，懂得诗词炼字的妙处，慢慢养成从文本出发联想生活的思维习惯。《荷花淀》中，水生嫂等五个女人要去前线探夫，她们有一段对话，其中水生嫂的话说了一半，作者用省略号表示，抓住这个省略号让学生展开想象去填补内容，在学生多元还原之后，再评出最靠近作者想法的答案，但答案本身并不重要，重要的是学生的想象思维得到了激活。

正如于永正老师所说："读出自己的惊喜时，我便敢走进语文课堂。"我在解读每一篇作品之前，尽力让自己内心与作品的文字对话，与作者的创作思维靠近，不放过每一个让我困惑的字句，不漏掉每一处打动自己的语词，因为我认为困惑着老师的字句往往困惑着学生，打动老师的语词也往往能打动学生。所以我把读第一本书的阶段称为发现阶段，这一阶段就如一条辛苦的小虫怀揣美好的化蝶梦想努力咀嚼草叶、树叶的过程，这一阶段是最重要的一个阶段。读第二本书，是为了比照，在新旧的阅读心得和课堂预设反复比较，努力敲定教学的目标、方法和流程，其实这一阶段常常让我陷入纠结的痛苦，因为每一种取舍都往往会决定着课堂的成败，这一阶段实际是一个节间的阶段。当上课临近，我会把暂时确定的最优方案注入第三本书，然后带上第三本书走进课堂，因为这样，我的课经常处于没有备完的状态，上课铃响了，课还要继续在课堂上去生成，下课铃响了，课才算告一段落。这阶段就是一个化蝶的阶段，不管自己的翅膀长得如何，都要全心享受翩跹花丛的快乐。

当然，一个习惯能否维持还要看你得到的认同和否定哪个占的比重大，若否定的比重大了，坚持下来的难度就太大了。所以，我十分庆幸那些引领、呵护我这一特性的人。

小时候，父亲教我背《古文观止》里的《春夜宴诸从弟桃李园序》，我背得顺溜，他却不时打断我说："又背错了！"我撅着嘴说："哪句错了？您说呀！""自己去翻书！"在中学里，我喜欢一个大家都不喜欢的语文老师，因为他老问几个问题——"你是从哪里看出来的？""哪一段？""哪一句？""哪个词？"有时被提问的人都快被逼疯了。在韩师，我遇到了给我们细读《苦雨》《我与地坛》《野草》的黄景忠老师，给我们精讲唐诗宋词的赵松元老师，他们的动情而深挚的细读记忆犹新。在澄海中学教书，我遇到我的业师特级教师邓秀安老师，邓秀安老师的阅读教学有一个很核心化的理念就是"紧贴文本"，这对我的影响尤为深远。

"一个人注定要孤独地走/方能找到人群。"这是我大学同学林芳敏写的两句诗，是的，那段带书和人顶嘴的日子，我得到更多是嘲讽和讥笑，但我并没有为此改变自己的习惯，因为一直有着引领我、陪伴我的人，他们就是我找到的人群。

"'笨'老师，谢谢您！"

我的学生杰（化名）现在在一家跨国银行任职，工作踏实，颇受好评。某天，我收到他的一封信，信中提及我早已忘记的一件事。

那时，高一年级各班在学校科学馆门厅布置研究性学习成果展，我班的展区布置基本完毕，我让其他班干部先回去，只留下班长杰，以待学校领导验收。

验收发现，我班暂缺一张资料袋标签。所谓资料袋标签即是一张写上或印上"资料袋展示"字样的白纸，将之放在一叠资料袋上面，可引起参观者的注意。情急之下，我走向9班的展区，向9班的同学要了一张A4纸，并顺势垫在他们班的资料袋上，用记号笔在纸上写上字样，刚把纸拿开时，我发现笔水已透过纸背粘在最上边资料袋上，9班班主任陈老师也因缺资料袋标签到文印室打印去了，我一时有点不知所措，站在我一旁的杰从我手里"抢"过资料袋，快速地将它插进第二和第三个资料袋之间，回头朝我诡秘一笑，这样第一资料袋又是干干净净的。这时陈老师也回来了，但我心头不禁起了一个疙瘩，就在一刹那之间我选择回头，把刚才弄脏了的资料袋抽了出来，扬给陈老师看，并连声道歉，陈老师表示谅解之后，我和杰一起回教学楼，一路无语，但彼此都好像有很多话要说，临分开时，杰露出善意的微笑说："老师，你真笨。""不这样做，心里不踏实，我是一个笨老师啦。"我应了一句。

在杰的信里，往事又回到眼前。信的结尾有这么一段：

"老师，这件事或许你早已忘记，可它一直留在我的记忆里且影响着我，在做很多事之前，我总会用它来提醒自己，'笨'老师，谢谢您！"

在担任班主任的十四年里，不少像这样的事，已被我淡忘了。不过，我一直持守着的八个字"与生为友，细节育人"，处于中学阶段的学生可塑性很强，他们可能会受到来自各个方面的影响，慢慢养成自己内心的道德感和外在的行为习惯，其中老师的言传身教是一个重要的部分，老师的一句话语或一丝眼神或一次行动都可能会影响着某一个或者某一群学生。生活由无数的细节构成，而很多不起眼细节却蕴含着很多教育的契机。

哲学家张中晓说："从小处、从近处、从力所能及处、从别人不注意处工作。"我认为这话很适合于班主任工作，"德育"并不空泛，一个班主任可以在日常的每个教育行为之前想一想自己的道德观念会不会过于陈旧，然后从小处、近处、别人不注意处着手，量力而行，尽力而为，并始终用自己所坚守的道德规律做事。

勤耕力耘，走出无悔青春

——我的梦想我的路

林　旭

走过风、历过雨、经过春、跨过秋，对教学不减的热情、对学生不变的关怀，赋予了教育之路充实厚重的意义。那是一种生命拔节穿透泥土的刚劲，那是一种智慧凝结孕育着关怀的力量。靠近，始得东风面，睿智、善谈、和蔼可亲；走进，终叹花满城，守道、启智、桃李满园。

2002 年 9 月 1 日，怀揣着一份朴素的教育梦想，我走上了讲台。

听惯了德国哲学家、教育家雅斯贝尔斯的"教育是一棵树摇动另一棵树，一朵云推动另一朵云，一个灵魂唤醒另一个灵魂"的智慧之言，慢慢才懂得，根对树的滋养、风对云的诉说、灵魂对心的呼唤，砥砺了我十七年的教学生涯。十七年来，我秉承"德育为先、教学相长、以研促教"的教育理念，充分发挥语文教学的工具性和人文性双重功能，努力做到从"摇动"到"唤醒"；把心交给学生，注重对学生潜移默化的思想熏陶；潜心研究教学，改革课堂教学，着力激发学生学习的内驱力，"推动"学生向更高的目标前进；坚持以研促教，把课题问题化，把工作科研化，努力成为一名学者型教师，以此提升自身的专业素养。

立志高远：教育根深邃

2002 年 8 月，自韩山师范学院毕业后，我被分配到一所农村中学——揭阳市揭东县登岗中学任教。从一个满怀激情但仍稍显稚嫩的应届毕业生成长为登岗中学语文组教研组长，我用了四年的时间。在多年的教育工作中，我深深领会到何为教育，何为老师。在雅斯贝尔斯关于教育的解读中，什么是"摇动""唤醒""推动"？我认为，教育的本质不能是知识的灌输，而是在认可学生的潜能的基础上，通过教师的正确引导、善意的激励、合理的开发，从而让学生去发现、去成长为更好的自己。正如美国教育家杜威所说：教育即生活，就是生长。只有懂得了"教育即生长"的道理，我们才能清楚教育应该做什么事。

《中庸》启篇云："道也者，不可须臾离也；可离，非道也。"作为一名老师在教育实践道路上我也给自己提出了明确的要求：要不断往前走，心灵追求高尚，事业追求卓越。具体为热爱学生，热爱教学，诚实待人，把精力凝聚在专业工作上，让自己的教学、育人、科研精益求精。唯有如此，才能真正的明道、悟道、修道、行道！

教学相长：启智添繁枝

在课堂教学上，我倡导"合作探究、自然生成、对话启发"的本真语文教学特色，在做好课前预习的基础上，更强调课堂上的师生、生生对话启发，积极构建课外自主学习与课堂有效教学的紧密融合与相互促进，形成了"严而不滞，活而有度"的教学风格。我主张学在教前，以学定教；课堂教学注重打好基础、培养习惯、严格训练、科学指导；尊重学生个性，所教学生以基础扎实、思维灵活见长。"抽象的道理，经过林老师的讲解，立即让人豁然开朗，印象深刻。"被我教过的学生这样评价我的教学特色。

一丝不苟真学问，站在课堂的一线，我总是坚持教学研究，虚心向校内外同行学习，积极参加各级各类教研活动。我的课余生活，同样离不开教育，博览群书就是最好的证明，无论工作怎么忙碌，我都会抽出时间来看书。有人曾经问我，为什么那么喜欢看书？我打趣道："要知道，读书是最好的投资，是稳赚不赔的买卖啊。"近年来，我先后数十次在市内外介绍个人教学经验，担任广东省林旭名师工作室主持人期间，更是以迎难而上，需要更多地锤炼自我！

以研促教：守志待花开

作为广东省名教师工作室主持人，我深知自身的责任与担当，我不断加强自身的学习，积极参加更多学习培训提高自身素养。我在心底对自己说："花儿的绽放，是压力下的优雅。"

参加工作以来，我先后参加科研项目研究，主持参与的省级课题有三个，市级课题有五个，研究成果为地区教育教学提供了理论和实践的支撑；同时，还积极撰写教学论文，近年来有十多篇发表于省级刊物，其中中文核心期刊有两篇。作为主持人，我更是守正创新地做好工作室的集中研修工作，面对来自不同地区的省级骨干教师，我精心策划学习计划，率先垂范开设示范课，让整个活动开展得扎实有效，来自普宁兴文中学的颜洁新老师这样评价："当一个人拥有优雅的情绪、充沛的心灵、高远的理想、教育的智慧、崇高的师德，便能调试出育人的温度，涵养着人生的美好。感谢林旭老师，感恩遇见，人生中能遇一良师，足矣！"

培桃育李：满城醉芬芳

苏霍姆林斯基说过："没有爱，便没有教育。"作为一名教师，应热爱他的事业，热爱他的学生。正如一名老师所说的："因为对生活充满深刻的爱意，对教育怀有善良的悲悯，所以我们听得到花开的声音，闻得到阳光的味道，读得懂月亮的心思，也将看得到霓虹的色彩，我们深深知道，掬起教育的每一滴感动，是我们作为教师永远跳不开的历史旋律！"

勤耕力耘十七载，我初步形成了系统化的教育方法。在教育上我的理解是要根据不同阶段学生的思想动态，制定相应的教育策略，要注重培养学生的爱国主义、集体主义和社会主义思想教育，不断地增强学生的民族自尊心和自豪感。同时，倡导"崇尚科学、追求真理"的精神，加强对学生进行科学思想、科学精神和科学道德的教育，树立正确的世界观、人生观和价值观；教育学生珍惜良好的学习机会，勤奋学习，勇于创新，激励他们为祖国的繁荣富强、为振兴中华而不懈努力。

赵文明说过："世上的每个人都如同被上帝咬过一口的苹果，他们都是有缺陷的。有的人缺陷大些，那是因为上帝特别喜欢他的芬芳。"对于问题学生，我坚持是用育人的智慧，爱人的真心来感化学生。

我仍清晰地记得2005级高三（1）班那位叫邹小聪（化名）的学生。邹小聪同学有良好的学习基础，但随着信息技术的发展及对新兴事物的兴趣，他迷上了网络游戏，离校期间总是往网吧跑，无心向学，甚至对父母、老师的教育产生抵触情绪。为了拉回这个踏错几步路的学生，我不辞辛苦行，全心付教育。在课堂上，我为学生们开展了理想、信念等主题课，让学生明确目标，寻找动力。在相关课程里，我发现邹小聪同学也有一个大学梦。我以此为切入点，通过课后与班里学生的交流，发现了他的闪光点，进而对他进行长期的跟踪、引导、教育。通过课堂教学、课后辅导等方式拉近与他的距离，我一贯主张把"环境育人""习惯育人""活动育人"等教育模式运用在相关实践上，在充分尊重学生人格的基础上，耐心与学生交流，了解学生想法、心理状况，鼓励周边同学对当事学生进行帮扶带，强化学生自信心。通过一系列的努力，邹小聪同学终于找到学习的动力，且成绩提高迅速，最后以532分的成绩被广东工业大学录取，圆了大学梦。

在像邹小聪同学一样经过我努力而转化的潜能生名单上，我们还能看到林佳俊、黄钦明、郑颖鑫等25个名字。他们均顺利地考上大学，而在此之前，他们身上带着的更多是叛逆、后进生等标签。除了在转化潜能生方面有突出的成绩，在我教育指导下的优秀学生也为数不少——周宇晴等2人被评为广东省"三好学生"，洪晓峰等8人被评为市、县级"优秀学生干部"，郑鑫等9人被评为市级"三好学生"，庄梓佳等3人被评为市级"优秀团员"，张梓洁等15人被评为县级"三好学生"。我所带的班级多次被评为校级"文明班"或"先进班集体"；所担任班主任的班级共有173人以上考上本科，所带班级一批及本科上线率列全校各班前列。近年来有陈炼等20多位同学被厦门大学、中山大学、华南理工大学、北京航空航天大学、华南师范大学等名牌大学录取。

教育路上，我的理念是我们不单单"捧着一颗心来"，更是"捧起灵魂上路"，应善于抓住教育契机，让心灵影响心灵，灵魂唤醒灵魂！

17年来，回首走过的路程，我感慨万千。我从一名普通教师到"揭阳市优秀教师""揭阳市师德师风建设先进个人""揭东区名教师""揭阳市优秀专家和拔尖人才""潮汕星河辉勇师表奖"获得者、"南粤优秀教师""广东省特级教师"，再到被遴选为广东省名教师工作室主持人，被韩山师范学院聘为兼职教授及硕士生导师……同事们说他们最欣赏我在获得无数荣誉后，依然是"谁把流年成逝水，不辍耕耘，只在吟中醉"的快乐耕耘的状态。而我，面对如此多的荣誉，更加陷入了一场沉思……

回顾17年的奋斗拼搏之路，面对已取得的成绩，我觉得自己只是初得语文教学的一点皮毛，更不敢妄称为名师，前方还有很长的路要走。未来，我需要以不断前进的姿态、以更趋完善的自己去摇动、唤醒学生，去推动学生乃至整个省、市的教育的发展！

更无柳絮因风起，唯有葵花向日倾
——我的从教之路回眸

缪运福

引语： 我们都喜欢说"回"潮州，而不是"去"潮州，只因这里有我的母校——韩师。我的从教之路跟韩师结缘，一路走来，韩师的因子一直影响着我，当我面对工作生活中的不如意时，是我韩师的老师给予我心态调整良方；当我面对如何做好只有半年支教班主任工作的选择时，是我韩师的同窗给了我恰当的建议：认真干，干出自己的风格；当我面对如何处理付出与业绩的关系时，我韩师的舍友阿森说出了他的人生体验：凡事多做一点，回报会水到渠成的……

副高职称评聘的硬性条件出来了：山区薄弱学校任教一年；担任高中循环教学；承担县级公开课；县级荣誉；主持或参与县级课题研究……

我比照了这些条件，都符合。最终自己也顺利通过了各种考评。这在同事看来是如此的顺畅，"最年轻的高级教师哦，祝贺！"扑面而来的祝贺没有让我昏了头，因为自己心里清楚，这一路走来，自己是走得那么踏实……

我的支教生活

第一天到县城学校报到，开会。第二天还是开会，会上第一件事就是宣布到山区支教名单，我没听错，对，我要去山区中学支教，名字排在第一！

你说我这人不思进取也好，说适应能力强也行。支教，这在其他教师看来是很不幸运的事在我心里没有泛起一丝涟漪。

孔子告诉我："既来之则安之"；大学心理学老师告诉我：既然无法改变现状，那就以积极的心态去应对它吧！

一切安顿好之后，我的教书生涯开始了，七年级两个班的语文。

这里没有大学期间的试讲，一切都来真的。

第一节课，我想了解一下孩子们的语言表达能力。可是，意外的事情发生了：这里的孩子莫说主动站起来介绍自己，就是老师点名叫其站起来了，他们也吐不出几个字儿来！一堂课就在煎熬中度过了。

初中的课时比较紧张，第二天就得按课程内容上课了。尽管课前准备很充分了，但想到第一天的上课情形，自己心里还是没底的。我反复地翻阅课本和教案，几乎把课文背熟，课堂环节的转换话语念了十几遍。第一堂语文教学课依然是僵硬的。学生还算听话，可是，我能感觉到，学生的眼神充满了疑惑和迷茫。

每当经过其他教室看到别的老师在讲台上流利讲课，并能辅于恰当的肢体语言时，我很困惑，也很自责，一个本科毕业生，就把课上成这样？

第二周，语文教研组长李伟强老师带头上校级公开课。所有听课老师中，我第一个走进开课班级的教室。组长的课，内容充实，教学环节安排合理，教法得当，既能结合中考考点又符合学情，近乎完美。那天我写的日记里有这段话：我什么时候能像别的老师那样在讲台上自信、自然地讲课呢？我什么时候能上到组长那样的完美课堂呢？

一天，我将我的困惑跟组长说了，他安慰我说，别怕，本科毕业生还担心上课吗？同时，他建议我多听听其他老师的课。

自那以后，每天除了上课、改作业，我就根据课程表逐一去听课，不管是哪科，我都积极去听。一张方凳，一支笔，听课本伴随着我走过那段时光的每一天。学校举行优质课评比，我是学校里除了评委唯一全程听课的老师，我也是学校里唯一听完所有老师的课的老师，包括体育老师的课。

当拿着方凳经过办公室的时候，我偶尔会听到类似的话语，"这阿福真傻，每天听什么课嘛，真是没事干！"

可自己却知道自己想要的是什么，临渊羡鱼不如退而结网。父亲说过，没经验，你就勤一点，多跑、多干、多写……

在我听课的老师当中，有一位老师给我留下了深刻的印象，他就是张贵廷老师。

第一次听的课是《纪念白求恩》。他开场白就相当干脆，"今天，我们来了解一下一个人，他不是中国人，而是一个外国人。"他讲课的声音很洪亮，一篇时政性很强的悼念文章经张老师的循循善诱，学生们就在充分感知文本的基础上很好地品味了文章的美。一堂课下来，印象最深的就是张老师那始终如一的激情。一位年过50的乡村老师，竟还能将课上得如此激情四射，着实让我感到惊讶。张老师精心设计的板书布局合理、主次分明，他的粉笔字也是刚劲有力，不愧是资历深厚的师范毕业生。

抱着继续学习的态度和冲着张老师的激情，我选择了第二次去听他的课。课前，我猜想，张老师是不是跟很多老师一样，只有公开课的时候才激情澎湃呢？可是，我想错了。师生间交流的自然融洽会让人感到这不是演戏，他们平日里就是这样的，真实的课堂，真实的激情。

我猜想，他应该是有教育故事的人。

课后，我向张老师请教了很多问题。我了解到，他还坚持批阅周记。"只有这样，才会更大可能地了解学生"，他说。后来他谈了班主任工作心得（彼时他已没当班主任），"作为一名老师，不仅要有父亲的威严，更要有慈母般的爱，不管你是男教师还是女教师。"他略带深情地回忆道："我忘不了那年初三毕业班的全体学生，他们毕业的时候，个个都哭成泪人，围在我身边，不愿离去。"

山区学校，除了上课，真的没什么地方去，也没什么好的节目可玩。这可能也是山区留不住老师的一个原因吧。上完课，老师们不用等到下班时间就可以回家。他们有的种种菜，有的打打牌。这对于一个精力旺盛的又不会打牌的年轻人来说，可是要命的啊！这时，我再一次感谢在大学认真学过心理学。更重要的是，我没有忘记日记里的真实记录。每天晚饭过后，我就到办公室，批阅作文、周记，认真钻研教材，总结一天所干的活儿，排好第二天工作。

因为只有自己一个人，所以，无论怎么排练第二天的课，都只有自己当观众。当然，自己也可以尽情地进行各种尝试。

渐渐地，我从学生眼中看到了肯定的眼神；渐渐地，我从学生口中听到自信的表达；渐渐地，我从学生周记本上阅读到了对语文老师赞许的语言……

有那么一晚，我跟往常一样在办公室批阅学生的周记。忽然间，我猛地一回头，发现一个人站在我身后，不是别人，是校长。他微笑地说："你批改作业很投入啊，我都在你身后站了五分钟了，呵呵！不错不错。"听到校长这样说，我一时也不知怎么回答，只是傻傻地以微笑作了回应，"学生周记收上来，我就想赶着批阅完，以便明天就能发回给他们。"或许是那晚的经历让校长留下了深刻的印象，第二学期我被安排做班主任，七年级（1）班班主任。这是支教老师首次担任班主任。

更无柳絮因风起　唯有葵花向日倾

管家初体验

这是一个普通班，在第一学期的综合排名中倒数第一。

开学第一天全校打扫卫生，我班就有两三个男生偷懒。第一周就有学生晚休吵闹被扣分，第一周的周记上交不齐。偶尔还会出现男生欺负女生的事情。

"大家都在打扫卫生，可是，就有那么几个特别聪明的站在旁边当'监工'。对此，我只能说，你聪明，我没有资格说你，不过，这样下去对你肯定不利的，久而久之，没有人跟你同行的。"

"大家要清楚，一滴水掉到湖里，肯定不止那滴水滴到的地方才有波纹，一个湖面都会有波纹。试想，大家休息，你们几个却在吵闹，你不仅打扰到了同宿舍的同学，还影响了班集体。"

"批阅周记，这可是老师自找的活儿，少批阅几份，老师的工作量就会减少，可是，面对这个减少老师却高兴不起来。我还是希望咱们彼此能进行心与心的沟通。"

"男生欺负女生，男子汉的气概就体现在这样的行动上？另外，你试想一下，假如你的姐姐或者妹妹被人欺负了，你会怎样？"

针对各种问题，逐一击破。同时各位班干部也在老师的指导下各司其职。开学第一周的后段，他们自发组织召开了各种会议，将思想武装的覆盖面扩展到整个班级。

第二周，我们班就得到了流动红旗！升旗结束后，我们班就举行了隆重的挂旗仪式。

最后，我点了一把火：

"我看啊，刚才经过咱们教室的一些同学用异样的眼光在看这流动红旗，他们似乎在告诉我们，这旗挂不稳的，会掉下来的！同学们说呢？"

"不会！"孩子们异口同声回答。

"我起初也有点担心，不过，听了大家这么坚定的回答后，老师的担心变成了信心！大家有没有信心把这红旗挂稳？"

"有！"

第三周开始，我多了一些兼职：体育老师、音乐老师、美术老师。当然，这些兼职都是不怎么"称职"的。

山里边的学校管得不是很严，所以，你跟相应的老师提出要用这些课的时候，他们都会满口答应的。

　　于是……

　　一周的两节体育课，我们用来开展团队活动和趣味竞赛。我们从丢手绢玩到接力赛、我们从篮球场比到足球场、我们从学羽毛球的发球到学乒乓球的接球……这体育课上得甚是让其他班羡慕不已。

　　一周的音乐课，不用教类似豆芽的五线谱，就教会他们写在黑板上的一首歌。《让世界充满爱》《请你不要走》《明天会更好》……歌声谈不上悠扬，也谈不上动听，但他们唱出了山里孩子的心声，唱出了善良，也唱出了希望！

　　每组的组长负责完成一周的黑板报，可以是绘画，也可以是名言警句，还可以是优美文章摘抄。黑板上从单一的文字书写逐渐增加了绘画，进而是精心的版面设计。一块小黑板，尽显各种风姿。

　　可以说，我将山村学校仅有的资源进行了最大化的开发和利用。

　　也就是在这样的活动中，我跟孩子们的心拉得更近了。孩子们也敢于在周记本上表露心声。

　　"老师嘱咐我，洗头以后要及时将头发弄干，要不然对身体不好。我很感激老师，从小到大，还没有人这样关心过我。"

　　第四周，我们获得了连续第三次流动红旗。挂旗仪式后，我"浇了一把油"：

　　"同学们，应该还是有人认为这旗会掉下来，大家有没有信心坚持住？"

　　"有！"孩子们的回答依然是那样的铿锵有力。

　　"非常好！大家要清楚，把简单的事坚持做好就不简单。你若是一两次做好了，人家会嫉妒，认为你是侥幸，你若是坚持做得那么好，人家就会佩服，甚至只能羡慕和仰慕。"

　　一天，数学老师生气地跑进了办公室，"阿福老师，你们班的小成在课堂上捣乱，我无法上课！"

　　我赶紧跑到教室，将小成叫了出来。

　　从上期的班主任口中得知，这个孩子的父母都是靠零散务工来养家糊口的，没什么时间管他。因此，交友不慎的他才读七年级就已经学会了吸烟，周末就开着摩托车跟人飙车，有时候还要跟人打架。不过，这学期开学以来，他在班里表现还不错，最起码第一次没交周记的他已经能坚持上交各科作业，班里的活动他也主动参加，特别是篮球赛，他表现最积极。可他今天怎么会大闹课堂呢？

一开始无论怎么问他，他就是不吭声。

后来我从数学老师和科代表那了解到，他的数学作业很不工整，科代表要求他重做，他不肯。科代表将情况报给老师，老师点名批评了他，他一时就开闹了。

当办公室其他老师都离开了的时候，我再次问他："你觉得科代表和老师这样说你，你很委屈是吧？"

"我的作业做了，只是这次不工整，科代表就骂我，老师就批评我。"

"哦，这样啊，那为什么这次的作业就不工整呢？是不是家里出什么事了？"

"没有。"

"跟你爸妈吵架了？"

"也没怎么吵，就是顶撞了几句。"

后来他说，由于昨天下午跟同学打球，回家太晚，没及时去把牛牵回来，父母到家后就把他骂了一顿。恰好昨天的打球他又一直输，所以就跟父母吵了起来。他爸还打了他一巴掌，"你整天这样吊儿郎当的，干脆就不要读了！"

了解到事情的起因，我紧接着从起因到后面出现的一系列事情联系起来对他进行了开导：

"争强，不错，老师也欣赏你不服输的性子，男人就应该对自己狠一点。上次你们组赢球，就是靠着你这股劲儿。可是，你昨天的输球是你父母造成的吗？力所能及的家务活没干好，爸妈批评错了？……"

慢慢地，他低下了头。我趁机拿出自己刚看过的有关感恩父母的文章给他看。当我再回到办公室的时候，我发现他眼眶有些湿润。我也没再多说什么。

作业重新完成得很工整，他当着我的面向科代表和数学老师认错，他在周记本上还说，以后会注意回家的时间，尽量帮父母做些家务活儿。

半学期的努力成果在学校集体活动、单元测验中逐步显现出来。期中考试，七（1）班班级综合排名跃居普通班第一名！

总结会上，孩子们都敢于在公开场合说出自己的想法了，这是一个很大的进步。同时，他们也喊出了心中的目标：赶上实验班！

期中考试过后，学校组织了一场"普通话演讲比赛"，主题是"感恩老师"。当其他班主任都在为寻找选手而头疼时，我却遇到了幸福的烦恼：班里有好多同学报名！

小婷是其中的一个，她在课间找到我，"老师，我很想参加这次比赛。"这学生我记得，在元旦文艺汇演上，她还代表班级上过台，只是当时的表现不是很好，最后得分也比较靠后。其实，先前我自己心里还是想着班里有几位同学比她更适合参加本次比赛的。可看到小婷那迫切的眼神，我又认真思索了人选问题。后来在跟她的沟通中了解到，她之所以那么强烈想参加此次比赛，是因为她觉得元旦汇演给了她很大压力，很多同学都在笑她唱歌跑调，有的直到现在还笑她，她觉得不甘心。

为了平衡报名同学的心理，我跟班干部召开了人选专题讨论会，最终决定由小婷同学参赛。经过赛前的积极准备和排练，小婷同学没有让同学们失望，以绝对优势夺得全校冠军！

"感谢老师给我重新证明的机会，感谢同学们的谦让！现在，同学们都不会再笑我了。"短短的几句话，我知道她历经了人生的蜕变。当班里粘贴奖状的时候，我知道我们收获的已远远超过比赛冠军。

笑声、汗水、掌声凝聚了大家的心血，第二周起到期末的流动红旗见证着同学们成长，期末成绩与实验班并列第一演绎着乡村学校的奇迹！

一学期的时间就在这样积极摸索而又丰富多彩的活动中溜走了……

学校开结束会的那天，学生也返校领取家庭报告书。同样是要进行卫生大扫除，这次，我没有参与，我知道孩子们会抢着做的。分发完家庭报告书，我就去开会，年轻的校长总结得很详细，他是一位很用心的校长。会议开了约2个小时，我是最后才离开会议室的。我以为，全校的学生都离校了。

当下到最后一级阶梯时，我被眼前的情景惊呆了：自己教过的所有学生（3个班，约150人）排在校道两旁，一见到我，就热烈鼓掌，并拼命高喊"阿福老师！""阿福老师，我们不要你走！""阿福老师，我们需要你！"我奔过去和他们一一握手并逐一道说珍重。

当我走到中间时，不知道哪个孩子起了个头："你的身影终于消失在尽头，这里只留下傻傻的我……"大家就都唱起了我曾经教给他们的那首歌——《请你不要走》，"你说是到了要走的时候，我的心掩饰不住地颤抖""纵然我知道无法将你挽留，也要在最后拉住你的手""请你回回头，你可知这些日子我们将不再有"……唱着唱着，他们都哭起来了，个个泪眼婆娑，最后，我的眼泪也下来了，握手也变成了拥抱！

更无柳絮因风起　唯有葵花向日倾

门卫已经催了好几次要锁校门了，大伙儿就是不肯离去。

校长见此情景，动情地对大家说："大家对缪老师的留恋，已允分说明缪老师是关心、关爱大家的。大家本学期的进步有目共睹，特别是七（1）班的同学。大家要从缪老师身上学到积极有用的东西，缪老师教会了大家很多，大家要好好珍惜。同时，缪老师由于工作的原因，他要回城教书了。据我们了解，缪老师是在重点高中任教的，大家还有两年就可以参加升学考试，大家可以以此为动力，力争考进缪老师所在的学校，到时候，你们又可以天天见面，跟缪老师一起学习啦，对不对？大家就先回去，好不好？"

依依挥手，一个一个不忍离去……

支教生活结束了，我收获的怎么只是一个十几年后参评副高的一个硬性条件呢？这一年，我懂得了什么叫做教育情怀；这一年，我明白了为师者的原动力从何而来；这一年，我也清楚什么叫做"水到渠成"……我要感谢的人很多：张学源校长、李伟强老师、张贵廷老师、李思雄老师、廖伟超老师，当然，还有这帮孩子……

公开课风波

回城教书第一件遇到的事就是公开课"风波"。

第二周，高一语文备课组长上公开课《沁园春·长沙》。评课由县教研员主持，校长和全体语文老师参加。在授课者自我评课之后，大家开始点评。首先进行的是新教师的自我介绍和评课，我是第一个发言的。

自己的基本信息介绍之后，我说："我认为这节课可以这样上，词的上阕抓住'看'字，引导学生从意向分析中去品味意境，下阕就可以抓住'忆'字，紧接着品味一下本词的一些经典炼字，如'鹰击长空'的'击'、'鱼翔浅底'的'翔'，最后结合创作背景来让学生感受本词抒发的'蓬勃发展的革命情怀'。可惜，本节课显得很是凌乱，重点也没把握好。"

跟我一起教高一的还有我的两个师弟，他们是刚从韩师中文系毕业的。他们的点评就显得谦虚了许多：我刚出来工作，没什么经验，对这节课还不能作出什么点评，总的来说，我学到了很多东西，谢谢！

听完师弟们的点评，我想，完了！接受过高等教育的你就是这身素养？

最后评课的是教研员，他姓魏，后来提拔为教研室副主任。在魏主任还没开口之前，我就想他肯定会对我这个毛头小子来一番深刻的"人生教育"，教教我什么叫谦逊。煎熬，什么"真想挖个洞钻进去"已经不足以形容我此刻的心情了。

在我的焦急的等待中，魏主任发话了……

他先是对这堂课做了点评，然后就备课组建设提出了他的看法：这次参加实验学校语文组的教研活动，我学到了很多东西，我对辛勤上课的老师表示感谢。这里，我提一点个人的意见。一是备课组要加强集体备课，各位成员要深入探讨教学常规工作，同时建议各位老师之间要进行磨课，取长补短，毕竟每一节课都有其亮点，就像刚才这节课，亮点就有很多嘛；二是大家在评课的时候，最好就是本着谦虚、互学的态度，多提宝贵意见，俗话说得好，"一花独放不是春，百花齐放春满园"，这对上课老师和自身都是一个不错的成长机会。

我认真记下了魏主任的点评，同时几个关键词至今我仍然记在脑海：感谢、亮点、谦虚、互学。不是说读中文的人保留率真不好，但应该有最起码的交往素养，这一点我做了反省。不过，我觉得自己又是幸运的，魏主任用实际行动为我做了很好的表率，让我更深刻地理解了做人既要坦诚又要谦虚、要懂得尊重同事的劳动成果等道理。

或许是因为自己在此次的教研活动上"锋芒太露"，教研组长点名下次高一级的语文公开课就由我来上。

反复研读文本，查阅相关资料，认真观看优课视频之后，我担任高中语文教学工作的第一节语文公开课如期举行了。这一次，魏主任没有来，校长、分管教学的副校长却来了。

高中和初中毕竟不同，我上的《烛之武退秦师》还是文言文，这可是高中语文学习的重点和难点。评课的时候，诸如"恰当地使用了教学辅助工具如使用了小黑板""课堂导入不错""老师的板书很好""学生参与度高""课堂环节安排紧密"的点评有很多，这些点评在以后看来是那么"皮毛"（你看，我这不成熟的性格又露出来了，是吧）。

校长的点评是："我欣赏上课老师的激情，语文老师就要具备这种素养，可以说，缪老师已基本具备成为一名优秀教师的条件了，继续努力！"

副校长的点评是："虽然刚上高中学段的讲台，但是我看到我们实验学校语文科的希望，希望你戒骄戒躁，努力研究，踏实工作，力争把语文科打造成我们的优势学科！"

这"高帽子"一戴，给了我巨大的压力，当然，也给了我无穷的动力。真诚感谢两位校长对我这棵"幼苗"的呵护！

当然，我还听到了教研组长李冬梅老师的点评："这节课，整体来说，很不错，特别是对学生的学法指导，很有针对性。不过，文言文教学还是要处理好知识点的落实与文本阅读之间的关系。就这节课而言，文言实词的讲解很到位，学生掌握得也很好，不过，文言虚词却重视得不够。一节课，时间有限，我相信你以后会慢慢处理好这些关系的。"

我为自己能身处这样的一个语文教研团队而感到高兴，这里，没有所谓的"文人相轻"，有的是彼此间的尊重和鼓励！

但是，这"风波"还未结束……

下半学期，学校举行优质课评比，备课组推荐我参加。比赛期间，学校接到通知：市教育局教研室领导要到我校调研！于是学校就临时作出决定，让优质课还未上的课全部提前至调研当天上。

在市教研员来之前，学校要求各备课要先试听本组的公开课。蹲科行政问我准备得怎样，我说已经准备好了，我甚至还说了，打算用竞争抢答的形式来组织教学。他听了很满意，"这样的话课堂氛围应该很活跃"。

试听那天，语文备课组全体成员、我们办公室其他科组的老师（据说她们是听了我备课组的点评慕名而来的）都来了。可是，自己臆想的什么"竞争抢答""小组合作探究"都没有出现。相反的是，课堂环节不紧凑，课堂目标根本没有落实，加上学生也没有预习充分，因此，整堂课死气沉沉。由于事关学校声誉，评课的时候，从蹲科行政到教研组长再到备课组长都毫不保留地提出了很多建设性的意见。评完了之后，他们还不留情面地说了几句：你不是说要搞什么"竞争抢答"吗？哪里去了？再认真准备准备，哪怕是加班加点你也要弄好。

回到办公室，"慕名"去听课的老师饱含同情地对我说："要是备课组的老师这样评我的课，我可能要哭了！"但我没有哭，也不能哭，因为自己知道，第一次公开课后听到的赞誉之词实在太多，我已经有点飘飘然了。这次试听，自己思想上不重视，也没认真备课。

没有退路，我连夜加班，重新备课。

第二天的公开课，勉强过关，听课阵容空前强大：市县教研员、校领导、科组老师。

"年轻老师能将课上成这样，已经很不错了。本篇课文《赤壁赋》从'知识与技能''过程与方法''情感与价值观'三个维度来说，是文质兼美的。教者可以从这三个层面去逐一落实教学目标，本节课落实得还不够好。不过，教者的激情值得肯定，我认真观察了，他在范读时，是背诵出来的，相当不错。另外，他的板书设计也很得当，字写得很飘逸，应该有一定的书法功底。"

这次，赞誉的话没有在心里停留多久，我当场就思索什么是"三维目标"。就如巴金所说，"我很愧疚！"我愧疚的是一个连"三维目标"都没搞清楚的年轻人，居然敢走上讲台代表学校上公开课，是不是太大胆了？

在语文课堂教学路上，我走了一条"迂回曲折"的心路历程。我很感谢这次经历。

此后的课堂教学，我不敢马虎，也没有马虎。第一轮高中循环教学下来，我一共上了十次校级公开课，两次县级及以上公开课。在职称评聘条件还未与公开课挂钩的时候，任何级别的公开课，大家想到的都是我，这看似"傻事""累活"在我看来却是难得历练机会。一直到自己评上副高，我都没有围绕条件而去刻意寻找机会，因为，平时就是这么做的，做足了功夫。

有时也需要"蛮干"

支教结束时学生含泪相送的事传到了实验学校校长的耳朵里，因此，我被安排了班主任工作。在县城高中里面，我算是较年轻的班主任了吧。

那年，我担任高一（6）班的班主任，班级情况是这样的：经入学摸底考试和第一次段考的综合分析，进入学校培优班（周末进行辅导）的2人，当时全年级共有14个班，培优班总人数150人，也就是说，我班进入培优班的人数还不及班级平均数的五分之一。

那帮孩子成绩开始是很差，但是他们身上有很多值得骄傲的品质：团结、拼搏！

女生拔河比赛后，我随即叫大家来一张合影，事后我点了一下人数，没有一个缺席。赛前，我并没有要求全班同学在课外活动课时都要去为女生加油助威，可他们都到了。再后来，我从美术老师捕捉的镜头里发现了他们为班级健儿竭力呐喊的画面。最终我们班获得了第二名。

班际篮球赛，由于这是自己比较喜欢的赛事，所以我赛前就召开了队员动员

更无柳絮因风起　唯有葵花向日倾

会，他们都没多少信心，因为曾跟两个班打过2场热身赛，都输了。半决赛碰到的对手就是其中一个班，比分也是一直胶着，场外的我算得上"撕心裂肺"了，可我发现，这样的人不止我一个，还有一群人：高一（6）班的同学。对手还真被我们的啦啦队给吓到了，最后，我们以1分险胜晋级决赛。看着孩子们开心的样子，我真的不觉得喊破喉咙有什么问题。

决赛当天，我们早早就来到球场，其中一位女生还从家里带来了手持摄像机。赛后，裁判调侃对方班主任：你知道你们班为什么会输吗？阿福在，而你不在！哈哈！单靠我个人的力量肯定无法带领他们夺冠的，我们是场上场下一起努力。当晚，我的QQ说说改为：孩子发挥了"这里没有'我'，只有'我们'"的团队精神，创造了"一切皆有可能"的奇迹！

我没有刻意强调孩子们要将赛场的团队、拼搏精神运用到学习上，但他们感觉到了我带给他们的"逆袭""知耻而后勇"的理念。

不管是不是寄宿生，若是在阿福老师站在教室前再进教室的，他自己都会觉得不好意思；周六日若在三周内就回家的，他们知道阿福老师会连带把家长"骂一顿"的；晚自习下课铃响后，阿福老师还会来教室转悠一圈的……所有这些，只是传达一个意思：进入高中，我们就进入了时间争夺战，我们的起步已经比人晚了，就需要苦读，有时还需蛮干，你若比人家多一分钟学习，你就多一分机会！

很多的不情愿、很多的被动"高压"都在孩子们的成绩不断进步中给消散了。他们在认识高中学习"苦学巧学方能出成绩"这一道理的路上走得是那样的踏实。

第二学期市联考，赶超12个班已是顺理成章的事了。我们的努力，我们的坚持对得起这个信心和结果。

一个高中教学循环下来，班里的孩子都成长了许多，当然也有很多以优异的成绩进入高等学府深造，我也被委以年级组长重任，再次尝到了"教学相长"的甜头。

一路走来，忘不了课堂上跟同学们就"到底喜欢林黛玉多点还是喜欢薛宝钗多点"问题争论不休而最后的彼此会心一笑；忘不了在总结"周朴园"圆滑性格时对学生的细微而全面的点拨；忘不了一次次的作文升格训练；忘不了每周一次的周记心得交流会……

充满温情的咳嗽

平日课间，会有学生对我说，阿福你给我站住，我有话跟你说；但周记本上也能看到他们这样的记录：自习课后半段，教室里乱哄哄的，只听见阿福一声咳嗽，全班顿时鸦雀无声，阿福的杀伤力真的太强大了，有话记载："阿福一咳嗽，整层楼颤三颤，够霸气吧！"

值日三周过后，只要自己往楼下一站，"阿福来了！"这句话就会迅速从发现点传至整幢宿舍。当我走上去检查宿舍的时候就会发现晾衣服的、吵闹的、串房闲聊的全都不见了。其实，我也只是在值日检查宿舍发现问题批评相关学生时多说了几句：我们管你，目的只有一个，就是想你们早点休息，明天能保证有足够的精力去学习。当然，这些话语要起到实际效应必须有个基础：刚开始两周值日的时候，我会坚持到十二点，甚至十二点半，直至每个宿舍都安静才离开。当真心关爱他们的时候，哪怕是没上你课的学生都会以真诚的自觉行动来回报你的付出。当他们真心尊重你的时候，你真的不用一学期值日都要坚持到那么晚，很多时候，我可以比很多不值日组的老师还早下班。

添了角色

活动是一个很好的沟通载体，初任年级组长那年的高三，自己主要负责文科班的管理工作，里边的男生大都是高一高二没那么刻苦学习，到了高三选择文科，以为读读背背就可以考个好的分数，这显然不是科学的选择。由于前面落后得实在太多，到了高三，他们努力了一段时间后依然看不到多大的希望。于是各种情况出来了，特别是在遵守纪律方面，有一部分学生开始松懈了。

但是，他们的本质并不坏，这个需要肯定。为了将他们的心拉回学习的正确轨道，我们倡导班主任多跟他们谈心，将真正的关怀送到他们的心里。有那么一天，一个男生向我们文科班主任提出了挑战：来一场师生篮球赛。

我们真没想到这个活动会给我们的成长带来那么大的积极作用。

一场球赛下来，我们发现该班所有男生在那个星期的表现都很好，遇到老师会更主动打招呼，也不迟到不早退，甚至大部分人都又重新投入认真高考复习。于是，一个大胆的设想在我心中产生了：我们文科班班主任篮球队向每个文科班都提出挑战！

比赛结果彼此都有输赢。

更无柳絮因风起　唯有葵花向日倾

后来，他们在周记中告诉我："只是我，依然还是一次次地放纵自己，可他还是没有放弃我。一次又一次地将我从错误的轨道上拉回来，一次又一次地提醒我，让我不要放弃。""真没想到，整天吊儿郎当的我们提出要跟老师打一场球的时候，老师居然欣然同意，太激动了！""不是老师的球打得有多棒，而是他们给予了我们自尊，让我们重新树立学习的信心。尽管我们已经有点自暴自弃了，但老师们并没有放弃我们，感谢高三有您！"

我们趁热打铁，在跟他们每班轮赛期间，逐步开了各层次不同主题的思想动员会：《亲，2分》《慢审题，快答题》《给我100天，我们可以骑自行车从五华到北京》《只为争口气》……

慢慢地，我们看到：球赛过后，基础薄弱的男生也敢向老师请教英语语法问题；思想动员会后，三四个男生一起围着数学老师就"线面平行"问题说着自己的解题思路……慢慢地，我们听到：早读课不再是女生唱的"独角戏"；那种初长成而变粗的低沉声音在黄昏读期间也能奏出美妙的乐章……

一段时间后，我们也分享到了孩子们取得进步带来的喜悦："这次数学考了88分，超过了我预期的目标，我相信，只有不间断地学习才能有功效，所以，我不放弃数学。""历史科取得的进步让我很高兴，比任何一科取得进步都要高兴得多。""哈哈，总分终于是'3'开头的了。不多不少，刚好400，分数有所提高，当然是对这个月学习的肯定。""我以后要认真去做选择题，同时，为了赶上那个同学，我一定要在这段时间内全力以赴，争取下一次考过那个同学。"

那一年，是我第一次以管理团队成员的身份带毕业班，我们创造了我们县的一个奇迹：文科班完成的高考任务数远远超过理科班！

结语：一直想给本文来个结束语，可好多天过去了，我依然想不出几个字儿来。一来可能是自己的语言表达能力实在有限，二来可能是因为这也只是一次对教育路的回眸，自己的教育路还得继续走下去吧。不论怎样，这次回眸算是从教路上的一个驿站。在这里，既可以停下来休息，也可以为接下来的继续跋涉提升信心、补充能量。感谢母校韩师给我压力和动力，我将牢记："勤教力学，为人师表！"

且干了这一杯自由与文化

——我的十八年教育人生路

欧阳安

电影《燃情岁月》开篇中，洞察世事的印第安老人"一刀"，缓慢又神秘地说了这样一句话："有些人能清楚听见来自心灵的声音，他们遵从这个声音而生活，这样的人最终不是疯了，就是成了传说。"

回望十八年来的教育人生路，我既没有疯了，也没有成为传说，但同样清楚地听见来自心灵的声音，并且始终遵从这个声音而生活。历经毕业、入职、跳槽、辞职、读研、北漂、创业的种种之后，我最终得以认识自己，成了一名独立教师，把教育当作一场人生修行，与自由和文化友好地生活在一起。

一、男儿何不带吴钩：入职

2001年8月，刚从韩山师范学院毕业的我进入了汕头市金园实验中学，正式成为一名中学老师。这所中学后来成了广东省首届十佳民办中学、首届全国优秀民办中学。我有幸在其间工作了两年。

没有想到，开学前发生的一件事却为我今后的教育生涯埋下了伏笔。

起初，副校长透露，我将任教初一年级两个班语文并担任其中一个班的班主任。为此，我虚心向老班主任们请教，对开学班级各项工作做好了精心准备。谁料教职工大会上宣布工作安排时，我的工作只是教两个班的语文，没有当班主任。这让我始料不及，犹如当头一棒。事后，副校长称学校决定让我在团委工作，所以做了调整。这样的答复不能缓解我内心的巨大失落。因为他们不知道，班主任工作对于一个刚毕业对教育怀有理想和激情的人来说意味着什么。

无力改变，只好勇敢面对，坦然接受。带着几分无奈，我把全部精力放在了教学上。领好了教学参考书等相关用具，埋头在办公室，听着一张名为《乘风》的钢琴CD，认真备课。

庆幸的是，我的教学从第一节课开始就立刻受到了学生们热烈的欢迎和拥戴。第一节课，我问有多少人不喜欢语文时，全班50多人中有40多个人举起了手，而一周后，当我再问这个问题时，只有1个人举了手。

毫不夸张地说，我的课通过两个班学生的宣扬，在当时初一年级其他各班学生中也引起了热烈的反响。学生们总爱向别班同学炫耀，说我们上语文课是如何轻松、如何快乐、如何生动、如何有趣，惹来别班学生无比羡慕的眼光，以至于不少其他班的学生向我打听能不能转到我教的班。

那个时候，我的屁股后面总会跟着一群蹦蹦跳跳笑若桃花的孩子。

初一（5）（6）两个班的教室仅一墙之隔，他们因有一位共同的语文老师而往来密切，特别团结。

还记得杨校长在全体教职工大会上谈到的一件令我意想不到的事。他的朋友——汕头一中某老教师告诉他说，你们学校来了一些很优秀的老师啊！校长说，何以见得呢？那朋友说，我的孙女就在你们学校读初一，她跟我讲了她上的一节语文课的情景。9月12日那天，语文老师来上课时首先问大家昨天看了美国遭遇"9·11"恐怖袭击的电视报道时有何感受，学生拍着桌子齐声说"爽"，那老师也跟着大声地说"爽"，可等大家稍平静下来时，那老师却一脸严肃地说，同学们，如果你只是觉得"爽"的话，那你就大错特错啦！那老师在黑板上写了个"大"字，一边说着"大错特错"，一边打了四个"×"而成了"爽"字。其实"爽"字在古义中本身就有"差错、失误"的意思。接着，他跟学生谈到了恐怖主义的危害，说"9·11"是一起反人类、反社会的恐怖主义袭击事件，我们不能一味地幸灾乐祸而应坚决反对等。杨校长听了很高兴，问他朋友的孙女在初一哪个班读。他朋友说，在初一（5）班，语文老师是欧阳安老师……

还记得我上《从百草园到三味书屋》一课时，背了一把吉他去上课，弹奏起歌曲《童年》，全班学生都在欢呼着吹口哨、捶桌子，弄得隔壁班的英语老师暂停上课过来投诉而被学生嘘走……

还记得上《古代英雄的石像》时学生卢广森高高地站在讲台上表演，其他学生则一边大笑一边快速地对他进行描写的样子。若干年后，我在华南师范大学参加培训。其中的一项内容是观赏教育电影《春风化雨》。当影片放映到学生一个接一个高高地站上桌子深情地喊着"船长，我的船长"的时候，我不由地想起了自己学生相似的情景而泪不能禁……

还记得上《皇帝的新衣》的时候，学生扮演文中的各种人物，并在剧中夸张地运用方言进行一些无厘头又无伤大雅的表演，正当全班笑倒了一片时，一位扮演骗子的学生，拿着扫帚从课室的窗台外怯生生地跑进来，后面跟着背着手巡查、一脸严肃的杨校长……

还记得上朱自清先生的《背影》一文时，我配上与文章情感相吻合的音乐，声情并茂地朗诵起来。整个课室被一种深沉浓郁的亲情包围着。而我仿佛成了朱自清，读得是那样动情，完全融入其中。此刻的学生是那样的安静。当听课的副校长从教室后排沿过道走来观察学生时，看到很多学生眼里闪烁着晶莹的泪花……

还记得上《秋魂》一课时，我课前到市场买了苹果、梨、黄瓜、杨桃等一大堆瓜果并在黑板上贴了名画《拾穗者》，整个课室里呈一派秋意浓浓状。学生接二连三笑着上来品尝秋之果、秋之味后，朗读课文时是那样的认真专注、心神领会……

还记得国庆节和一群学生到汕头中信度假村一起烧烤、看海、玩耍的情景。那也是我第一次看到如此蔚蓝壮阔的大海。我们在柔软的海滩上跑着、跳着、笑着、追逐着、嬉闹着，我还被同学们大笑着你一只手我一只手地抱起扔进了大海，回来的时候干了的衣服、鞋袜里装了很多的盐沙，皮肤被晒得红红的我们几天后全黑了，大伙儿你看看我，我看看你，一阵咯咯笑后又彼此发出"黑鬼呀"的嚎叫……

如今，回头再来看时，当时很多教学环节的设计还是显得稚嫩了些，太过张扬了些，但有时我也觉得，一个初出茅庐的老师面对初一的学生，这样教也无可厚非。学生通过这些略夸张的甚至有点极端的做法对道德、对知识、对情感、对能力有了较深刻真切的认知和感悟，激发起学习语文浓厚的兴趣，而且我任教的两个班每次单元测验、期中、期末考的成绩始终名列年级前茅，好几次分列一、二名。

这一年，我深深地体会到教学着实是一门艺术。

语文界著名的韩军老师就梦想做语文课堂的艺术家。他曾这样写到：我的梦想，是把语文课改造成一门真正的艺术。它应该是以引导中小学生鉴赏汉语语言

且干了这一杯自由与文化

文字之美、提高运用汉语语言文字的素质为核心。它应当辅以音乐，或激昂慷慨，或沉缓婉转，把汉语言文字之美，用音乐烘托出来。它应当有言语的交锋，不同的观点相互碰撞。它应当有幽默，机智穿插，笑声中达情会意。它应当有朗诵，或男声，或女声，或齐诵，或抑扬，或急缓，把"平面"的语言文字，变成"立体"的交响。它应当有书法，有图画，有线条，有色彩，传神写照。课堂是舞台，师生既是角色，师生也是受众，共同演绎一幕"综合的课堂艺术"。

对此，我也深有同感。艺术的本义是指，用形象来反映现实但比现实有典型性的社会意识形态。包括文学、绘画、雕像、建筑、音乐、舞蹈、戏剧、电影、曲艺等，而我在这里所说的艺术是指充分挖掘人的潜力、富有创造性的方式方法。一个好的语文老师要有诗人的激情真诚，数学家的细致严谨及哲学家的冷静睿智。所以，我常对教材进行宰杀、解剖、清洗、烹煮、烧烤，做一桌香喷喷、好吃看得见的"佳肴"，以飨学生。为此，我在教学中运用了"讲练结合""归纳总结""实话实说""讨论辩论""设置情景""模拟角色表演""让学生上讲台讲课"及"借助音乐、小品、相声、笑话、故事等诸多艺术形式上课"等方式方法，倡导"大语文"教学，注重培养学生的创新精神。在抓牢基础知识的同时，使课堂显得尤为形象生动，焕发出应有的光彩。学生学得轻松快乐，我也教得舒畅高兴。

余秋雨把上课称为一种"生命能量、生命情怀的交通"。我很喜欢这样的表达。学生非常惹人喜爱。上课时，他们的笑声、他们的掌声、他们的眼神、他们的泪水、他们对我一举一动的关注都是以一种生命的方式、能量、情怀投向我、递向我，而我能通过我的讲演，把我的东西交付给他们，这是一件多么令人感到快乐的事啊！

除了教学，团委的工作也顺利开展。我还精心选拔培训了一批播音员，设置了栏目，购置了音响资料等。学校从此开始有了广播站。每天中午校园里都响起亲切悦耳的播音。

第一学年即将结束，我向学校申请做班主任。学校仍然没有答应，说要交给我更重要的任务，可能不再教目前的两个班。不知怎地，学生很快就收到了风声。

一天下午放学后，我正在一楼和学生打乒乓球。忽然看见6班的杨旖旎眼睛红红地向我走来，她后面跟着袁锴胜、史蓓婷等人。杨旖旎是6班的学习委员，天生丽质，勤奋努力，十分惹人喜爱。她把我叫到一旁，头低低地，一边抹着眼泪，一边楚楚可怜地说道："欧阳老师，我们听说你不教我们了都很难过。我们几个写了一封信并带着两个班同学的集体签名去校长室请求你留下。副校长把我们说了一顿，并把班主任叫了过去。后来，班主任又把我们带到办公室骂了整整一个下午。我们几个刚出来。欧阳老师，我们不后悔，你能留下来教我们吗？"说完，她哭得更厉害了。

我已忘了当时听完这些话时是自己怎样的一种反应，反正是满满的感动和愧疚。

第二学年，学校把我从初中调到高中，任教高一年级语文，并调到政教处工作。我一头扎进教学的各项工作中，听课、评课、备课、上课、批改作业、拟试卷、找学生谈心等，同样得到了高一学生的欢迎和爱戴。我继续在课堂上尽情地演绎着语文的魅力和美。当然，教学比初中会多一些理性和深度。几节课之后，学生开始对语文有了浓厚兴趣。

由于当时学校才创办两年多，高中生源还不是很好。不少同学经历了中考的失败，心灵变得敏感而脆弱。我想尽办法，通过各种方式融化他们冰冻尘封的心，给他们的生活带去了欢乐和希望。我们的心紧紧地交织在一起，彼此靠得很近。渐渐地，他们不再感到无助和彷徨，学习更认真了，成绩也提高了，他们的生活又开始出现了阳光，他们的脸上又开始绽放出青春迷人的笑容了。这实在是一件令人欢欣鼓舞的事。

与此同时，我仍然无法隐藏自己内心的失落——仍然没有做班主任。"就是想做个班主任"的想法始终在我心里滋滋冒烟。于我，一位没有做过班主任的老师不是一位真正意义上的老师。开学前埋下的伏笔直接暗示和导致了我的跳槽。

后来，同事和学生说，我走了以后，学校换了好几位语文老师去接手我的班。第一、二位老师上完第一节课后都是直接被学生轰走了。学生说，我们的欧阳老师不是像你这么教的。但第三位老师一上去讲的第一句话就拉近了学生们的心，从此才逐渐被同学们接受。他说："大家好！我是欧阳老师的朋友，我跟你们一样也很想念他……"

二、相逢意气为君饮：跳槽

"每一次工作就是一次祈祷。"这是潘石屹在《我用一生去寻找》一书中的话。它曾一度令我陷入沉思。潘石屹认为，工作要进入一种精神状态，要把工作过程转变为一种精神享受，就像在祈祷一样虔诚专注，表现出一种强大的精神力量。这种状态"是平静的、忘我的，在外人看来有点孤独的，但自己内心是喜悦的"。每一次工作就是一次祈祷。这与我在华南师范大学附中教育集团工作8年半时的心境颇为相似。

2003年1月，一个宁静的下午，我在政教处办公室埋头办公。同事小李笑着递给我一张《中国教育报》，报上写着华师附中教育集团招聘教师的信息。我不禁犹豫起来。去？学校对我的工作已很认可，学生对我很好；不去？华师附中是广东省最好的中学之一，练拳找高手，弄斧到班门。最主要的是，没准我能当班主任呢？抱着试一试的心理，我将个人材料寄到了广州。不久，我竟收到了参加考试的回复。

"非典"病情最为严重的一个冬夜，我打点行装坐上了赴广州的直达快车。车过汕头海湾大桥，车窗外灯火朦胧，我心里带着莫名的惘然与期待。

第二天下午，天气略显寒冷，寒风吹起枯黄的落叶在半空中打转。天空却显得疏朗而又高远。我住进了师大的招待所。

我从负责招聘的老师那了解到，语文学科，从全国各地共筛选了11位老师，其中大多是高级教师，而这次招聘仅录用5名。

接下来几天是紧张的试讲、笔试、面试时间。印象最深的是试讲。我抽到的篇目是鲁迅先生的《灯下漫笔（节选）》。有点头疼的是，我并未教过该文。而且找了附近几家书店甚至广州购书中心均未找到该文的教参。最终，我在广州购书中心的一本学案里找到了仅有的3行资料。然后，我根据大学考研时对鲁迅文集的学习，伏在招待所的一张桌子上认真备课。其时寒意逼人，窗外夜风四起，枝叶飘零……

2月份，我收到了校长的电话录用通知，自是高兴不已。办理调动手续时，我在南海教育局无意间发现，华师附中语文科组长邹寿元老师给我的课打了90分，并做了详细点评："课上得很精彩！另辟蹊径，给人耳目一新的感觉，能紧紧抓住课文的重难点，还富有创造性进行深入的分析探讨，很能启发激发学生的思维。对问题分析深刻独到，知识丰富，紧扣问题旁征博引，课堂气氛活跃，很能开发学生的智力，语言生动活泼，普通话标准流利，案头的工作做得很认真，是一个不可多得的语文老师。如能到我校工作，则会注入一股新鲜的活力，充实我校的实力。"

那一刻，我感动万分。华师附中以她宽广自信的胸怀愿坦然接受了一位资历尚浅、经验不足的年轻人，并还给予这位年轻人热情的鼓励，这是需要勇气和信任的。也许正是这份鼓励更加坚定了一位年轻人投身教育的理想。

我被分配到华师附中南海校区工作。该校由华师附中本部派出管理团队，从全国各地精心选拔优秀中青年教师组建教师团队。几年时间内就培养出了大批优秀学子，有四五位考入了清华大学、北京大学。

到校后，校领导首先安排我担任团委书记、校青年教育教学研究会会长。经一再申请，我兼任语文特色班班主任。啊，终于当上了班主任！

担子自是不小，但我全情投入其中，没有害怕退缩。我和团委的另外四位老师一起商讨、策划、分工、组织、督导、总结，组建广播站、学生会、团委会，积极开展诸多大型活动，成效不错。2005年校团委被评为"南海五四红旗团委"光荣称号。

与此同时，我所带的语文特色班也逐渐凸显特色，学生成长进步大。做班主任对我是一种莫大的幸福与享受。学生亲切地称我为"安哥"，我也乐呵呵地接受。高三那年，为了班上这帮学生，在一些人的不解中，我辞去了团委书记一职，全身心投入班主任工作。我暗下决心一定要把他们送进重点大学的殿堂。

事实上，和学生在一起的时光总让人回味。

我们一起制定班规班约，确定班歌班训，设计班徽班牌，编辑班刊班报；我们形成了两套班干队伍，轮流治理班级；我们设立图书角、读书会，朗诵、演讲，主持兴趣小组，积极参加各项活动并取得骄人成绩。

怎能忘傍晚时分与学生在篮球场上洒下的汗水与激情？怎能忘晚修后抱着吉他到宿舍和学生一起引吭高歌，啸傲人生？怎能忘中秋节在操场赏月的歌声和舞姿？怎能忘运动会夺冠的呐喊与喝彩？怎能忘艺术节大合唱的投入与专注？

难忘炎炎的夏日，我们乐呵呵地跑去农庄野炊烧烤、打野战；难忘秋收时节，我们到肇庆怀集诗洞的风艳村，和农民同吃、同住、同劳动，开展社会调查、义教、慰问等活动；更难忘三年后，当同学们考上理想大学后，师生分离时抱头痛哭的泪水和祝福……

2006年，28岁的我成为华师附中教育集团最年轻的年级级长，负责管理高一年级58位教师、800多名高中学子。这于我是莫大的挑战。张校长、余副校长安慰我说："别担心！级长虽然是小校长，但也是大班主任。"我心定了很多，但仍

且干了这一杯自由与文化

带着诚惶诚恐的心情，默默上路。

级长是学校与教师之间的枢纽、桥梁、中介，充当组织者、执行者、督促者、协调者角色。很多时候，级长是学校上传下达的中转站、传声筒、收发室；也有很多时候，级长是工作的调度室、发射台、创造地。其事务有"三多"：一是常规多，二是会议多，三是活动多。"三多"有时扎堆在一块儿，便成了"哆来咪发唆拉西哆""千条线串一根针"。正因如此，级长早出晚归，基本被"捆"在学校，很少有个人的时间、空间。

我带领全级师生一头扎进了教育、教学、管理中。

开学前，到招生办协助新生报名工作。和教学处主任一起研究教学相关事项。安排老师晚修值班、周四监考，学生住宿工作。每周日晚上主持召开班主任会。军训顶着烈日，到每个班逐个检查学生仪容仪表。和老师们一起布置办公室文化布置，组织安排运动会教工4×100米接力赛。和班主任一起每天检查学生早晚读并经常巡视课堂情况，做好登记，一起处理学生违纪问题，准备每次家长会各项事宜。和音乐老师认真审查年级文艺汇演各班节目。和体育老师精心组织班际篮球赛。和校长一起召开领导小组会议，共同研究教育教学问题。组织全年级师生到肇庆市怀集县学农。和老师们一起准备示范性高中综合实践各项工作。和高三领导小组成员、班主任一起冒雨巡查学生宿舍情况。召开月考分析会、准备烦琐而严肃高考报名工作，组织学生进行体检工作。和老师们到广州、南海参加教研活动。组织两百日成人宣誓、百日誓师活动。和老师们一起耐心为学生答疑辅导。和全体老师一起做好广州一模各项组织工作，参加佛山市南海区集中阅卷，进行考后总结分析。和校长在体育馆开家长会，为家长分析学生情况……

尽管教育琐碎繁杂，但在我看来，真正的教育拒绝平庸，真正的教育快乐高尚，真正的教育应保持内心的伟大和尊严。爱学生是前提，但教育还须想方设法致力于学生人格、学识、思维、胆略、文采的全面发展，成就俯仰无愧天地的大写的人。

2009年高考，我们年级取得了优异成绩，创下了学校重点率、本科率、上线率等四项历史记录。学生的进步也带动了我的成长，我在各级、类的教育教学比赛中屡屡获奖。

同年，我和妻子爱情的结晶——可爱的女儿顺利诞生。

2010年，我在工作之余，潜心考研，继续深造，打磨自己。最终以高出录取分数线39分考取了北京师范大学教育硕士研究生。

2011年，我评上了高级职称并被任命为学校办公室主任，协助校长全面做好学校各项宣传、管理、服务、发展工作。

相逢意气为君饮。在华师附中南海校区工作的日子，是一段教育激情燃烧的岁月。

这八年多来，我用专业主义激情在教育的热土上握紧犁铧辛勤耕耘，而学校也以她的大气包容和信任给予了我丰富的成长历练。这八年多来，我亲眼见证了学校的快速发展。从区一级到市一级到省一级到国家级示范性高中，那不是简单的级别叠加，而是办学品质的不断提升；这八年多来，越来越多的学子跻身北京大学等全国甚至世界名校，那不是瞬间的努力所能换取的，而是师生们每个晨昏的坚毅与执着。

每一次工作就是一次祈祷。这是青春的磨砺，这是生命的激情，这是精神的升华。

然而，我没有料到，接下来半年发生的事情却彻底改变了我的人生轨迹。

三、仰天大笑出门去：北漂

2011年12月的一个傍晚，我正在教工活动室和老师打桌球。校长笑眯眯地走过来把我叫去办公室，说区委组织部的领导要见我。

原来，同年7月，佛山市南海区确立"人才立区"战略，全面开发人才第一资源，争创人才第一优势，以人才为立区之本，寻求新的产业支点，提供孵化器服务，吸引大批全球人才团队到南海开展创新创业项目，促进其科技成果在南海快速转化和产业化，不断促进产业转型、城市转型和环境再造，不断增强区域竞争力。

为此，区委组织部亲自挂帅，成立了人才办和人才研究所，从科技局、经促局、教育局、人社局、林业局、法院等部门选调精英，组成15人的精干队伍，让"人才立区"战略落地。

我，是被组织部选中的人选之一。校长诚恳地说："跟着组织部，年年都进步。组织部的人是管官的官，是'天官'。学校需要你，我自然舍不得你走，但我也不能阻碍你的前程。你去吧。"

一纸调令，我就这样离开了心爱的教育。一个月后，告别学校领导、老师、学生，在众多羡慕的眼神中，我带着对教育的千般不舍，又带着对未知生活的些许憧憬，到组织部人才办、研究所工作。

显然，我对工作是尽心尽力的，也是有所成效的。我认真做好《人才工作简报》编制工作；研究、拟定"千人计划"等高层次人才配套政策；研究、拟定发挥企业引才育才用才主体作用的相关政策措施，以产业紧缺人才调研成果为基础，研究制定鼓励企业主动引进高层次人才、建立人才和科研载体、承担上级重大科研项目、取得重要科研成果等相应激励政策和措施，以充分发挥企业引才育才用才主体作用；走访了几十家企业，以问卷调查、座谈会等形式，了解南海重点产业、新兴产业各类人才缺口状况，与省科技厅情报所合作，编制南海重点产业紧缺人才目录，用于指导开展"十万雄兵计划"和各引才点招才工作；赴广州开发区、萝岗区及东莞等周边地区考察学习，进行对比研究……有一次，为了赶一篇上交省委组织部的稿子，我把被子、洗漱用品都搬到了办公室。当晚只睡了两个小时。后来，这篇稿子得到了省委组织部的赞同与批复。2012年五四青年节时，我作为人才办的青年代表被组织部长召见，得到了一番肯定与鼓励。

但显然，我过得并不开心。一是我从事的工作并不是我真正熟悉和喜爱的领域；二是机关单位牵一发而动全身，工作讲究照章办事，按部就班，严谨到位，很难发挥创造性；三是工作氛围较严肃，上下级等级森严，凡事都要小心翼翼，谨小慎微，缺乏自由；四是虽然单位上下对我照顾有加，我也认识接触到了许多非常优秀的领导，但我的直属上司副主任却对我心生妒忌，要求苛刻，甚而百般刁难。这是最主要原因。

半年后的一天上午，我顶着高烧跑去经促局送完工作材料后急匆匆回来，马不停蹄地参加工作会议，面对直属上司的又一次刁难，忍无可忍的我从座位上愤然起身，把记录本往桌子上重重一摔，留下一句"老子不干了"，愤然而去。隔天一早，我便递交了辞职信。

这下，直属上司慌了，一边向其领导主动报告和道歉，一边不断打电话给我希望得到谅解。组织部其他领导不断耐心地做我的工作。我却丝毫不为所动。我始终无法拒绝内心的声音：更加自由、自主、有尊严地活着！

辞职后，我在家里把自己关了整整一个月，那是一段无比挣扎又无比珍贵的日子。我经常单曲循环地听许巍的一首歌《蓝莲花》，觉得它很能代表当时自己的心境："没有什么能够阻挡你对自由的向往，天马行空的生涯，你的心了无牵挂。穿过幽暗的岁月，也曾感到彷徨，当你低头的瞬间，才发觉脚下的路。心中那自由的世界，如此的清澈高远，盛开着永不凋零蓝莲花……"静心凝神，低眉思忖，我时而豪情满怀，时而怅惘一片。

人的一生中总有那么一些关键的节点，我们要鼓起一切勇气去做出决定。这个决定可能不符常理，甚而离经叛道，但即便如此，我们还会这么一意孤行。只因为我们相信自己做了最该做和最正确的事情。事实证明，有很多时候，这样的决定反而是正确的。《天堂电影院》的那句经典台词曾一度给过我许多安慰和力量——"如果你不出去走走，你就会以为这就是全世界"。滔滔逝水，急急流年，人的一生至少要疯狂一次吧，无论是为了一个梦想，一个远方，一个人，一段旅途，一份怀抱……

最终，有个声音一直在我心底：北京！北京！

就在这时，好友楚楚给予了我莫大的温暖与力量。2012年8月初，我拖着两个行李箱飞往北京，准备在好友的教育科技公司里工作。刚下机场，我接到了组织部干部科科长的电话："欧阳，恭喜你，你前几个月在顺德党校参加的公务员面试通过了。你的笔试成绩第二、面试成绩第一、总成绩第一，祝贺你考上了公务员。请这两天去参加体检并报到。"我笑着拒绝了。同我参加公务员考试的一位朋友得知此事后发来短信：既然你拒绝了，总成绩第二名的那个人将被递补录取。看来，他家祖坟冒青烟了。我呵呵一笑，随他去吧。

后来，人才办同事告诉我说，我辞职后引发了一场官场地震，我的两个直属上司被调离组织部人才办到其他部门，表面是平调，实则是降职。我又呵呵一笑，有因必有果。

到了北京后，我一位北京师范大学研究生同学得知我情况后，马上热心地为我联系了一家北京市示范性高中，以解决北京市户口问题。好友也表示理解和支持。经过试讲、面试，我被录取了，而且我优秀的妻子也可同时在学校工作。

办理完调动手续，2012年8月，我告别装修精美的家，告别佛山南海，一人开车，载着妻子、女儿、岳父、岳母及到处塞得满满的行李，从佛山驱车启程，沿京港澳高速一路向北，在长沙、鹤壁各住了一晚，第三天下午顺利到达北京。2 500多千米的路上，除了车轮或深或浅的足迹，还有我一长串的决绝与坚定……

杨镇一中是一所由北京市顺义区教委主管的全日制公立完全中学，是顺义区

且干了这一杯自由与文化

重点中学、北京市示范性普通高中。学校始建于1951年，占地面积800亩，有学生5700余名，教职员工800余名，有"亚洲最大的中学"之称。

孙校长给予了我莫大的信任与关怀。他让我担任高三文科重点班和理科次重点班语文老师，我妻子则担任高二文科次重点班班主任。他还为我们提供了住房，解决了女儿读书等诸多实际问题。

为能在北京立足，也希望能帮到好友，我在顺义的学校和海淀的教育培训中心之间来回奔走。

是的，我基本不在学校、教育培训中心，就在去往学校或教育培训中心的路上。一年来，偶尔带着家人去天安门、北京动物园、密云水库、后海、清华北大校园匆匆游玩就已经是再奢侈不过的事了。

偏偏那年又逢上了北京20多年来最冷的一年冬天，还赶上了首次出现的"雾霾"及隔年最热的夏天。我笑着跟同事说，我来北京可谓"感天动地"啊！

熬过了全家同时出现的6次感冒，努力地适应新环境，带着微笑安抚一家老小，接送女儿上幼儿园，陪女儿学语、数、英并到操场跑步，找人修理宿舍水电，找这个找那个逐一细细整理户口申报材料，去京顺检测场进行汽车尾气检测，办理暂住证，办理小车进京证、年审，深入钻研北京高考，大量地做高考题和高考模拟题，在校内或校外开这个那个教研会，参加这个那个集体活动，上这个那个公开课，改这个那个作业，和这个那个学生谈话，准备学校的课和培训中心的讲义，摸索培训中心授课艺术，思考北师大的硕士学位论文，一周7天里6天在学校上20几节课并值两个晚自习的班直至晚上十一点半，周末则坐地铁或驱车到60千米外的培训中心上课……

这些就是我在北京的日子，生活的常态。一年里偶有一两天的休假简直就是一种恩赐。

我很清晰地记得，那年隆冬好几个夜里，我从培训中心出来后，用了2个多小时转乘了好几路地铁（好几次，我坐在地铁上睡着了，若非工作人员或热心乘客把我叫醒，恐怕又坐回去了），再打上一辆黑车颠簸了20多分钟，从黑车里推门下来，迎着寒风，背着电脑包，用力裹紧衣领和帽子，拖着疲惫的身体深一脚、浅一脚地踏在雪地上，任由雪花扑簌扑簌地打来，眼睛努力扑闪扑闪的，一眨一眨的，眉毛、睫毛上全是雪……

也就是那个时候，我才真正感受到"柴门闻犬吠，风雪夜归人"的滋味。取下手套，哆哆嗦嗦拿出钥匙推门进去，抬头一望挂钟，已将近十二点钟，家里已黑灯瞎火，一片静寂。家人早已睡下，有音量不大的鼾声此起彼伏。拧亮灯，扭开水龙头，按下电磁炉按钮，从冰箱取些饺子、牛肉丸扔进盆里，开瓶燕京啤酒，将烫呼呼加着凉冰冰一起吞进肚里。之后，点着一根烟，翻开书，准备隔天学校里的四节连堂课……

功夫不负有心人。第一学年结束后，我班上学生参加清华、北大自主招生考试语文成绩创学校历史新高，高考成绩优异，多位学生考入清华、北大。我还被推选担任北京高考作文阅卷老师。

第二年，我被学校提拔为副主任，分管高三教学工作并继续任教高三文科重点班语文。与此同时，培训中心那边来自人大附中、清华附中、北大附中、十一学校、八一中学等重点中学的学员人数蹭蹭蹭往上冒。妻子打造的温暖而强大的班级也取得了突出成绩，大部分学生考入重点大学，她本人还获得了全国班主任大赛第一名。

在北京生活的日子虽然忙碌且疲惫，但却自由而开阔。最喜欢北京的秋天，天空湛蓝高远，一棵棵银杏似乎在平和地守望，树上的叶子都像足透了的金子，即便是在黄昏也依然闪着朝晖的明亮。渐渐地，银杏叶悄然洒落地上，金灿灿的，像一层金丝银线的织锦，像一幅斑斑驳驳的油画。树上和地上都是饱满透亮的金黄。它们像我对北京、对生活、对自由、对文化的热望，似乎可以无限地绵延而久远。

不过，接下来妻子的感受又改变了我的人生轨迹。

四、门前流水尚能西：创业

一方水土养一方人。妻子的血脉里有着对南方心心念念的归属，有着对南方清澈透亮的依赖，有着对南方历经千帆后的期待。从大学恋爱到工作、结婚、生儿，一路走来，妻子为我付出、牺牲了很多。好妻子也是一所好学校。因为她，我逐渐成长得更加开阔明亮。当年，她能连根拔起，放弃南方的一切，理解支持并和我一起去北京闯荡。这并不是一般女子所能做到的。如今我也不能只为自己考虑。

与此同时，山东高密的莫言获得诺贝尔文学奖一事也启发我，在文学、文化上有所建树也不一定非得在北京。三年的北京生活给我最大的收获是什么？我更加深入地认识了自己，明白了自己真正要的是：自由和文化。"试问岭南应不好，却道：此心安处是吾乡。"2015年8月，我们举家回到了佛山。

生活总会推着你走并渐渐告诉你答案。原本打算休整半年再考虑工作的事，但得知我归来后，朋友们纷纷热心推荐工作：去某著名上市公司做总裁助理、重返当地重点中学、到某培训机构做校长等。我均婉拒了。最终，我和妻子决定创业。朋友们又纷纷把自己的孩子送到我家里来上课。

于是，购买了黑板、桌椅、投影、打印机等设备，增挂了字画，叫人清走了旧沙发，把20多平方客厅变成了明亮清雅的教室。起初，只有十几个学生，但来的学生越来越多，家里很快就坐不下了。

同年年底，我们在家里附近的都市广场租赁了写字楼，成立了大先生国文文化传播有限公司和培训中心。我们从未发过一张招生简章，全凭课程质量说话和家长口口相传。从开办第二年到现在，每期学位均爆满，一位难求。有广州、香港甚至沈阳等地的家长带孩子慕名来上课。随着后来作家、好朋友、资深语文老师的加入，目前，教学场地由200多平方米扩大到800多平方米，每年入读的学员超过2 000人次。

我们以"有趣、有用、有情、有品"为办学理念，倡导深刻的思想、远大的情怀、丰厚的积淀、娴熟的方法，专注国文教育，传承中华优秀文化，开设中小学国学、阅读、写作、古琴等课程。我们密切关注教研动态，紧贴本地教育实际，遵循语文学习规律，依托小、中、高考考纲考点，精心自制讲义，仔细研磨教学艺术，根据各学段学生知识积累和智力能力发展特点，采用滚动式、交叉式、全景式、前瞻式教学进行有效训练并及时反馈，打造系统化、立体化、科学化教学，达成"提高应试能力+提升人文素养"双轮驱动效应，实现"低进中出，中进优出，优进高出"目标。

以作文教学为例，我们严拒编作文，严拒套路作文，严拒模式化作文，严拒假大空作文。遵循自然规律，遵循写作规律，遵循教学规律，遵循学生身心发展规律。培养正确思维方法，道法自然，文无定法，激活积累（含生活积累、阅读积累），独立思考，真情流露等，让学生从"不会写一篇文章"到"会写一篇文章"再到"会写一类文章"不断跨越式进步，引导学生更多更深入地去体验、观察、思考、积累、沉淀生活，引导学生爱上阅读写作，让大部分学生越来越发现国文的美和力量，把阅读和写作变为一种好的习惯和本能。我们给学生讲老子、孔子、庄子、孟子、屈原、陶渊明、曹孟德、竹林七贤、项羽、刘邦、李白、杜甫、苏东坡、李清照、马致远、张可久、吴承恩、罗贯中、曹雪芹、蒲松林、纳兰性德、鲁迅、巴金、老舍、弘一法师、张大千、金庸等，倡导学生志存高远、胸怀天下，做一个"有趣、有用、有情、有品"的一身正气、顶天立地的大写的人。

创业4年来，我们涌现出大批优秀学子。2016年高考中，张瑞轩、皮若言、汤慧质、马可欣4位学员分别考入清华大学、北京大学、复旦大学、中国传媒大学，4位学员高考语文平均分为128分。该班高考语文平均分达122分，语文最高分135分。2018年中考，黄靖然等3位学员成为佛山市总分最高分屏蔽考生，并摘取中考语文满分单科状元。2019年中考，陆扬等2位学员荣膺佛山市总分最高分屏蔽考生，徐翊钧等4位学员摘取中考语文满分单科状元，全部学员语文平均分高达110.25（满分120分）。有大批学员考入华师附中、广东省实验中学、佛山一中、南海石门中学等著名重点中学。有大批学员在"全国1+1阅读写作大赛""新世纪杯"全国中学生作文大赛、广东省"粤星"杯作文大赛荣获金奖或一等奖。

我们，用专业主义激情，传承优秀中华文化！我们，追求教育理想的同时，也在努力传承文化。我们，用创业的方式追求自由和文化，把教育当成一场人生修行，寻找同频道共振的工作伙伴，构建文化朋友圈，耕耘教育新花田。

2019年春季班课程结束时，李亦璇同学在课程评价中这样深情地写道：

缘分在任何时候，都是那么美丽，那么恰到好处。来时无语，去时无声……

记得第一次上大先生国文的课是在初一寒假的时候，昨天是我在大先生上课的最后一节课，我百感交集。这12次课过得是真的快。最后一次写课程评价了，写了很久很久……很多话想对欧阳安说，但下笔时又是不知道从何写起，从何说起。一时间什么也写不出来。

欧阳老师教给我的，不仅仅是如何学习语文，应试方法技巧，大大提高了我的成绩，更多的还是人生的道理。课堂上，欧阳安给我们讲老子的《道德经》，唐诗宋词元曲，历史风流人物，国学经典，传统中华民族文化……增加了一些"看似无用，实则大用"的东西。也许现在看起来没有用，但在以后，在人生路上的各种抉择、各种坎坷中，是实用，是大用！

且干了这一杯自由与文化

　　第一期课程的第一节课你给我们讲"语文是美的，学语文是一种享受"，最后一期课程的第一节课骑车严重摔伤，脸上缠着胶布的你给我们说："就算我已面目全非，我也会努力让你感受到语文不可替代的美。"这句话看似平淡且自大，但实际你是真的做到了！你有教育的理想，有自己的理想，有实力，有能力！

　　有些记忆被时光湮没，交还给了岁月；有些故事被季节铭记，镌刻给了流年。

　　在大先生国文课堂上收获到的知识，学习到的道理，不会忘，更不能忘！

　　难忘有趣、有用、有情、有品的大先生国文课堂！一起努力，共同进步！Fighting！感恩遇见大先生国文！感恩遇见欧阳安！"竹杖芒鞋轻胜马，谁怕？一蓑烟雨任平生！"

　　……

　　正因为创业，我实现了财务自由、时间自由和精神自由，得以和文化相拥，乐享其中。由于我只在周末、寒暑假部分时间上课，我有了较多的时间、空间去更多层次地丰富自己、提升自己。

　　这四年里，我拜师学习正宗陈家沟太极拳，学会了老架一路75势太极拳，感悟阴阳、颐养性情、强身健体、心游太玄，一套太极涤心尘。感受太极拳之美：静如处子，动如惊鸿，架势舒展大方，步法轻灵稳健，身法中正自然，内劲统领全身，以缠丝劲为核心，动作以腰为轴，节节贯串。一动则周身无有不动，一静百骸皆静，运动如行云流水，连绵不断，发劲时松活弹抖，完整一气，心神合一，刚柔相济。

　　这四年里，我拜师勤学古琴，通哲悟道，明心见性，修心性以符天道。经一年左右的学习，我已掌握指法基本功，能弹奏《湘妃怨》等四五支古琴曲。每次学琴归来都写一篇文言文学琴记，至今已写了30多篇。嵇康《琴赋》云："众器之中，琴德最优。"古琴有三音：泛、散、按。泛音空灵飘渺，清寂入仙，如入天庭之境，诚如天籁妙音；散音松沉浑厚，苍茫旷远，生远古之意，犹似大地和声；按音多端变化，细腻丰沛，起人情之思，实仿人生百味。是以泛、散、按者，天、地、人也，世谓之三籁。学琴过程中，我不断发现自己、修正自己，淡泊明志，知行合一，追求朴素、从容、大气、中正、平和之境。

　　这四年里，我不仅自己参悟还给学子们讲《道德经》，启发他们汲取老子的大智慧，理解什么是真正的清静无为、上善若水、见素抱朴、少私寡欲、绝学无忧、无用之用、道法自然等。

这四年里，我广交朋友，时常亲近自然山水，纵情林野。

这四年里，我看了许多书，写了一百多篇文言文、两三百首古诗词……

回望十八年来的风雨教育人生路，我怎能不百感交集？简而概之，"潮州—汕头—佛山—北京—佛山"是十八年来的主要地理坐标，"毕业—入职—跳槽—辞职—读研—北漂—创业"是十八年来的主要人生经历，而"认识自己—遵从内心—追求自由文化"才是十八年来的唯一心灵主线。

电影《无问西东》中有句台词："愿你在被打击时，记起你的珍贵，抵抗恶意；在迷茫时，坚信你的珍贵。爱你所爱，行你所行，听从你心，无问西东。"愿你认识自己，遵从内心，有勇气做你喜欢且擅长的事！愿教育与生活、自由与文化对我们的人生有真正的给予！愿有趣、美丽的灵魂永远不会老去！

且干了这一杯自由与文化

湖光山色语文路

孙慕佳

我曾在一篇演讲稿中写道：

身为一名执教高中11年的女老师、一个"二胎"家庭的母亲，我时常会联想自己是否比上一代女性走得更远、收获更多。比如我的母亲——

18岁那年，芳华青葱，她响应知识青年上山下乡的时代号召，去一个偏远山村的林场落户，卷起裤脚、扛起锄头，一干就是六年；而18岁的我，捧着课本坐在高中课堂，想象即将开启的大学生活有多么精彩自由。

30岁那年，她凭借谦逊刻苦的品质，在回城后的短短几年间，从学徒新手迅速成长为工厂的熟练工、劳动标兵；而30岁的我，起早贪黑扎根讲台，陪伴158名高三学子追逐梦想、冲刺高考。

母亲早已过花甲之年，她的大半辈子在时光的波浪里辛苦浮沉，以一名普通家庭妇女所能给予的毫无保留的爱和付出，给家族和社会交出了一份出色答卷：她的孩子成为医生、公务员、教师，从最平凡的家庭走出了三名大学生，自力更生、服务社会。而我，仍在路上。

……

那次演讲是妇联主办的，围绕家国主题，现场很多选手一谈动辄"我的母亲身为县委干部……我的父亲作为老革命、老党员……"我悠悠然地絮叨我的小人物妈妈，有点违和。但其实，我的生命轨迹里有着她无数伏线千里的点滴影响，当我在心里想、在纸上写、在台上说的时候，都是知足甚而骄傲的。

幼年时，老榕城西门那条小巷的一扇木门后，夏日徐徐铺满静静的院子，满缸粉白相间的莲花和一架紫藤萝都在打盹，只有屋前的玉兰叶子筛下了一片闪闪的碎碎的白光，照耀着窗台、床边，四岁的孩子和身怀六甲的年轻妈妈，依偎着席地而坐，一起翻着一本安徒生童话，讲了什么早忘了，只有那个场景一直是童年时光里一团暖色的记忆。三年级时，学校组织参观学宫，我跟着队伍懵懵懂懂走马观花一圈，回来后要写小作文，一脑袋空白，那时已经养育三个孩子且整日忙于小作坊的妈妈，午后放下活计，说，那我们再去参观一次，你带上本子好好观察。中学时，我练习背《出师表》《桃花源记》《归去来兮辞》，她听到了会接上几句，有的能背长、有的也就记得几句而已，她笑，都三四十年了，忘了，而我很惊奇，她的潮汕音诵读比我的普通话朗读要好听得多，音韵宛转、古意悠然。所以，考大学时我向往的法学、广告学、新闻学一一错过心生迷茫时，我妈说："要不读师范？我一想到以后人家问我，阿妹是做什么的啊，然后我回答：她是当老师的！——这样一想都觉得高兴。"我看着她的样子，那么质朴简单的渴盼，瞬间就被说服了，我愿意她高兴，虽然当时我对从教并没有任何向往和了解。

如果说报考韩师有些偶然因素的话，后来的一切却十分契合，她的环境氛围、她的文化气质、她的自带缓慢悠扬鼓点的看似游离的发展节奏，刚好给我一个读书的庇护场。前年带朋友游西区校园时我写过几句感受：

初夏，日光晃眼枝叶葱葱茏茏 / 抖下斑驳深浅的光镜

那一道长斜的石梯缘坡而上 / 幽静阴凉

似这古老校园毓秀气质的静脉

山是她的枕藉，是一截细腻挺拔的后颈 / 掩映着、张扬着

江是她的延逸，是一脉深沉温柔的眼波 / 流转的、坚定的

所有关于这座城的悠久 / 都是她的底气

无数精致灵秀的细节 / 全是她的辉映

一座风姿蔚然的桥 / 正对西门，通达对岸 / 那边，是从前的城门

那种不疾不徐的静气，是慢慢去触摸沉淀才遇见的。一开始我也咋咋呼呼蜻蜓点水了好几处。面试进了宣传部，大半夜跪在宿舍地面铺开大红纸写海报，手脚全麻，毛笔字还歪歪扭扭，不是那块料，弃；礼仪队，一个师兄问，如果同时有院内外的活动，你参加哪个，我说院外的，他不高兴，被弃；班级排扇舞，我

湖光山色语文路

肢体僵硬跟不上拍，经常扭错，师姐恨铁不成钢，你形象看着还行啊怎么一点力度都出不来，弃；班主任集中开会那天安排我任副班，各种开学忙乱杂事之后竞选，我想当团支书比较清闲，没人选我，都叫我当副班或者组织委员，弃；吴克羣来办歌友会的时候去做学生代表上台访问互动，但我不追星啊，只为拍几张照片送给小妹；当中文系迎新晚会主持人那次，倒是台风稳背词溜，广受好评了，但灯光谢幕，回去洗头卸妆到半夜的时候，心里觉得风光也不过如此，不是我想要的……

留下来苦干了两年的是团委的《韩师青年》编辑部。跑过很多校园新闻，校稿排版经常到深夜，招新和换届的开会结束太晚我被宿管阿姨关在外面两次，头版的通讯头条、二版的专题专版，都有写成编辑部经典模板的篇目；旅美针画家杨一信办展的时候，我采访一周、五易其稿，一个人打磨了一个月才做成一版成熟的专题；为了第二年培训招新有硬货，我大一暑假专门托关系去市日报社的要闻经济部见习一个多月，回来给编辑部同仁写了洋洋洒洒大几千的心得……

类似的青春朝气与碰壁，都是小涟漪，更多的时光波澜，摇曳的是书式生活。泡图书馆，冬日下坐草坪边整日看书，起床一睁眼先摸枕边的书翻几页醒透了再起来洗漱，考前不屑背提纲尽情读小说，周末和好友抱几本书搭清晨第一班公车去静幽的淡浮院、清朗的凤凰洲阅读；听孔令彬老师的先秦文学、余海鹰老师的现代文学、毕红霞老师的当代文学、刘文菊老师的女性文学、黄景忠老师的散文选讲、赵松元老师的古典诗歌等，记一摞摞的笔记、课堂滔滔不绝讲一些幼稚的想法、写一堆个性痕迹很重而不规范的文章去和老师们讨教；交一些读书的朋友，然后经常文艺观点稍微碰撞的时候就友谊翻车，甚至大四实习，还能跟一位崇拜的老师吵起来，我回想起来都脸红，那时记录过一些片段：

我是在实习的时候认识他的。一把黑须，一双拖鞋，白T恤外罩着蓝衬衫，敞开的衣襟看来和他的笑容一样随意。相视一笑，我礼貌地欠身点点头。

我带的学生不是他的班，但我经常挤时间去听他的课，在办公室遇上也虚心地请教一些事情。刚好聊到青春版的《牡丹亭》，他说电脑里有这片子，我赶紧借了三个1G的优盘去复制来看。《牡丹亭》的曲艺、舞美和服装都深深打动了我，再聊起时两个人都面露喜色。我想这个人很有真性情，能静心欣赏、真心喜爱昆曲的，我身边没有。

实习结束前我去听他最后一节课，下了课我照常搬起椅子要走，他却走下来和我说话，讲了文怀沙，讲了一些赞赏和勉励的话，我笑笑说惭愧，要学的东西还那么多。回校后整理实习手记，我有一篇写到他，题目是《云淡风轻的黑须》，细数他的淡泊与张扬，人品与才情。毕竟中学老师好的不多，而好的语文老师，很可能会影响人一辈子，我想他的学生是幸运的。

不久收到两条荐书短信，是陌生号码。我的第六感闪过一念：是他吗？又觉得自己好笑，这大概是卓越或当当发给客户的吧，我经常买书。再说，他怎么会有我号码。但还是试着回了短信，竟真的是他！渐渐有了很多电子邮件、短信往来。他说对我有"顷盖如故"之感，我听了很高兴，古人的浪漫与真诚是我所向往的。交流的过程也有意见相左的时候，尤其是我当时正准备考研，而他对高校教育很质疑，对学院派很排斥，一会儿说"中大是没有大师的地方"，一会儿说"读教授文章会失去你的灵气"……

终于有一天吵架了。事由《齐人物论》起，他极推崇此书，我却觉得庄周很多评价过于随意。争来争去他突然说："我估计里边提到的你大部分没读过所以不能深切领会。"我当真起身抽出书来数，条目上300部（篇），我看过的只有97部（篇）。确实大部分没有。但是《齐人物论》不是我的圣经，凭什么我要照它提及的去读？我有自己的爱好，当中很多作家我看过选集全集，它没提的作家我也读过很多啊，大胡子笑我读得少，真是无理！我说他"审美独裁"，他说我"年少气盛"，总之吵得不可开交。到十二月份，考研更临近了，他嘲弄高校教育和打击我信心的言论简直就是撒旦的声音，搞得我心烦气躁。还是叫自己不要回应，因为最好的反驳就是沉默！于是渐失音讯。

近日却突然收到他的短信：和风东来雪犹存，春夏秋冬又一春。相逢一笑无他语，愿解倒悬礼释尊。鼠年如意南无阿弥陀佛。

我会意一笑，大胡子还是大胡子啊，架子拿得开也放得下，好，讲和！

我很乐意拥有他这样的朋友，偶尔谈谈书是人生一大乐事，况且我们的品味还是有很多交叉点的。他说正在看《昆曲六百年》，我赶紧去搜索来看，这种片子我是超级喜欢的！他感慨前人赏园林听昆曲品诗词，生活那么精致优雅，现代人却过得那么粗糙。其实很对，我口头上却不想承认，想抵制他说当下不好的思想，我看重的是如何寻求和保护，而不是悲观地否定。他其实已经是一个范例，生活得悠游自在，书香缭绕、思想独立，不为规矩所缚。他在学校上的课那是怎么高

湖光山色语文路

兴怎么来的，一有公开课检查什么的，他就出怪招奇招，观摩的人不得要领，兴许回头都得纳闷：这名师，怎么感觉不是味儿啊？学生倒是都非常喜欢听他讲课，可以学到很多东西。

我在病中一直看汪曾祺的书，看到高兴处随手发个短信给大胡子："感觉像汪老先生坐在旁边，一直给我说故事，闲聊，很有味道，很幸福。"这样的话告诉他才能领悟，要不告诉谁呢？谁那么有兴致静读汪曾祺呢？我自高中看过《受戒》后就一直喜欢汪曾祺，这老先生若还在世，我觉得可以列为国宝。妹妹看完《受戒》问："它写的是什么？"我于是讲了半个多小时。她听得很好，但我知道，她以后还会经常问这句话，对文字的感觉，有些人缺乏。但我现在最喜欢的不是这一篇了，汪老先生后来越写越灵括，纯度比《受戒》实了一些，更有趣味，《受戒》的色彩过于清丽了，有沈师的痕迹在。还有点废名的味道，不知汪、冯可有关联？散文也给他写绝了，我甚至觉得汪老先生的散文成就高之于小说，可以作为当代汉语散文的典范。果不其然，大胡子很快回短信说："于我心有戚戚焉汪先生为人之真淳文格之高过去五十年间堪称凤毛麟角。"

呵，感谢大胡子。

有了阅读的一些基底，我试讲、代课、面试说课、入职上讲台，讲的东西自然会有很多个性审美在里面了，有一些自由意志的渗透、有无数高蹈性灵的宣扬。2008年元旦到揭东一中面试，抽的篇目是《拣麦穗》，没收手机、给一册课本、一台不联网的计算机，17个中文系应聘者各自坐下备课。我心里妥妥的，张洁我熟呀，《无字》三部翻了好几遍，还有过"怎么网上原文那么少，我要找时间帮张洁把书作一字字录入上传给她推广！"的宏愿呢。那次我的说课很流畅，多年后一次比赛现场，一位教育局领导说我演讲好，校长还凑趣说了句：不错吧，当年面试第一名的老师啊。

负面也有，一开始不懂落实"双基"的重要，考试不过关，第一年有一个班垫底过几次。不过经验有了，后面调整上手就很快，会考、高考、带重点班，出过很多漂亮成绩。而内心坚定的是，方法和技巧都是可操作的小道，真正涵养人生、激扬心灵的是进入文本的思想对话，我更乐意花时间精力去引导学生涉猎阅读、思考表达。自己的一些教育教学体会形成文字，获得诸多县区、省市级奖项，也陆续在各级刊物发表文章。后来"广东省名师工作室·黄炎真名师工作室"在我校挂牌成立，我有幸被吸纳为工作室成员，在正高级教师黄炎真副校长的悉心指导下，参加了两期省骨培训跟岗活动，听课、评课、听讲座、研讨、课例展示，进一步提升自己的教学实践水平。因为活动都是在学期末举行，进度课已完结，所以我两次课例展示都选择了作文教学的内容，一次是2014年12月讲《高中作文有效教学之素材剪裁》，把当年广东高考作文阅卷实录、诺贝尔和平奖得主17岁少女马拉拉、李娜退役、王岐山评韩剧等时闻，结合常用科学家素材，选取学生习作和我的下水作文片段，扣紧"按不同主题需求，素材剪裁有不同呈现方式，表述不同"的主题思路，探讨素材剪裁技巧；一次是2016年6月讲《笔话人生——考场作文审题之后拼深度·素材例析》，以新近的高考作文为背景，集中班级习作里丰富生动的升格指导资料，呈现审题基础上扩散思维直击本质，借素材来加深文章的立意、增强表现力，从而最终达到观点鲜明、论述严正有力、语言感染力斐然的强大效果。两次课例展示都深深折服了听众，专家、省骨教师、学生都一致高度好评，我后来将两期内容糅而为一，提纯后制作了微课参赛，获得粤东第二届微课大赛一等奖。

附录部分评课内容：

孙老师这节课能针对学生使用素材的情况来进行切实的指导，准备很充分，思路特别清晰，给出的实用方法很有意义。所有的材料，不管是口头表述的、举例子的、还是课件当中展示的，都非常有针对性、代表性，课件制作很精美，内容吸引人，甚至插入的图片都很贴切精彩。

教学的基本功很扎实，个人的才学底蕴厚，口才好，课堂驾驭能力应变能力很强，平台坏掉也完全没有慌，就那么稳稳讲下去。教学语言通俗生动，有幽默点和共鸣点，让学生在欢乐的气氛中获得思考，课堂互动拉近了与学生的距离，亲切亲和。

作文课是很多老师不敢碰的题材，而这节课特点很鲜明，内容很饱和，回过头细细品味，会发现里面每一个环节都值得慢慢回味。并且我是第一次看到有老师拿自己的下水作文来展示分析，孙老师下水作文写得特别好，展示的段落给学生很多启迪思考，足见个人才华与背后倾注的心血。我观察到很多学生在认真地听讲、捕捉笔记和迅速交头讨论，看得出他们受这个课吸引。

开头的导入设计很有共鸣性，入手让人眼前一亮！展示出生活化写作教学和诗意化写作教学的探索与实践。一直坚持写作下水作文是一个很了不起的行为，能深刻触动影响学生，让他们在方法指导中，潜移默化下内化为写作的驱动力，长期指导训练一定会出成果。

教态优雅大方，很舒服的一节课。也呈现了最规范最有条理的板书设计。整个课堂给人美的感受、带给人多方面的思考，是一个成功的、有内涵、有方法的课堂。

或许是在作文教学上多花了些心力，自然而然地经常和学生一起动笔，比如高三一模、高二会考，到近四五年的高考，我写了很多下水作文。这些写作经验和素材积累成另一份宝贵的私人库藏，开学第一课或考前复习课、日常写作活动等都可以信手拈来充沛展示，给学生很多具体实用的指导；且2015年7月开通个人微信公众号之后，推送了大量相关原创，服务更多读者。

十一年从教之路，无数的艰辛不愿细说，记忆里更多珍藏的是那些温热的名字和情景，点点滴滴，交叠流灌的是一届届学生的青春印迹和我的生命旅程，是讲台让我们彼此成就。

第一届学生，好多都工作几年成家了。那是一届把我宠上天的学生，两个班都嘴上喊姐姐实际把我当妹妹疼。浩芬、小洁、晓燕、伟佳、雪蓉……甚至每想起他们当中的哪一个名字，我脑海都飘来自己青春的气息。2008年12月生日，友给我邮来一大本诗集和一叠希腊爱琴海图片，一帧帧精美绝伦，隔天就拿去班上朗读给他们听——对，我似乎从第一年上班就有分享阅读的意识，诗歌他们听醉了，图片也一直传阅爱不释手，问我怎么来的，答昨天的生日礼物。于是炸了，一群人捶桌顿足懊恼不已瞎嚷嚷："怎么可以不提前告诉我们？明年一定要给你过！"别吵别吵，要不我把礼物分一点给你们？我宿舍里有一大捧粉玫瑰，下课女生们过来各取一朵，两个班女生差不多70人，我剩20几朵整理插瓶，还是满室芬芳的一大束。往后两周，娇柔玫瑰温馨了很多个宿舍。女孩们精心照料，很多感叹："没想到我人生的第一支玫瑰花是我语文老师送的！"第二年我就被礼物淹没了，并且他们自成传统，一届届相告，此后每年都有学生给我过生日。我都无法每每解释同事的疑问了："你今天生日？你专门提前告诉学生？"真的不关我的事啊。深有意味的是，晓燕她们高三夜修下课来庆生，见着乌泱泱一大帮人，回去后，发短信酸酸地说："嗯，终于发现，阿木不只是我们的了，高二的人把你包围着，我们突然像失恋。不过也好，师弟师妹喜欢你，我就放心了，要一直开心下去。"还有最好笑最暖心的是，那时刘渤讨厌作文，每次作文都只写三五行，次次5分，我特意开小灶放学给他单独讲了几次，也没什么起色，有一次月考前放学时间看到他被好几个人包围，咬着笔一脸蠢萌无辜的焦急，一问，原来他被逼恶补！"我们都在给他补习！教他写作文！这次月考至少要他写够四百字！不能让你又拿着空白卷子被同事笑！"哇，你们这帮人为了老师虐同学，可不可以不要这么可爱啊，简直笑哭。

第二届的学生离开后联系最多。徐旭坡在军训拉练时，就站在山顶大石上高歌一曲，小小的个子、大大的能量，后来上大学拿了好多民歌赛奖、开店创业、主导校园微信网络等，一直是个上进的好青年，我后来开通公众号的技术问题也是他手把手教过来的。余晓霞上高二的某个夜修偶得我结婚的消息，抓起手机跑去厕所偷打电话，一边说一边哭："我好高兴，比什么消息都高兴，慕佳姐你要给力地幸福，你都不知道我们有多为你高兴！你一定要幸福，你活出了所有我想要的样子……"她后来给我手织紫色围巾、手绘卡通婚纱照，都是让人濡湿眼眶的

湖光山色语文路

用心礼物。林涵妮那时对我近乎崇拜，高考都想踏我足迹去读中文，是被我软硬兼施劝去政法学院的，毕业后考上了地税公务员，换我崇拜她了。放假还经常和她妈妈一起来看我，教过一年、惦记一世，也是把我宠上天那种。李馥芬是八九年来一直坚定陪着我的那个，毕竟每个人都有自己的忙碌，牵挂你也不一定有联系的，而她就一直在。毕业那时来看我儿子，带了一个纯银的长命锁项链，我很尴尬地说你怎么这样，送这种我怎么收（无数次接受学生送卡片、送一大罐的纸条，突然来个银项链我手都不知道往哪儿放）！她明亮的大眼睛看着我，"你知道吗？这也是我爸妈的一份心意，送给轩轩，要他健康快乐成长。我们所有的爱和祝福都在长命锁里面，就跟家里姑姑姨妈送给孩子一样的。你好好收下。"

2011年的高一，是我没带完的一届，孕七月，每天挥汗如雨，依旧激情澎湃。10班的一个男生，周末挽着老妈的手逛菜市，偶然在榕华市场看到我妈店里挂着单位发的挂历，他问："阿姨你是慕佳老师的妈妈吗？"得到肯定回答，他手舞足蹈地认亲："啊，我是她学生！她教我！她现在就是教我们的！阿姨我们可喜欢她的课了！上语文课就是一种享受！"我妈乐颠颠地一转身就给我打电话。9班私下紧锣密鼓地准备，在我上最后一节课时，送上珍贵的笔记本，密密麻麻写着感人

的祝福，那时请了产假在家我翻看了好几遍，是我心里的"好孕笔记"哈。

高一欢乐、高三笃实，高二最是匆匆。

又是选修课本最多，备课难、课程紧，在整个备考氛围里属于稍一不抓紧，语文就被抛弃的多事之秋。好在我讲课以生动丰富见长，苦瓜都给它讲出蜜来，每天不遗余力地灌，拉住越来越多的人跟我走。吴丽纯写书评给我看，《追风筝的人》，我大学看过电影，她手上的是书，两种形态不同，我不敢贸然写评价，就说，那你把书借给我读，回头再交流。后来我教高三，她手作了一个冰棒彩虹盒子、装着蝴蝶飘带发饰去送我，我很喜欢，扎着这个蝴蝶结去漓江玩了。给李佳珊指导的文章发表了，她买一套西藏明信片送我，附一张语词简洁温暖的纸条：第一次拿稿费不知道该怎么表达谢意，愿您即使洗净铅华相夫教子，也不减少对生活的热爱，心怀梦想，一路向前。刘锦兵高考语文131分，我说你找时间给师弟妹们写一封信，从个人经验谈谈高三一年语文学习提升的想法，他二话不说奋笔疾书，隔天就给我发来一篇三四千字的干货，我拿到新一届高三班级分享，给了他们很大的鼓舞。林佳敏高考后托师妹给我送来教师节礼物，一个粉色古风本子，洋洋洒洒写了六页书信给我，还用彩铅手绘临摹一幅我和儿子的合照，用心之极惹得我热泪盈眶。

湖光山色语文路

2016 高三（17、18、14、15）班

亲爱的孙慕佳老师：

高考结束也有好一段时间了。曾经那么想逃离的高三生活，突然有些想念了。特别是你的课。说来也奇怪，我在每个科任的课上都打过瞌睡，在你的课上却不曾有过，甚至是原本已有的朦胧睡意，也会因你的声音而如梦乍醒，越发精神。

记得第一节课你问过我们对语文是否感兴趣，是否有信心学好，当时的我是忐忑的，因为以往语文成绩跌宕起伏毫无规律捉摸，我认为考好全凭运气。而作文方面更是惨不忍睹，习惯了初中叙情记事的套路，练习了整整两年的议论文还是得不到高分秘诀，也总固执认为议论文就是冷冰冰的生拉硬套的模式，即使我背了再多的素材写出来也是没有灵性与思考的文章。

但上完你那与众不同的几堂课后，我已经深深沦陷越发着迷，一天不上你的课便浑身不自在。于是按捺不住激动兴奋，每天期待着你的课，课后宿舍起先最早的话题也是你，大家都七嘴八舌地讨论。我觉得也许是你那章子怡般的气质先入为主感染着我们，后来的后来更让我沉迷得一发不可收的是你满腹经纶、流利的口才以及睿智，我想这才是你的魅力所在！

也许你才是我语文的真正启蒙人，毕竟是你潜移默化中影响了我对语文的认知，一直以来我对语文的认识是那么狭隘，几乎只锁定在语文书。是你启发了我，让我能一路追随，开始转动大脑，学你拥有真正的思考。从未想过语文课也可以这般精彩别致，每天都有不重复的意料之外，一次次颠覆我对老师就是古板的看法。

你的语文课囊括四面八方，融于生活，又抽离于生活，解剖着其中隐藏的种种人性，你常蹲下与我们探讨。每次你分享阅读时，我都会秒变粉丝，目不转睛地竖起耳朵倾听，屏气凝神，继而是不由战栗！因为你"逆道而行"的思维总会深深地震撼我，此后你每番深入人心的分享，都会随后被记录在我的日记本上，因为每每听完的感受都无法用言语表达，却又恨不得原原本本写着，日后再一遍遍地滋润着我的脑袋。记得那次你讲述天化爆炸事件，我仅仅看到表面，与众多人一般为"最帅的逆行者"点赞怜悯，而你那气势汹汹的个人见解如平地一声雷，震慑到了我所了解到的肤浅层面。……我才发觉人云亦云的可怕，又如丛飞一生只为奉献却换不来一路供养的学生的一次探望；再如货车侧翻居民哄抢；还如高材生留学夫妇惨死于无知一心只为儿子谋利益的父母手中……你让我们暂时合上课本，去涉猎无奇不有的大千世界，去了解丑陋的人性，甚至不避讳地谈论腐败制度带来的种种弊端，但你同时又一再传播着正能量！一再地激励我们奋起拼搏！

我对你布置的作业总有满腔热情完成，你的亲笔评论、你的口头表扬，都是我当时为之奋斗的目标，仿佛得了皇上的御赐，总乐此不疲地追随写作，而受赞后又会沾沾自喜，与幼儿园时得到红花的欣喜无异。也记得那时班里和隔壁班总会盛传你提名的作文，大家都互相传阅欣赏。

记得那时是临近期末意外从云颖那儿知道了你的公众号，寒假一回到家便开始看你的文章，从此一发不可收。虽说一开始浮躁心作祟不能一字一字认真看完，却恍若得到了意外的珍宝。从这一小窗口可窥探你更多关于生活的真切，了解到除却老师这一角色外你多彩的人生，一开始更多的是惊讶哦，我们一直以为你未婚，结果……从那些文章中，我知道你兼顾家庭工作的不易，也佩服你能把一切处理得尽善尽美。你与周遭人不同，你不会被生活牵制着苟活，而能静立生活之巅，在高于普通日常的位置感受生活、领悟生活，以我不曾遇见的一份高傲姿态面向生活，在繁忙中仍能不紧不慢地看书、写字、坚持自己的兴趣爱好，诠释出了一种我向往的人生。虽说你的经历也不比一般人神秘或跌宕，也多是平凡，但你却能以优美的文字传递出独特的韵味。正如你字字详尽的育儿经，无不透露着妈妈的喜悦，教育形式又是寓教于乐。

无论生活怎样兵荒马乱，在儿子身上你总能恬静，与他畅享童年。怀孕时你的蜡笔画打油诗，为儿子购入N本绘本，录制儿童读物等，看完这些，你在我心中瞬间又再次高大噌噌噌好感再一轮飙升。

在丝路月色的王国里，我打破了过去在手机上死活看不下文字的习惯，我渴望着你的每一次更新，从语文教育感想、影评、游记……到现在你已收到原创邀请，我其实都在默默跟随支持，希望你能继续在自己的王国里自由自在地创作，为广大粉丝创造更多的福利。

多幸运在繁忙的高三遇见你，让我有不慌不忙的心态去有条不紊地应付高考，去真正感受它的充实与快乐。阴差阳错我被广财的汉语言文学专业录取，也许是上天早已注定的安排，我会尽力去攀升自己的高度，去享受语言文学的美。

你是否一口气读到了这呢？呵呵，先在此预祝你2016年的教师节快乐哦！然后愿一切能不要太偏离你理想中的轨道，你的努力会被时光温柔相待。

春风十里，不如你。

林佳敏

以研究的姿态行走
——我教书的故事

黄炎真

如果说，考上了韩山师专，已注定了我会去从事教师这一职业，那么，在饶平县华侨中学二十多天的教育实习，更坚定了我去当一个出色教师的信念。1984年9月28日，我拿着分配报告书，从家里出发，经过七弯八曲，九寻十问，来到了位于炮台镇的新华中学报到。学校坐落于桃山村桃山脚下，大门面对桑浦山，学校的前半部是一个大祠堂，两排平房分列左右，后半部依山而建，分为四个层级，第一层级是学生宿舍、教师宿舍和食堂，第二层级是空地，种着成排的楠木（柚木），第三层级是两层楼的教室，第四层级在山顶头，对着台阶是一排有围墙的五间平房，平房的左边和右边各有三间平房教室。

学校的前身宝峰书院创建于清雍正七年（公元1730年），是新中国成交前揭阳县东半县的最高学府，声誉鼎盛，1939年毁于日寇炮火。新中国成立伊始，百废待兴，为发展教育事业，解决炮台、登岗、地都三镇学生入学问题，校董会决定继承宝峰书院遗产，显彰校史之源远流长，于1950年2月，创办揭阳县新华中学——一所公办县属完全中学。恢复高考制度以来，学校以其优秀的师资、良好的学风和先进的理念，成为原汕头市的附点中学，为高校输送了一批又一批的优秀学子。作为一个专科毕业的学生，能够进入这样的中学任教，我心中充满着万千的期待。

到了学校，先拜见了校长，办完了报到手续，我被安排到山顶头的平房宿舍（一共五间），宿舍的后边是一个小山丘，有许多洞，据说这里老鼠成群、蛇蝎出没。这个地方因为远离学校的宿舍区，在晚上更加显得孤零零，被称为"北少林"。我住最中间那一间，房门对着外围墙的大门，外围墙的大门对着几十级的台阶，站在门外，可以俯瞰整个校园。好在当时的老师是要住校的（星期六才可以回家），比较热闹。不过当时住的时候，可能因为年轻，也不信邪，所以没有害怕过，只是到了星期六，才显得格外的孤单。

我被安排教初三（5）（6）两个班的语文兼（6）班的班主任。当时初中有六个班，（1）班是重点班，其他都是面上班。我上的第一课在（6）班，教的是茅盾先生的《白杨礼赞》。因为不用像实习那样拘谨和按部就班，我可以自由地支配课堂（我的课堂我做主）。进入正课之前免不了要来一段自我介绍和旁系引入。我拿起粉笔，在黑板上从右到左用标准的行书写出我的名字，边写边念"我是真正的炎黄子孙"，再从左往右读"黄炎真"，我的动作和语气想必很夸张，学生"哇"的一声，不知是赞叹还是感叹。接着我说："下来的一年由我教大家的语文兼班主任，我将与大家一起度过你们初中的最后一年。我想问大家一个问题：你们读书究竟是为了什么？"这一个问题一抛出，大家先是面面相觑，然后就"沸腾"起来了。因为是面上班，学生的学习成绩偏差，但发言的热情却非常的高，有的交头接耳，有的跑到别组的同学面前大声发问，可谓是一浪高于一浪。最后我要大家静下来，有序回答。学生的答案，有正儿八经的，有略带调侃的，有旁门斜出的："为了丢掉'三尺六'（锄头），免种田""为了走出农村，吃香喝辣""为了出人头地，光宗耀祖""为了赚大把大把的钱，娶个漂亮的姑娘""为了能住在大城市，没有臭水沟"……这一个个带着乡土气息的朴素"理想"，令我震惊不已，因为我从学生的身上看到了读书的动力，也就是这一个别开生面、掌声四起的开头，拉近了我与学生的心理距离，接下来的正课也就上得特别流畅，一切都在我的"预设"（掌控）中。我教《白杨礼赞》，没有按程式上，我让学生反复地读，在朗读中纠正读音，在朗读中揣摩语义，在朗读中领悟作者的情感；我让学生找出弄不懂的词语，找出最喜欢的句子，并说出理由。因为南方没有白杨树，我就让学生用他们看过的木麻黄、杉木等枝干又大又高又直的树木去代替，再引导学生通过想象，形成清晰的意象，然后再去讨论白杨树的形象特征和性格特征，讨论如何由树及人，讨论象征的手法等，两节课下来，学生学得很开心，我也讲得很开心。那时我坚定一个信念，就是"学生喜欢的课就是好课"，所以就想尽办法让学生喜欢。

每天的课我都变着法子让学生感到有趣。学习《回忆我的母亲》，我让学生回家跟母亲进行一次有关学习或做人的谈话，然后写成发言提纲在课堂上交流，学生兴致勃勃，交流的内容异彩纷呈；学习《藤野先生》，我让学生以鲁迅先生的名义给藤野先生写一封信，要求要符合书信的格式，内容要有真情实感；学习《有的人》，我让学生模仿本诗的格式，写一首诗，内容自定，结果学生写得似模似样，有的还颇有诗味；学习《晋祠》，我带领学生去参观就在离校门大约200米的"吴公祠"，然后写一篇说明文……因为课堂的生动活泼，也就是好玩，所以就连语文基础比较差的学生也喜欢上语文课了。

　　期中考后，我上公开课《范进中举》，我把课文改编为课本剧，让学生在课堂上表演，学生演得惟妙惟肖，满堂哄笑。然后我让学生讨论几个问题：《范进中举》是喜剧还是悲剧？范进中举后发疯的情态如何？发挥想象，续写范进中举后生活发生的变化。因为这些问题都是让学生在课外预习思考的，所以课堂上的气氛特别好，只是整个课堂感觉有点乱。结果在评课时，有老师提出："这样的课是上得很活跃，相信学生也喜欢，热热闹闹的，可是可以考试吗？对中考有益吗？"是不是可以考试，我真的没有想过，因为我没有教过初中毕业班，一点经验都没有。从那以后，我就虚心向老教师学习，并买来相关的复习资料，尽快进入角色，避免让"花拳绣腿"伤害了中考复习。而对于课如何上，才能让学生喜欢听，又可以考试，真的不是一件很容易的事，我还要历练，再历练，学习，再学习。

　　新华中学有个农场，主要是养鸡、养鸭、养猪、种菜、种豆……每隔一个月就派两个班到农场去上课（也包括干农活），第三个月排到初三（5）（6）班。农场位于桑浦山麓，有三排平房，最前面一排是两间教室，隔了一个小操场，是一排宿舍连厨房，最后一排是学生宿舍。我住在第二排的第一间，门口走道上挂着一个铁筒，当"钟"用。每天早晨，没有住宿的学生从全镇的四面八方汇集到这里，准时上课。中午在农场用餐，师生都要交一定的餐费。因为这里的菜可以就地取材，所以菜吃得特别的满足，并且是绝对的环保（浇的都是有机肥）。下午一般只上一节课，然后是劳动课。劳动课最热闹，学生挑肥的挑肥，除草的除草，培土的培土……一有空隙就追逐打闹，笑声骂声连连，有时还脚来手到，切磋一下"少林武功"，可谓是情趣十足，乐在其中。晚饭后，我会带着一群学生（当时有二十多个学生住宿），趁着落日的余晖，在田间漫步，或背诗词，或讲故事，或毫无主题的闲聊……想象当时的情景，真有"桃花源"的怡然自乐矣！南方的11月，虽属秋天，但树木繁茂，风清水澈，没霜没冻，天气格外的凉爽，是郊游的好季节。农场正面就是桑浦山，每到周日，我总会约上几个朋友（或学生），登山畅游，或卧或坐，或唱或跳，累了困了饿了，就回到农场，厨工会煮上一锅菜粥，

以研究的姿态行走

让我们吃到胀……现在一想起那段生活，就禁不住地神往起来。在农场的一个月，因为远离学校，可以无拘无束，课堂学习也显得特别的自由。作文的题材特别的多，如"种菜的学问""养猪的诀窍""我跟老农学种瓜""我们登山看落日""今天钓鱼去"等，因为都是学生的亲身经历，有厚实的生活积累，所以写起作文来，多有生动的描述，少有胡乱的编造，行文朴实，感情真挚。记得当时学习《花儿为什么这样红》，我带领学生到野外去采花，采了很多很多的野花，学生们可开心了。我定了一个题目《秋天了，花儿为什么这么多》，让同学们在课外写一篇短文，要求"怎么写都可以，就是要写到500字"，结果有一位学生写了2 000多字，把她能见到能认识的花花草草都介绍了一通，让我这个当老师的自愧不如，感叹不已。在农场，身心可以放松，所以我跟学生的关系特别的融洽，甚至到了"勾肩搭背""呼兄唤弟"的"地步"，那时真有回归自然的感觉。

一个月很快就过去了，我和学生回到了新华中学，我仍然住在"少林寺"，又过起了"少林苦僧"的生活，不过我在农场跟学生的"亲密接触"还是引起了一些人的不快，有好心人忠告我："弟啊，老师跟学生是有距离的，学生怎么可以'无大无小'，要注意自己的形象啊。"我在感激好心人的同时，心情也变得沉重，我想："是我错了吗？老师跟学生真的需要一条鸿沟吗？'师道尊严'真的至高无上、无可突破吗？"从此，我也开始了思考：什么样的学生是好学生？什么样的老师是好老师？我怎么做才会是一个好老师？

但我还是没有把"忠告"放在心上，还是我行我素，以学生喜欢的方式教我的书，我就是要让学生先喜欢上我然后喜欢上语文。1985年中考，我教的两个面上班语文成绩竟然名居中上，受到一番表扬，还有一个学生考上了重点中学揭阳一中（当年上重点12人，记得11个在重点班），这个学生高考考上了中国邮电大学，成为我教书后的第一个骄傲。

1985年9月我升教高一级，教（3）（4）班语文，没有当班主任，大概学校觉得我性格不太靠谱，嘻嘻哈哈的，当班主任不合适，但是奇怪的是，学生却把我当成班主任，愿意跟我说"掏心窝"的话，愿意跟我倾诉他们的"酸甜苦辣"，我想，这难道也是我的错了！那一年有个小插曲，学校要举行班际"歌咏比赛"，选定了两首歌，《我的中国心》和《年轻的朋友来相会》，这都是我在大学里喜欢唱的歌，因为缺少音乐教师，我竟然到高一级、高二级的每一个班去教唱，实在很搞笑，因为我的唱歌水平自己心知肚明——那是上不了大台面的，但年轻无所顾忌，却也放得开，教得很开心，玩得很执着，大家也都很配合，最后圆满完成任务，有老师调侃说："弟啊，你真行，正业不做搞'自留地'了，还是教好你的语文吧。"这话我揣摩不出是表扬还是批评，但有一点是明确的，我再也不会去教人唱歌了——怕误人子弟。这一年，因为没有升学考的压力，我的语文是教得"风生水起"，我喜欢搞语文活动，或表演，或辩论，或讲故事，或猜谜语……凡是经学生商议喜欢的，我都会去尝试。当然课本里的基础知识还是要狠抓的，我向高三语文老师借来高考的试题，研究出题的内容和形式，然后模仿着自己出题，放在课堂上去练习，因为学生毕竟要高考，不教点高考的东西是不行的。

记得高一第二学期，县教研室领导到学校搞调研，要听我一节课，我上的是鲁迅的《祝福》，是起始课。上课了，一群领导（六七个人）坐在课室后边，场面很是严肃，我走上讲台，心咯噔了一下，"上课！""起立！"（领导们也站起来）"同学们好！""老师好！"然后是点名，然后是来个开场白（颤颤的）："今天，教室里来了很多尊贵的客人，是来看大家的表现的，请大家好好表现，鼓掌欢迎！"（这个开场白是在杂志上学的）掌声过后，心稍微安定，开始进入角色。"今天我们上鲁迅先生的《祝福》，课文已经交代大家在课外自习了，现在我问问大家：'课文的主人翁祥林嫂，究竟是怎么死的？是自杀还是他杀，是老死还是病死？'"顿时，课堂上交头接耳，讨论纷纷（因为经过一学期的学习，课堂讨论已经成为习惯了），过了一阵，我问："知道的举手回答。"一个小不点（喜欢调皮捣蛋）站起来："老师，是他杀。"比较靠谱，在我的预设里，"谁是杀手？""老师我不知道，你问问班长。""请班长回答好不好？"异口同声："好。"……经过反复的提问，明确了杀手，有说鲁四老爷的，有说四婶的，有说柳妈的，有说祥林嫂的家人的，我一一肯定，并尽量让学生在课本里找出选择的理由，当结论有个着落的时候，我又抛出了另一个问题："面对这些人的迫害，祥林嫂有没有反抗？请前后桌的同学一起讨论，然后推荐一个人来回答。"（这也是在杂志上学到的）经过讨论，小组形成共识，逐一回答，答案千奇百怪的有，鱼目混珠的有，正中鼓芯的有……学生讨论正欢，下课铃响了，我只好匆匆作结："究竟祥林嫂是如何反抗的，反抗有没有效，我们下节课再好好讨论。下课。""老师再见！""同学们再见！"下课后我参加了评课活动，因为课没有上完就下课了，教学任务没有完成，所以我低着头，准备"挨骂"，心很乱。一个脸部宽宽，身材胖胖，显得慈祥的领导，让我简单介绍这节课的安排，我就糊里糊涂地说了一通（因为怕，肯定是语无伦次），不过接下来的评课，我听到的几乎都是好话，究竟说什么，现在记得不清楚了，但那个"慈祥"的领导对我说的几句话，我至今不忘："年轻人，很不错，我要提醒你一句，讨论要放开，但不要放得太开，不然容易跑题，要学会收网，只有学会收网，才能抓到网中的大鱼，也就是中心。好好努力，你会把书教好的。"就是"好好努力"这四个字，让我陶醉了很久，也让我暗下决心，一定要干出一番事业来。不过到了现在，我有时还是会放得很开，但不太会收网，真的辜负"慈祥"领导的期望啊。再后来的后来，因为有机会参加县教育局的会议，才知道，那个"慈祥"的领导是教研室的林勇湘主任，他是揭阳语文界的"泰斗"，我在教书的第二年就能够得到他的指点，真的是得遇高人，三生有幸。也许是因为缘分，我一路走来，因为一直得到了林主任的关心、关爱、鼓励和指导，所以我走得很坚定也很执着。有人说："人生得一知己，足矣。"我说："人生得一专家指导，幸矣！"

得到了领导的鼓励，我是信心满满，准备就在这学校好好地干，争取可以升上去教高三毕业班。（当时的农村中学，教高三的都是固定那些有名气的老教师，学校对于像我们这些刚毕业的新教师，一般不予考虑，一定要等到老教师退了，你才有机会去教高三）在新华中学的两年，我自以为对得起学生，也对得起我这份职业，但就是因为我的"散漫"，还有"不听话"，我的不受拘束，我在无意中得罪了"人"，所以始终没有进入学校"最高领导"的法眼，还惹来了"最高领导"的不快。1986年8月，我在完全没有思想准备的情况下，被调到另一个更加"偏僻"的学校——新亨中学，那是一个我连听都没有听过的学校。当得知这个消息，我百感交集，心有不甘："我干得好好的，这是为什么啊？"但我还是接受了这个现实，因为我一点"反抗"的能耐都没有。不过有两个副校长（陈光豪副校长和郭瑞人副校长）在我离开学校时，鼓励我"到新的学校，要好好干，放下年轻人的桀骜不驯，尽量静下心来，做点学问"，至今我还感激在心。

1986年8月28日，卷起铺盖，连同其他家什，雇了一辆三轮车，来到新亨中学报到，下车一看，穿过三层楼下的大门，一座古色古香的建筑扑面而来，其大门上"蓝田书院"四个大字赫然在目，心中一动，估摩这"蓝田书院"肯定有来头。先到校长室报到，然后把行李搬到房间（房间位于书院的最后第二层楼的东边），付了三轮车车费，就在学校逛了一圈，刚好遇到倪定谅校长，经过了解，原来是学校有一个教高三的老教师（榕城人）今年调到华侨中学，我就被倪校长要过来了。倪校长对我说："我在仙桥中学教过，应该没有教过你，但那时你是学校的高材生，我略有所闻，你在新华中学的情况我也有所了解，教育局教研室的领导对你印象不错。这样吧，想安排你教高三毕业班语文，你有没有信心？"在仙桥中学读书时听过倪校长的几节课（化学），很是折服，今天能在他的手下工作，也算是缘分吧。我顿了一下，怯怯地说："我没有教过高三，但如果领导信任，我会尽力而为。"我就这样被推上了教学最前线——高三两个班的语文教学兼班主任，我明白我身上的压力有多大，但"骑上马身住（就）着骑"，殊不知，在高三一呆就是整整的十八个春秋。

后来经过了解，找了一些应证资料，才了解这个学校的发展历史：

新亨中学，前身是蓝田书院，位于新亨市集之西北隅，追本溯源，最前身却是蓝田书庄。蓝田书院，座北向南，正座三进，天井两个，俗称"三厅亘"，前厅大门顶挂"蓝田书院"四个浮雕匾额大字，笔法苍劲刚遒；中厅，正向东西厢为纪念室：一为"韩暄室"，一为"竹暄室"；后厅，正座二层楼，楼上正厅是孔子神像座位，往昔春秋二祭。后楼两端各置四房两天井连接，成为一长后楼巷作为全局之巷包；正座两侧各有通巷，巷房二十有四，互朝正厅。环植桃李竹木，古色古香。

学校的历史悠久，人才辈出，真可谓"读书何须他往，此处大可成才"，由于学校领导的信任，我也想在这里干出一番"轰轰烈烈"的事业。

我深知：教育的最高境界是使人对生命敏感，一名真正的教师，是用自己的生命在实践育人的艰辛。让课内外课堂焕发出生命的活力，应该是一个教育工作者追求的目标。我教一个理科班和一个文科班，第一课是茅盾的《谈〈水浒〉的人物和结构》，我跟学生一起看长篇小说《水浒传》，先几个学生讲跟课文有关的人物的故事，再学习课文，因为前期的铺垫很充分，所以课文学习起来颇为得心应手，学生得到了锻炼，也得到了启发，当然课堂也活起来了。为了及早进入复习，课本只挑讲读课文学习。我开始按照"预习—讨论—（活动）—归纳—练习"的阅读教学组织教学，尽量按照高考现代文阅读和文言文阅读出题的形式，模仿着提出问题，让学生讨论，最后配以一定量的课外练习。课堂由于有讨论和活动的环节而变得活跃，学生因有针对高考的练习而学得扎实。1987年高考，任教班级的语文成绩名列全级前茅，算是打响了高考的第一炮，使许多人的顾虑得以解除，也给了自己满满的信心。

面对学生作文空洞无物、结构混乱、素材匮缺、随意性强的现实，我开始搜集资料，建立以记叙文、议论文、议论散文为主要文体，以记叙、议论、描写、抒情为主要表达方式的作文系列训练，并花了两个月的时间，于1987年9月编成《中学作文指导》一书，共108页，油印了100本，每本收工本费2元，不到两天，就卖出了90本，深受学生的欢迎，但因为刻印很麻烦，就没有再版印刷，好在家里还剩有一本，不然这一段编印（刻印）的艰辛就只能成为记忆了。

在新亨中学（后来改为蓝田中学），得到了倪定谅校长、吴惠文主任（后来副校长，教育局教研室副主任，教育局人事股长）和柯凯丰、钟墨才、钟先盛、林家声、徐都裕、钟少龙等老师的扶持和关照，让我在教育这条路上，能够越走越踏实，越走越远，也让我在高三的语文教学和班主任工作中，能够一步一个脚印，连创优异成绩，为学校增光添彩。

1985年5月，国家科学技术委员会向国务院提出了"关于抓一批短、平、快科技项目促进地方经济振兴"的请示，引用了中国的一句谚语"星星之火，可以燎原"，因而誉名为"星火计划"，意为科技的星星之火，必将燃遍中国农村大地。1986年初，政府批准实施这项计划。1987年，新亨中学成为揭阳县团委指定的实施"小星火计划"基地学校，当时学校成立了很多兴趣组，有农作物种植兴趣组、电器兴趣组、手工制作兴趣组、美术创作兴趣组、星火文学社等，当时有上级各个部门的支持（特别是资金支持），"小星火计划"搞得如火如荼，我指导的"星火文学社"更是如鱼得水，编印的《星火》社刊，内容丰富，形式灵活，在本地区产生一定影响。我带领文学社的一群学生，利用假日时间深入到农村的"万亩水稻种植基地""大米加工厂""服装厂""香蕉种植基地""养鸡场""养鱼场"等有科技含量的基地，开展调研活动，我们还请全国人大代表、新亨养鸡场老板陈妙珍女士到学校做报告，通过这些课外的活动，学生们学到了许多书本中没有的知识，既扩大了知识视野，又培养了科技意识。为了把星火文学社打造成"小星火计划"的品牌，我们还开展了辩论、演讲、歌咏、舞蹈、采风等系列活动，在活动中，学生们的心灵得到了最大限度的开放，充满着青春的勃勃活力，县电视台还专门报道了我们开展的活动。1989年，新亨中学"小星火计划"得到了共青团中央和农业部的联合表彰，这是新亨中学办学以后取得的第一个特有含金量的奖励，我作为其中的一员，也感到特别的骄傲。

1990年1月，由林德镜校长定调审核修改、本人执笔的教育论文《农村普通中学教育改革方向刍议》在揭阳县教育学会第四届年会上宣读并获二等奖。宣读时，我排第三个，我走上讲台，面对下面"黑乎乎"的一片，我几乎没有停顿就把论文读完，读完之后有掌声。这篇论文提出"农村普通中学在加强基础教育的同时，应全面推行职业技术教育，或至少把中学社会实践活动放在重要的地位来抓"，文章认为"各级领导的重视支持是农村中学教改获得成功的保证""现实的需要是农村中学职业技术教育的原动力""因地制宜，迎难而上是农村中学职业技术教育的关键"，这些观点就是在现在看起来，也还有一定的现实指导意义。

在新亨的六年，我最开心的是假日可以带着学生满世界跑，到藤吊岭到桂竹园去野炊，到潮州到汕头去旅游，到农村到工厂去采风……因为年轻所以跟学生有共同的语言。印象最深的是每年在我的生日那天一般都会组织一个生日晚会，或在学校开或在外边开，或得赞赏或遭批评，但都乐此不疲。那个时候没有电视也没有计算机，年轻人最大的乐趣就是聚会，或聊天或跳舞（当时流行迪斯科），我也加入了这个行列，虽多受非议，但性格使然，难以改变。现在想来有点后怕，如果那时不是我的语文教得还可以，那么可能早就被"流放"到"西伯利亚"了。我刚毕业时想考研究生，但报名时受挫，也就自然而然地放弃，没有远大的理想，那就只能随波逐流，"听其所止而休焉"。1991年结婚后，夫妻相隔，想调动但被学校卡住（学校说要有高三级老师顶替的条件下才同意调动），调动不成，加上生活拮据（两百多元怎么养家糊口），我差点放弃教师这个让我欢乐让我牵挂的职业。记得调动"泡汤"那天下午，已经收拾好行李，决意离开这个不讲"人情"的地方。但校长很"英明"，让几个我知心的老师轮番相劝，既动之以情，说考个大学（铁饭碗）不容易，那是父母的希望和荣耀所在，又晓之以理，说你对教育还是有感情的，不能因一时冲动而让七八年的教育积累付之东流。我权衡再三，终于留了下来。说实在，我要感谢这些劝我的老师，是他们的真诚让我回到了教育的轨道，让我能够一直地走，走到今天，走到我想要的未来。

1992年9月，我调回到了新华中学，校长换了，学校呈现出一派勃勃的生机，那依然的柚木，那曾经的宿舍，那熟悉的教室，那踩过的台阶，都显得更加的亲切。蓝田中学六年的积累，让我在当地的语文界算是站住了脚。蔡忠辉校长二话没说，就让我担任高三级的教学工作（兼班主任），这给我莫大的鼓励，我暗下决心，一定要百尺竿头，更进一步。面对高考的压力，面对花时低效的课堂教学现状，我在反思，在抗争，我想找出一条既适合高考、又能切实地提高学生语文素质、张扬学生发展个性的语文教学之路。于是，我打开《语文教学系统理论纲

以研究的姿态行走

要《叶圣陶语文教育论集》《陶行知教育学》《大教学论》等著名教育书籍，开始关注《中学语文教学》《语文教学通讯》《作文成功之路》《语文学习》《中学语文》等著名刊物上的教研、教改文章，并通过参加全国中语会教学改革中心、全国青年语文教师联谊会、中国教育学会中学语文教学专业委员会等组织召开的全国性教学研讨会，认识了国内著名的教育专家张定远、陶伯英、洪镇涛、陈钟梁、张鹏举、魏书生、钱梦龙、桑建中、李元昌、程翔等，他们所作的精彩报告（或所上的师范课例），对于转变我的教学观念、启开我的教改思路，都产生实质性的影响。1993年，在蔡忠辉校长的大力支持下，我开始进行一些"尝试"，我从作文教学改革入手，构建以"学法指导"为中心的教改课题"辩·思·仿·评作文课堂教学模式"并着手实验。这个课题研究以系统论和信息论的有关理论为指导，目的在于对作文的课堂结构进行改革，优化作文信息传递、处理、选择、变换的渠道，在信息流通的重复中，监测、筛选、反馈、纠正，达到成文过程的有效控制和最优化。"辩"就是教给学生面对作文命题或作文材料如何审题的方法；"思"就是教给学生在审题后如何选材剪裁、如何谋篇布局的方法；"仿"就是选择跟作文目标有关联的"范文"，让学生在"范文"的阅读中吸取精华，模"神"而作；"评"就是通过多种形式的"评改"如互评互改等形式，让学生明得失，再提高。经过一年的实践，学生学到了一般的写作方法，积累了生动的、丰富的写作素材，写作兴趣提高了，为作文而烦恼的现象也减少了。我们的教改经验得到了上级的重视，县教育局教研员江少明老师经常莅校作指导，在他的推荐下，我撰写的实验论文《信息观点在作文教学中的运用》1994年11月获广东省中学语文教学研究会第五届年会论文评比三等奖并发表于《写作月刊》（1994年第11期）。1997年"辩·思·仿·评作文课堂教学模式"实验成果获广东省教育科学研究成果奖（黄华奖）。1996年5月，我参加编写的《中学写作指导与范文例析》一书由海南出版社出版发行，1997年5月，我主编的《给材料作文解析与指导》一书，由华夏出版社出版发行。

由于教育教学成绩较为突出，我于1994年9月被评为揭阳市"优秀班主任"，1997年9月被评为广东省"南粤优秀教师"、揭阳市"杰出教师"和揭东县"有突出贡献的优秀教育工作者"。

1996年9月，县重点中学——揭东第一中学暂借曲溪镇梅岗中学挂牌办学，1997年9月，新校落成，学校搬迁，我也被选调进新校任教并担任语文科组长。8

月29号到新校报到，那个心情就像是喝了甜蜜一样。优美的校园环境，先进的教学实施，来自全县的优秀教师，择优录取的学生……这一切都令我激动不已，那天晚上真的睡不着，因为再过两天，我就要站在县级重点中学的讲台上，跟一个个优秀的学生，把教育的理想放大。我的直觉告诉我：在这里，我将更有所为，我要干成一番事业。我依然担任高三级的语文教学兼班主任工作（最多时教三个班的语文），面对学生的渴求，面对传统课堂教学的困惑，也面对偏远地区高考信息的闭塞，备考效果的欠佳，我开始订阅并关注全国几乎所有中学语文刊物中有关课堂改革和高考信息的文章，我开始研究1980年以后每一年的高考语文试题，我开始利用参加全国性的语文教学研讨会的机会请专家指点迷津，我开始在高三语文备课组实践"以考点突破为主线，以方法指导（学习方法与答题技巧）为副线，以强化训练为贯穿"的高考语文复习法，取得了显著的效果。1999年高考，语文平均分进入全市重点中学前三名，所教班级的吴东涛同学考上了中国人民大学，为揭东一中第一年高考打响了第一炮。

1997年12月，在深入调研和反复论证的基础上，由我提出并主持的"整体理解·精读精练·模仿延伸读写模式"和"整改·点改·互改·自改作文评改模式"获得了县级立项。在县教研室的全力支持下，实验扎扎实实地开展，参加实验的钟墨才、林卫钊、何任文、吴锦燕等老师做出了不懈的努力，如期地实现了实验的预期目标，两个实验分别被评为1998年、1999年揭东县"十佳"教改实验项目。在几年的研究实践中，我们学习新理论、吸纳新成果、树立新观念、探讨新问题、实践新方法，虽然我们还无法做到尽善尽美，但我们从学生对语文的兴趣，看到了语文教改的希望，从而也坚定了搞教育科研的信心。

1998年10月，揭东一中被确认为国家级科研课题"学堂·主人·训练"第一批挂牌示范学校（这也是揭阳市建市后第一个承担国家级研究课题的学校），本人被聘请为全国课题组副秘书长兼揭东一中课题实验主持人，全国中语会教学改革研究中心学术委员会常务副主任、全国总课题组主持人兰瑞平老师亲临学校做开题报告，并上了两个示范课（《荔枝蜜》和《在马克思墓前的讲话》），兰老师缜密的构思、生动的语言和富有创意的教学流程，赢得了满堂喝彩。可以说，是兰老师的精心指导和全力扶持，让揭东一中的语文教改实验揭开了新的一页。课题实验三年下来，在市、县、学校领导的全力支持下，全体实验老师投入了最大的精力，按照"使讲堂成为学生学习的学堂，使学生成为学习的主人，使训练成为提

以研究的姿态行走

高学生思维品质的途径"的实验理念,对实验的方方面面做了充分的论证和实践,取得了可喜的成效,受到了上级领导和专家的好评。我也因此参加了全国课题组在深圳、杭州、四川等地召开的课题工作会议,听取了全国中语会专家和其他高考研究专家的报告,转变了教学观念,提升了教学理论水平。2000年1月,"学堂·主人·训练"课题实验成果获广东省教育科学研究成果奖(黄华奖)。2000年11月,在课题第一轮实验结题暨专家评审会上,揭东一中负责的实验项目通过了专家组的鉴定,其研究成果被鉴定为一级优秀研究成果,我被评为一级优秀主研人员。在成绩面前,我们深知:骄傲不得,因为语文教育的改革是一项长期的、系统的工程,它不能一蹴而就,需要不断地实践、探索、积累、总结和提升,但我们全体语文教师有信心走出一条语文教育的特色之路来。

1999年8月,我有幸地成为广东省普教系统"百千万人才工程"首批省级"名教师"培养对象,参加了由广东省教科所"培养指导中心"组织的"高级研修班"的学习。全国著名教育专家阎立钦、郝克明、张民生、郭思乐、魏书生、文喆、叶澜、吕达、顾泠沅等的学术报告,加深了我对现代教育的理解;省"培养指导中心"的导师们对高级研修课程的精心辅导,提高了我的教育理论水平;赴南京、上海的教育考察,开阔了我的教育视野;多种形式的研讨交流活动,增强了我的研究意识;特别是郭思乐所长所倡导的"生本教育"思想,也就是"一切为了儿童,高度尊重儿童,全面依靠儿童"的教育新理念,更使我的教育观念发生质的变化。"把为教者设计的教育,转变为为学生设计的教育,即把师本教育转变为生本教育。这是一个重大的策略性的教育转变,是带有体系意义、根本意义的转变。"(郭思乐《教育走向生本》人民教育出版社 2001年版)它必将对中学语文教学产生巨大的影响。为实践这一全新的教育理念,我在默默地构思着自己的研究方向。在导师李方教授的指导下,由我构创的教改课题"中学语文'导·放·练'三课型单元教学法研究"通过了省级专家的评审,被确定为广东省普教系统首批"百千万人才工程"专项课题。课题研究得到了省"百千万人才工程""培养指导中心"、全国中语会教学改革研究中心、揭阳市教研室、揭东县教研室和学校的大力支持,得到了导师李方教授、县教育局池向荣副局长、特级教师许声健校长、县教研室谢汉藩主任、特级教师洪胜潮副主任、特级教师兰瑞平老师、全国中语会教学实验研究中心秘书长许序修老师、揭阳市教研室李绪强主任、揭东县教研室杨景秀副主任等的悉心指导,全体实验组老师团结协作,按照"让学生在导引教学中获得独立学习的方法，在开放教学中培养自我创新的精神，在训练教学中提高自主学习的能力"的实验指导思想，步步展开，层层推进，克服困难，刻苦攻关，课题研究终于如期地实现了预期的目标，并取得了显著的成效。它不仅为中学语文单元教学提供了切实可行的宏观模式，也为中学语文教学改革提供了可资借鉴的研究思路。我们的实践有力地证明：教育改革是教育振兴的根本，是提高教育质量的可靠途径。课题经过三年的实验，实现了预期的目标，并取得了显著的成效，顺利地通过省专家组的鉴定。2002年4月《"中学语文'导·放·练'三课型单元教学法研究"理论与实践》一书出版发行，广东省教科所所长郭思乐教授、美国"教育管理学"哲学博士黄全愈先生、中国教育学会中学语文教学专业委员会代理事长张定远教授、华南师范大学教科院教育学系主任李方教授为本书题辞。2003年9月，该项目荣获广东省第四届普通教育教学成果奖二等奖，填补了揭阳市建市以后此奖项的空白。

2001年高考，担任班级的学生苏剑伟考上了中国公安大学、吴浩梅考上了中国农业大学，培优学生吴晓亮以总分855分的成绩被北京大学录取，所教班级上线率达到82%；2002年，担任班级总分上700分的有8人，占全校上700分人数（21人）的38%，所教学生江丹凤、江双凤孪生姐妹双双被北京大学录取。本人1998年当选为揭阳市第二届人大代表、政协揭东县第二届常务委员会委员；1998年被评为全国优秀语文教师；2002年5月，当选为政协广东省第九届委员会委员；2002年10月，被揭阳市委、市政府列为揭阳市优秀专家、专业技术拔尖人才；2002年被任命为教育科学研究室副主任；2003年通过公选被任命为副校长。

2005年1月，我构创并主持的揭阳市普教科研"十五"规划重点课题"中学语文探究性学习研究"，顺利通过专家组的鉴定。该课题通过在中学语文教学中开展探究性学习的研究和实践，探索出在课堂教学中开展探究性学习的一般规律，其构建的课堂教学探究模式，对于培养学生的探究精神，提高中学语文教学质量，都有积极的实践意义，其成果在本地区得到广泛的推广。2006年10月27日至29日，在"广东省中学语文教材教学研讨会"上，课题研究成果《中学语文探究性学习》一书，得到与会专家、老师的好评，2007年4月，该成果获广东省教育学会中学语文教学专业委员会第七届年会教研成果二等奖。

2011年5月，由我构创并主持的科研课题"中学语文有效教学研究"被确定为广东省中小学教学研究"十二五"规划重点课题（编号：J11—061）。在全省范

以研究的姿态行走

围内有31个学校参加了子课题的研究，参加研究的老师达到300多人，经过课题组全体实验老师近五年的研究，取得了预期的目标，收集的研究成果编印成《研究报告》《研究论文》和《教学实践》等三本成果集，接近80万字。该课题2016年4月22日通过了省专家组的的验收鉴定，顺利结题，本人有四项课题研究成果获揭阳市课题研究成果展评一等奖。

2006年12月27日，我被广东省人民政府授予中学特级教师称号，2009年9月被评为广东省基础教育系统名教师，2010年3月25日，被认定为首批广东省中小学教师工作室主持人，2010年9月10日，被授予揭东县首届"名教师"称号；2016年5月6日，被聘请为韩山师范学院兼职教授和"粤东基础教育学科群"中学语文学科首席专家组成员。

2010年6月24日，"广东省黄炎真名师工作室"在揭东一中挂牌成立，省教育厅继教处领导、市教育局领导、县委领导、县教育局领导参加了挂牌仪式，挂牌仪式由揭东县教育局副局长、揭东一中校长黄文波主持，省教育厅继教处黄忠主任、揭阳市教育局林润生局长和揭东县教育局何长全局长分别作了热情洋溢的讲话，对"工作室"的工作提出了具体的要求，也寄予了很高的期望。省教育厅继教处黄忠主任、郭庆才副主任，揭阳市教育局林润生局长、揭东县县委邱鹏常委，为"工作室"揭牌，揭阳市电视台、揭阳日报社和揭东电视台等主流媒体都作了隆重的报道。如此高规格的挂牌仪式，给"工作室"的工作带来坚定的信心，也使"工作室"工作的开展有了一个良好的开端。

2010年9月26日至30日，省名师工作室主持人赴江苏、上海进行教育考察，聆听了浙江教育学院吴卫东教授、静安教育学院附属学校张人利校长、江苏省苏州市特级教师管建刚老师、上海市特级教师陈珍国老师、华南师范大学刘良华教授等教育专家关于名师工作室建设、教师职业培训、学科教学等专题报告，参观了浙江省杭州一中、江苏省震泽中学等学校，通过考察学习，为我省名师工作室第一轮省级骨干教师的跟岗培训做理论上和感性上的准备。

2010年10月20日至11月10日，来自揭阳市、韶关市的省级骨干教师（黄惠联、谢庆旭、周晓璇、杨霞、张文静、陈炳升、刘水连）进入"工作室"跟岗学习，主要的活动有：听课评课、专题研讨、课题研究、学术交流、读书沙龙、教育考察等，跟岗学习期间，我为学员上示范课《逍遥游》和作文课《作文评改》，作了《中学语文有效教学》《中学语文课堂教学策略》《如何做好教学设计》《如何有效应用教学策略》《怎样评课》《当前语文教学存在的问题及对策》《如何构建自己的语文教学特色》《实验报告、教育教学论文的撰写》《如何进行教学反思》等专题报告，带领学员到揭阳市揭东二中、揭阳市普宁一中、揭阳市榕城区仙桥中学开展教学交流活动，得到了广泛的好评。首期培训取得了良好的效果，黄惠联老师的结业论文《写读书笔记对能力迁移的影响》和刘水连老师的结业论文《自主合作探究式文段练笔策略及价值分析》被评为优秀论文，杨霞老师和张文静老师2011年被评为省级骨干教师培训优秀学员，"工作室"成员李桂华老师和省级骨干教师培养对象刘水连老师现在都已经成为广东省名班主任工作室主持人。

2012年8月28日，华南师范大学基础教育培训与研究院组织广东省名教师工作室主持人赴美国（波士顿—纽约—华盛顿—旧金山）进行为期11天（加返程日期）的教育考察活动。在美国，我们参观了圣保罗中学（st.Paul's School）、马尔波诺学校（Marlborough School）、基恩高中（Keene High School）和胡佛中学（Hoover Middle School），聆听了Corol Nelson女士（著名英语教师）的《美国教育概论》、美国学校评估处主任龚毅副教授的《中小学教育的电子化教学》、波士顿29综合学区学监（教育局长）Wayne Wooldrig先生和马尔伯诺学校校长Ruban Duncun先生的《21世纪K-12教育在美国》等专题讲座。通过观察、学习，既开阔了教育视野，也对美国教育有一个大概的了解。对于美国教育的优劣，一言难尽其意，一方水土养一方教育，实施怎么样的教育，有其历史和人文的渊源，都有存在的价值，但归根到底，有利于人的全面发展、有利于优质人才培养的教育，都是好教育。

2012年10月15日至11月17日，来自惠州、梅州、河源、揭阳的省级骨干教师（纪斌、彭小艳、黄晓、黄晓前、黄礼永、覃廷邕、黄仁芳、肖进丁）进入"工作室"跟岗学习，通过"专题讲座、集体备课、双向听课、说课评课、案例分析、课例开发、同课异构、异课同构、课题研究、教育考察、教学沙龙"等活动形式，全面提升学员的课堂教学水平和教育研究能力。跟岗期间，我为学员上了示范课《长亭送别》，这节课用分组合作的形式，首先让学生表演自编自演的《长亭送别》课本剧，然后就学生课前提出的48个问题，分到6个小组去讨论，学生利用可以上网的手机进行材料的搜集，尽量在小组内把问题解决掉，对于解决不了的问题，提出来由其他组的同学回答，老师点评，确实有难度的，由老师点拨。一节课下来，课堂气氛活跃，学生学习积极性高，收到了预期的效果。我为

以研究的姿态行走

学员（包括来自全县的骨干教师）作了《中美教育比较》《怎样做一个有风格的语文教师》《中学语文课堂教学模式刍议》《中学语文有效性教学研究》《中学语文行动研究的开展》《实现教师专业发展的途径》等专题报告，还带领学员到梅州市平远中学、河源市连平中学、河源市紫金中学、揭阳市梅岗中学开展教学交流活动，所到之处，开示范课、做学术报告，都深受当地领导、老师的好评。培训结束后，"工作室"编印了50多万字的《广东省黄炎真名师工作室跟岗培训成果集》，具有一定的影响力。

2013年11月6日上午，民进揭阳市委在我校举行"教育教学研究中心"挂牌仪式。省、市、区各级领导、民进揭阳市委会委员、各专委主任、全体教师会员以及揭东一中领导和教师代表共80多人，参加了挂牌仪式。揭阳市政协副主席、民进揭阳市委主委陈奇春同志，民进广东省委秘书长李小琴同志，中共揭阳市委统战部副部长邓荣贤同志，揭阳市教育局副局长曾杨慧同志，中共揭东区统战部副部长曾育群同志，揭东区教育局副局长陈怀深同志为"教育教学研究中心"揭牌。我被民进揭阳市委会任命为"教育教学研究中心"主任。

民进揭阳市委"教育教学研究中心"的成立，旨在弘扬民进"以党为师、立会为公、参政为民、服务为本"的核心价值，传承民进老一辈教育家给教育留下的丰厚财富，激发民进揭阳市委会全体教师会员积极投身于教育改革大潮，为助推揭阳教育的跨越发展做出自己的贡献。

"教育教学研究中心"成立后，能依托"广东省名教师工作室"和全市民进教师会员的优质教育资源，卓有成效地开展工作。如协助民进广州市委会坚持每年高考前组织广州市的教育专家、一线名教师到揭阳为全市的高三老师开设高考备考讲座、组织揭阳市中小学部分教师到广州市名校跟岗学习、邀请省内、市内教育名师到揭东第一中学、揭阳第三中学、揭东区玉湖中学、揭阳一中、揭阳岐山学校、邱金元纪念中学、红旗小学等学校开展支教活动，均取得良好的效果。

2014年12月8日至22日，来自梅州、汕尾、潮州的省级骨干教师（汤秋菊、何威、柯泽培、郑桂珍、邱云婷）进入"工作室"跟岗学习。跟岗期间，"工作室"成员倪晓霞、刘晓丽、孙慕佳、张若曼为学员上研究课，深受好评。高中正高级教师、中学特级教师、揭阳市教研室主任李绪强为学员和全校教师开了主题为"如何打造高效的课堂教学"的专题讲座。我也为学员上示范课《望海潮》，我把课堂的学习分成四个板块：第一个板块是"我所了解的"，第二个板块是"我所发现的"，第三个板块是"我所困惑的"，第四个板块是"我所创造的"。我想通过这一课的学习，建立起"中学文本阅读'了解·发现·困惑·创造'四步教学法"的雏形，以供探讨研究。我们还利用假日间隙，到揭阳市、潮州市考察潮汕文化和潮汕教育，学员们深受启发，撰写了考察心得。跟岗内容充实，跟岗效果显著，深受学员们的好评。

2015年9月13日至22日，华南师范大学基础教育培训与研究院宋春燕主任（博士），带领广东省中小学名教师工作室主持人一行29人赴台研修，在短短的十天里，我们从台北到台中到台南，参访了12个学校，涵盖了大学、高中、国中、国小和幼儿园，聆听了一个个专题报告，更接触了台湾教育主管总站主管、大学校长、中小学幼儿园老师。通过研修，对台湾的教育特别是适性教育有了一个全面的了解，学到了不少东西，获得了不少启发，实在是受益匪浅。

2016年6月12日至24日，来自汕头、揭阳、潮州的省级骨干教师（郑佳敏、刘金并、赖颖芝、李新渊、邱首鹏、林蓓蓓、陈奕瑜、范然、黄燕霓、兰新才、吕志斌、杨煜坤、林涌莲、肖钿）进入"工作室"跟岗学习。教育专家黄淑琴教授、韩裕娜教授、吴子兴老师为学员开设专题讲座，工作室成员林旭、张若曼、洪奕梅、孙慕佳、吴晓珊为学员上研究课，我也为学员们开设了《美国教育与台湾教育》《教学风格的形成》等讲座和上了示范课《拿来主义》，并带领学员到揭东二中开展教学交流活动，以听课、评课、讲座等形式提高学员的教学能力，取得了预期的效果。

2016年12月25至2017年1月10日，来自汕头、潮州、汕尾的省级骨干教师（林秀真、陈壮凯、林少娜、田战锋、沈扬、陈少波）进入"工作室"跟岗学习，华南师范大学陈志扬教授为学员开设主题为"文本细读方法与范例"的专题讲座，韩山师范学院文学院院长赵松元教授为学员开设主题为"古典诗词的含蓄美及其创造途径"的专题讲座。跟岗期间，学员们还到普宁二中、揭阳市第三中学开展支教活动，为高一级、高二级和高三级的语文老师上示范课，均得到师生的好评。

2017年以来，我作为民进揭阳市委"教育教学研究中心"主任，依托"名师工作室"这一个平台，充分调动揭阳民进会员的积极性，到揭阳第三中学、揭东区玉湖中学开展支教助学互动，把先进的教学理念和高考备考的策略带到基层学校，实现优质教育资源的共享。

2011年11月11日我当选为揭阳市揭东县（区）政协副主席，2014年4月8日

以研究的姿态行走

当选为揭阳市社会组织总会第一届理事会副会长，2017年1月8日当选为揭阳市政协常务委员。这些兼职给我提供的是另一个舞台，可以让我有机会做一些力所能及的、有益于社会的事，说实在，我也乐意去做好。

大学毕业工作30多年了，我从一个懵懵懂懂的有着农村血统的师范大学生成长为高中正高级教师、中学特级教师、广东省名教师，这其中的艰辛和不易，只有我一个人懂，但在我教书的路上，却不知凝聚了多少领导、同事和亲朋戚友扶持、关心和支持的心血，对此我只有用一颗真诚的心，说声："谢谢，再谢谢！"

成长是一部厚重的书

余雪芬

如果说，成长是一部厚重的书；那么，我就是用力书写那本书的主人。

眼睛一眨一眨，犹如夜晚的星星一闪一闪；十四年已经过去了，这也就意味着我离开母校——韩山师范学院已经是十又四年了。母校的一草一木，一师一友，深深地烙在我的脑海深处；"勤教力学，为人师表"，我始终谨记校训，在教育的岗位上做着一名有良心、有责任感的教师本应做的事情；不忘初心，方得始终。摆放在我眼前的，是一沓沓盖着鲜红印章的奖状；其中，区级21项、市级28项、省级33项、国家级6项；指导的学生已经在"第八届'为学杯'全国中小学生创新作文大赛""新时代好少年广东省青少年书画大赛""中国梦·我的梦——首届广东省青少年书画摄影作文大赛"、广东省中小学电脑制作大赛、梅州市青少年科技创新大赛等活动中获得了25项奖项。伴随而来的是一项项的荣誉称号："梅江区优秀共产党员""梅江区优秀教育工作者""梅江区教学工作先进教师""梅州市教学工作先进教师""梅州市第一批中小学骨干教师"等。是的，这是自己不断努力的结果；而所有教育教学知识的积累，都离不开母校那四年的精心培育。

一、忆往昔

韩山韩水韩文公祠，孕育了一批批杰出的才子文人，如中山大学第一任校长邹鲁、国际摄影大师陈复礼、旅港爱国实业家陈伟南、台湾地区著名书法教育家陈其铨等。韩山韩水均以韩愈而起。古朴典雅、肃穆端庄的韩文公祠至今还保留着这样的上联："天意起斯文，不是一封书，安得先生到此！"韩愈的潮州之贬，被潮州臣民视为上天的有意安排。在短短七八个月的时间里，韩愈为潮州人民的生活和潮州文化的发展做了两件大事：一是为潮民除鳄鱼之害，意在解救潮民之疾苦；一是出己俸设置乡校，提高潮民之素质。可以讲，在经受长达两个多月的旅途磨炼和灵魂震荡后，当韩愈真正踏上谪守的领地之时，他的内心世界和行为方式也由此发生了极细微而又极鲜明的变化，他懂得了需要学习应该适应的东西——锋芒黯销、伤感淡化、潜气内转、渐趋圆通；同时，还必须保持应该坚守的东西，即积极用世的人生、忧国忧民的情怀。韩愈的"进取精神"，是一种对建功立业的强烈愿望和在把这种愿望化为行动的过程中体现出的自强不息、昂扬向上的个人奋斗精神。同样的，韩山师范学院的莘莘学子也沐浴着"吾潮导师"韩愈的精气神，感受着他渐趋圆通、积极治潮的入世精神。

无数次，梦见那古色古香的西区校门——还清楚地记得2001年7月双手捧着志愿准备填报的情景；当时的我，欣喜如狂地对父母说："我就要填报这个志愿，因为这所学校的校门很有古典味儿"；结果呢，2001年9月10日，我跟众多的学子一样，携着一份期待，带着对知识的渴求，毫不犹豫地投进了母校的怀抱。从那以后，理科楼、陈伟南教学楼、图书馆……留下了那个孜孜以求的身影。

千百回，梦见母校的老师们依旧精神抖擞地站在讲台上为我们呈现精彩的课堂：赵松元老师滔滔不绝地传授着唐诗宋词的经典，常常背上一两首应应时；杜运通老师把鲁迅先生的"横眉冷对千夫指，俯首甘为孺子牛"演绎得淋漓尽致；杜兴梅老师将"韩愈"与"音乐诗"阐述得通透易懂；童效杰老师用她那极为标准的普通话教我们发好每个音"a、o、e"，即便是嘴巴练得有些累了，嗓子嘶哑了，我们仍意犹未尽，总是希望不要下课；严戎庚老师总是用批判性的思维给我们灌输着"逻辑思维的严密性"；孔令辉老师动情地演唱着《静女》；蔡锐群老师总是为丰富多彩的党小组活动而忙前忙后……认真、勤奋的老师们潜移默化地影响着我们这些学生，犹如甘露滋润着幼小的心田。

快乐而充实的时光总是那么快过去，似箭而又非箭。满怀着对教育的憧憬，昔日稚气未脱的小女孩就要展翅高飞了；"今天我以韩师为荣，明日韩师以我为荣"时刻警醒着自己：做一名合格而且优秀的人民教师！捧着一份滚烫烫的简历，满心欢喜地来到全市最好的学府应聘。"我们招收的是华南师范大学这样重点大学的毕业生，很抱歉！我们不招收你们这一类院校的毕业生。"他们连简历都不看，就直截了当地表明了自己的态度。这些话语如同晴天霹雳，把我整得像个打了霜的茄子一般。为什么？为什么？难道就是因为韩师是二级院校？难道能力只能靠四年前的高考成绩来定夺吗？本以为凭着优异的学业成绩能够在东山中学、曾宪梓中学这样的全市重点中学施展自己的才华了，甚至还想着不过几年就能教出一批批清华大学、北京大学的学生了……擦干了眼泪，暗暗发誓：我自始至终都是韩师的学子，我要用自己的态度和能力去证明韩师人是"有料的"！

二、看今朝

塞翁失马，焉知非福？

掰着指头数了数，自己踏入嘉应中学的校门已经十四年了。嘉应中学是梅州市梅江区的一所普通完全中学，因为连续十五年的中考、高考成绩在梅江区普通中学中位居前列，因而又享有"民间重点中学"之美誉。初生牛犊不怕虎！认识我，先从下水文《这就是我》开始。

这就是我

一位身穿白色小西装兼配黑色连衣裙的女子，正笑盈盈地站在大家面前，轻柔地说着一口流利的普通话；轻巧的鹅蛋脸上时不时泛出一丝丝红晕，举手投足间洋溢着一种难以言说的喜悦和自信——尽管，宽阔的额头上开始出现了岁月的痕迹。是的，这就是我！当要求学生写《这就是我》的作文时，身为教者的我也不禁对走过的人生旅程有了些许的反思，乐观、负责、认真的标签一一涌现出来。

我的第一个标签，那就是乐观。永远都难以忘记这一天，2008年4月1日；或许，在此后的日子里，我将引以为鉴，与从前自负的我挥手告别！初春本是阳光明媚、鸟语花香，但上帝也在为我这一落榜者鸣不平似的：天，阴沉沉的；空气也似乎在这一刻凝固，容不得微风的半点抚摸；甚至连花草都懒得跟路人问声好。"什么？英语就差那么一分？中大文学研究院的大门就这样无情地关上了！""太可惜了，唉！"周遭的朋友除了扼腕叹息就是安慰；而我，只是默默转过头去；霎时，眼泪夺眶而出，犹如决堤的洪水般。……拭干眼泪，还是一个"女汉子"。莫愁前路无"杏坛"，天下谁人不识君！这就是我，一个乐观的人。

我的第二个标签，那就是负责。作为一名班主任，责任重于泰山。"哦，终于找到了！我得赶快打个电话给他爷爷报个平安！"当那个熟悉的瘦弱的身影模模糊糊出现在我的眼前时，所有的委屈和不满霎时被激动取而代之。……是的，我独自徘徊于熙熙攘攘的车流当中已两个多小时了，为的就是找到已经失踪了一天

成长是一部厚重的书

的他！寒风凛冽，夹杂着丝丝细雨迎面扫来，吹到我的脸上、手上、脖子上，吹到我的心坎里，分不清是泪还是痛。城市里的霓虹灯陆陆续续绽开了笑脸，给来往的人们照亮了回家的路。听着电话那头爷爷孤独无助的话语，我又于心何忍，让他老人家不知所措呢？我又于心何忍，让学生流落街头呢？尽管今天是周末！……责任，让我累并快乐着！

我的第三个标签，那就是认真。彻夜，明亮的灯光照进房间里的每一个角落，照到了那蘸满墨迹的白纸上，犹如一个个小精灵；窗外，阵阵花香扑鼻而来，一袭愧疚涌上心头。秋天，就快要过去了！"妈妈，好点了吗？我帮你擦擦。"小家伙正眼巴巴地瞅着布满了针眼的纤细而苍白无力的手，时不时小心翼翼地用小手摸摸我。……是啊，难得的国庆长假，却"宅"在病床、心在"课"上。为了完成一项项看似难以超越的教学任务，多少个日日夜夜，陪伴我的是那滴滴答答的闹钟，还有就是女儿酣睡的身影……所有这些，为的就是能够在今天《认识自我，展现价值》的公开课上，给大家带来不一样的精彩！这就是我，一个认真的人。

这就是我的标签：乐观、负责、认真。在漫漫人生路上，还有许多磨难、挫折以及机遇在等待着我。唯有不断认识自我，展现自身价值，才能创造出属于自己的那一片蓝天！

后记：完成该下水文的那一刻，教者欲言又止。这不仅是一个真实的自己，更是一种永恒的追求。是的，唯有不断认识自我，提升自我，超越自我，才能给成长的历程添上华丽的色彩！无悔青春！

是的，我是学校里面第一个敢于写下水文的语文教师；而这，就是我真实的工作状态和心声。尽管期盼的条件与所处的现实有些悬殊，但我没有过多的消沉和抱怨，反而是以积极的心态去面对各项教学工作和班主任工作。平日里总是专心致志地备课，一丝不苟地上课、改作业，一节不落地写好反思，主动地向经验丰富的老教师请教问题，主动地去承担教育教学公开课、示范课和听课、评课等教改活动，积极参与区市省级的课题研究，认真撰写教学论文、制作优秀课件等，还要不定期地参与各级各类继续教育培训，如"广东省'强师工程'省级培训""梅州市中学学科骨干教师培训"等。那时的我犹如生长在偏僻角落里的一棵不起眼的小草，默默地呼吸着，默默地生长着；我执着地认为：机会总是留给有准备的人的……直到2008年7月高考成绩出来，我带的理科班学生吴彩凤因高考语文122分而获得了"高考高分尖子生奖",而我也获得了"高分指导奖"。霎时间,整个高三级整个高中语文教研组沸腾起来,他们脸上呈现出的除了是欣喜之情便是吃惊的神情:一个韩师毕业的黄毛丫头,竟然在她第一年带班上高三时就出现了这样喜人的成绩,平日里言语不多,今个儿却一炮打响?

每年新学期伊始,来自四面八方的陌生的家长都会往我带的班里塞自己的孩子,直到塞不下为止;因而,我也就有了另外一个称号"关系户班的班主任"。陌生的人向我的同事提起我的名字,我的同事们总是会说"她是个认真负责的好老师""只要她一出手,所有的荣誉都能给带回来""她治学严谨,所带的班在高考时往往会一鸣惊人"……为此,各种级别的骨干教师培训、教育教学比赛、区市级课题活动的主持工作、省级课题的策划与参与、班报的设计、班主任"经验介绍"等他们无一例外地叫我"冲锋在前";只有这样,学校的领导才觉得"事情是能够办成的,比赛是一定能够获得好的名次的;有你在,我们是一百个放心"。

当教育部2015—2016年度"一师一优课、一课一名师"活动"优课"结果正式公布出来的时候,我没有欢呼雀跃,只觉得这是意料之中的事情,因为这是辛勤付出后的收获;只是参加晒优课的过程有点"山路十八弯"罢了。整个梅江区中小学获得部级优课的只有5人,而我就是获得者中唯一的高中教师;在我的带领下,学校一共获得了1个"部优"、5个"市优"的好成绩,获得了"优秀组织者"的荣誉称号。

记得那是2015年8月初的一个早上,我正在给高三(9)班的学生上着课;天气异常炎热,教室里的风扇"呼呼呼"地转个不停,令人烦躁不安。"余老师,你先调一下课,学校安排你明早到梅州市农业学校参加一个信息技术方面的培训。时间紧,任务重。"从电话那头教导处刘主任急促的语气中,我似乎感觉到了这很有可能是接下来要准备的重要比赛;其实,他还暗地里叫了信息中心主任去参加(只是当时我不知道而已)。说句实话,那与其说是一个信息培训,倒不如说是一个文件的落实会议;专家们要求大家"按照广东省教育技术中心的要求,指导学校里的老师完成好晒课的任务(数量和质量)",至于制作优课和上传优课的技术,老师们自个回去后琢磨琢磨。"那你就在本周四下午第三节课给大家开一个讲座吧。"望着办公桌上堆积如山的作业,看看那写着满是"语文"两字的课程表,硬着头皮,我还是答应了这项艰巨的任务。根据自己对"讲座""优课"的理解和要求,结合培训的照片和文件的内容,采用图文并茂的方式一一地把晒课的步骤展示出来；因为从来没有接触过这个平台更别说是晒课了，再说文件里边的内容又过于抽象，所以，我只得一点点去摸索，用通俗易懂的话把自己的亲身实践表述了出来。一个小时、两个小时、三个小时……当课件《嘉应中学"一师一优课、一课一名师"校本培训》完整地呈现在大家的面前时，我知道，热烈的掌声就是对我高度的肯定和最大的鼓励。正因为全国上下的（幼儿、小学、初中和高中）教师都在这一规定的时间内晒课，再加上网站容量有限；大家一见面，彼此相问的话语就是"网站能打开了吗？把课晒好了吗？"在此，引用一首打油诗，以此来形容当时晒课的情景和焦急的心情，想必这应该是再恰当不过的了。

"一师一优课"节目在上演

有人晒车——宝马、奔驰、法拉利

有人晒房——伦敦、迪拜和悉尼

有人晒美物——包包、腕表、鸽子蛋

有人晒娇妻——马蓉、冰冰和baby

唉！我们一群臭老九

衣食之外无所有

左顾右盼无可晒

徒留艳羡在心头

哇！忽如一夜春风来

上头指示把课晒

教案、微课、录像课

一时之间忙起来

呵！北上广深内蒙古

青川甘宁山陕西

不论城市还是乡村

全国上下一盘棋

咦？条条大路条条堵

根根网线不够粗

白天战斗在教室

夜晚传课人恍惚

哼！八点十点上不去

子夜再将电脑启

凌晨三点依然无进度

举目天边现晨曦

晒课不是想晒就能晒

进退无由怨网窄

眼泪"哗哗"往下掉

晒课不是想晒就能晒

何时让我轻轻松松晒呀晒痛快

没有机会晒香车

也无可能晒豪宅

不敢晒上胸和大腿

唯求顺利晒完课

安心备课改卷来！

　　为了避开晒课的高峰期，为了能够顺利地晒好课，我也"史无前例"毫不犹豫地调好了闹钟：24点、凌晨2点、凌晨5点；一次，两次，三次……惺忪的睡眼里总是透露着些许的失望，连网站都无法打开，更何况是晒课呢？直到中秋月圆之夜，兴许是想要晒课的人儿都忙着赏月儿吃月饼了；我独自一人坐在电脑旁，"噼里啪啦"地忙活了一阵，似乎是把课晒上去了。"咦？怎么视频无法显示呢？这、这、这该怎么办才好呢？"……待好不容易把能够显示的视频上传上去，"优课"终于晒好了；接下来，便是漫长的评比过程，区级、市级、省级、部级。按照规定，每个知识节点下省级优课数超过4个（不含4个）的均须进行网络投票以确定入围部级"优课"专家评选资格；庆幸的是，我选取的那个知识节点下省级"优课"只有1个，那就是我的省级优课《第一单元 认识自我——讲述自己的故事》；如果不出什么意外的话，这个知识节点下的部级"优课"就非我的"优课"莫属了。换句话说，部级"优课"已提前收入我的囊中；再瞧瞧"优课"群里，"拉票"声、"厮杀"声、"抱怨"声此起彼伏，好不热闹。……"怎么回事呢？应该不会搞错吧。怎么我的优课没有获得部优呢？怎么没有我的名字呢？不可能！"握着手机的手不由自主地颤抖了起来，额头上直冒冷汗。哦，明明是第一单元的内

成长是一部厚重的书

容，它竟然把我晒的优课放在了单元系列的最后，怪不得找了几遍都没找着呢！

我习惯于把平日里工作、学习的点滴，都一一融进作文里面；正因为如此，学生信任我、喜欢我。我所带的班级每年都被学校评为"文明班"；其中，所带的高一（7）班团支部被授予2013—2014年度"梅江区五四红旗团支部"，所带的高二（8）班团支部被授予2014—2015年度"梅州市五四红旗团支部"。在我看来，做好老师，要有仁爱之心。道德更多来自环境的约束，而仁爱更多发自内心的需要。爱是教育的灵魂，没有爱就没有教育。好老师应该把自己的温暖和情感倾注到每一名学生身上，爱护、尊重、宽容学生，做学生的好朋友和贴心人。

我发现，受过处分的学生，是一个特殊的群体，在校园里占有一定的比例。那么，我又是如何去转变他们的呢？且见下水文《为学生撑起一片蓝天——谈谈如何转变受过处分的学生》。

为学生撑起一片蓝天——谈谈如何转变受过处分的学生

根据我的观察，学生受过处分之后，一般会有以下三种发展趋势：（1）既然受处分了，那就破罐子破摔，看你拿我怎么办呢，大不了开除罢了。（2）自卑感加强，学习提不起劲儿，表现也和以前差不多，时不时再犯一些事儿让班主任理一理。（3）日常表现和学习状况稍有好转，但不明显；能够比较深刻地认识到自己之前的行为是错误的，但行为上呈现反复性。诚然，处分学生只是为了教育学生，处分是手段，教育是目的；作为班主任，我们的初衷是帮助他认识错误，使其悬崖勒马，让他朝着健全人格的方向发展。

我班有一名缺少母爱的留守少年学生，从表面看是比较憨厚纯朴的，但做出来的事情却有点"我爸是李刚，我爷爷是李刚他爸"的范儿。具体表现在：无故不来教室上课，原来是还在宿舍睡懒觉；不交作业，理由是不会做；中午没在宿舍休息，原来是在学校或体育馆打篮球；无故不参加晚自习，原因是不想读书到外面瞎逛；即使参加了晚自习，那他也是经常趴在桌子上睡觉或者玩手机。更有甚者，他见晚自习没有办法逃脱，竟在上完自习课后独自一人到距离学校较远的网吧玩游戏直到第二天早上6点多。对此，我花了不少时间和他谈心，从日常生活起居入手，关心他的一言一行，关注他的思想动态，并时不时以面谈、电访的形式与其家长进行沟通。与此同时，宿管老师和级组领导也非常重视，多次做他的思想工作，但他就是表面答应，行动上没有丝毫体现，甚至还放出"情愿在家耕田种地，也不愿在嘉应中学读书"的"豪言壮语"。根据累积的材料，在征得学校同意的前提下，级组给予其记大过处分。随后，我也根据级组的安排做了一定的安抚工作，并以为他应该会像孙悟空被压在五指山下一样，在行为上会有所收敛。

想不到的是，就在处分通告下发后的第五天（星期六），他竟然无原由地玩起了失踪。当无意间得知这一情况后，我便想：作为一名班主任，我应该做好自己的本分，对学生负责，对家长负责，对学校负责。于是，我放弃假日休息的时间，主动和他的家长取得了联系，并逐一给与他平时有来往的同学那打电话，发动他们一起找找看。花了两个多小时，我们终于在一学生家里找到了他。当时，他说了这么三句"经典"的话语：因为处分了不想回家，因为手机没话费了所以没有打电话回家，因为不知道哪里有固定电话所以玩起了失踪。我一听，差点晕过去了：这就是他所谓的"理由"。实际上，他是对处分一事还耿耿于怀。

那怎么办呢？解铃还须系铃人。如果单纯给他做思想工作，那还是没有办法从根本上来解决问题的。在经过慎重思考之后，我决定暂且让其冷静一段时间，先将其情绪平静下来；之后，我便在其身上烧了"三把火"。

且看第一把火：我们班有在语文课前点评作文的惯例。碰巧的是，一名学生刚好朗读并点评《这也是一种爱》。我趁机作了点拨：这也是一种爱，是饭桌上无言的爱。其实，爱的形式有很多，有如山的父爱，有绵绵的母爱，有淳厚的长辈之爱。爱的内容也有很多，当母亲每天早上5点多去菜市场上买菜然后匆匆赶回家做早餐给自己的孩子吃的时候，你会想到这是爱吗？当父亲因为自己的孩子思想出现偏差时，不停地给老师打电话询问情况，你会想到这是爱吗？当你没有回家也没有打电话告知家人时，你的爷爷不知所措甚至抱病从百里之外的家里急匆匆来到学校，你可曾想到这是爱吗？一时间，同学们畅所欲言；而他，也在大家的讨论声中，慢慢地低下了头。这第一把火已经烧着了。

在经过一段时间的调整之后，我想：是时候烧第二把火了。于是，我们面对面交谈了起来。我用异常平静的语气和他说了那天找他的过程及家长、老师的担忧。末了，我拿出一本名为《今天，你进步了吗?》的本子，让他每天给自己总结一下，写一点优点；等到周末时，我请他所在小组的组长及同桌对他所写的优点进行评价，并酌情给予德育分的奖励。这样一来，他有干劲了，表现也有所好转：上课不再睡觉，晚修也比较认真学习——看来，火开始熊熊燃烧了。

　　看到时机已经成熟，我果断地烧了第三把火：召开了一次以"青春期教育"为主题的名为《莫让情感航船过早靠岸》的班会。在播放相关视频和展示青春期的相关知识后，我让学生以小组为单位，谈谈自己在青春期的想法，想想自己在这一时期的叛逆表现，并将自己的反思记在日记本上。课堂气氛相当活跃，大家都似乎找到了知己，找到了倾诉的对象。在活动结束之时，这名受过处分的学生还被小组推选为"综合表现有进步的人"，在"个人德育分评比公布栏"中被授予一朵小红花。想不到的是，他竟然还主动要求发表获奖感言：谢谢老师和同学给予我的关爱和鼓励，我已经认识到了自己之前所犯的错误，我在此保证以后一定会遵守纪律，认真完成作业，好好学习。听到这一席话，我也轻松了很多。我知道，火已经有燎原之势了。

　　当然，转化受过处分的学生并不能一蹴而就，还需要班主任做好打"持久战"的思想准备，要有"不转变不罢休"的决心和意志；还需要时间的考验和方法的调整。因为，处分的目的不是要开除他，而是为了让他悬崖勒马，朝着健全人格的方向发展。

　　学生本没有好坏之分。所谓的坏学生，他只是在某一个特殊时期做了一些不合理的事情。而作为班主任，我们更应该用信心去帮助学生跨出自卑的阴影；用爱心去呵护学生的健康成长，用耐心去培育学生坚强的意志，用恒心去铸就学生的美好前程。为学生撑起一片蓝天！

　　说句实话吧，初进讲坛时，我也徘徊过，后悔过。然而，我一次又一次说服我自己：既来之，则安之。我一次又一次警醒我自己：不要做时代的淘汰者。既然要在这片教育的土地上耕耘，就一定要有收获。也许，从经济的角度来看，教师在社会上的实质地位并不是很高；但是，作为教师的我们应该拥有一种积极向上、无尚光荣的幸福心态，深入学习领会社会主义核心价值体系的内涵实质，学习优秀教师的先进事迹和典型，汲取民族文化精髓，培育自己的学术和人格魅力，真正体现出时代发展对教师的要求及教师价值追求的统一。

　　的确，教师的岗位是平凡的。只要你选择了教师这一职业，可以说你也就选择了平凡。然而，只有真正做过教师的人，才能真正体会到教师的幸福。如果你是语文老师，同时又是班主任；那么，在德育教育的过程中，不妨把生活与语文有机联系起来，让语文更接地气，让德育悄然无声地"渗"而"透"至学生心灵。

当给学生布置《幸福是什么》的作文时，我又信手拈来，对"幸福"有了独特的感悟：小时候，幸福是一件东西，拥有就是幸福；长大了，幸福是一个目标，达到就是幸福；成熟后，幸福是一种心态，领悟就是幸福。

幸福是什么

幸福是什么呢？幸福是在饥肠辘辘的情况下能够美美地饱餐一顿，是在完成没完没了的作业后躺在家里的沙发上静静地看一部电影，还是索取、富有、荣耀……是的，身为教者，在面对学生时，我似乎对幸福有了一种特殊的理解：幸福，就是在保证师生关系和谐的前提下，让学生逐渐"明道"，逐步走向成熟。

"联想""三星""诺基亚""小米""苹果"等，这个代表着新生代的手机品牌，如雨后春笋般在静谧和谐的校园里冒出来了。于是乎，不管白天黑夜，不管教室内外，不管上课下课，不管距离远近，同学们都沉浸在忙碌的氛围中，发信息、打电话、上网聊QQ，大有"……我爱你，爱着你，就像老鼠爱大米，不管有多少风雨，我都会依然陪着你……"的"幸福感"。身为艺术班的班主任，因为手机，一而再再而三地"夹杂"在学校和家长中间，甚是困惑迷茫，更有无奈。因为手机，我被很多学生在背后咒骂为"教条化""没人性"的老师；师生关系一度僵化甚至有恶化的趋势。扪心自问：身为教者，我的幸福感在哪里？

炎热的夏日，知了在树梢上不停地唱着跳着，似乎要给这"特别"的语文课伴奏似的；偶尔的一点微风，轻轻拂过脸庞，尽情吮吸着豆大的汗珠；天上的云彩一点点从中间发散出去，变成了各异的形状，像野马、像苍鹰、像雄狮，给整个校园增添了一丝生气。"……积土成山，风雨兴焉；积水成渊，蛟龙生焉；积善成德，而神明自得，圣心备焉。故不积跬步，无以至千里；不积小流，无以成江海。……"教室里传来了琅琅的读书声：这是一节语文课，当然也是上午的最后一节课。此刻，同学们都在专心致志地读着，唯有学生甲正在聚精会神地不知看着什么：真的太精彩啦，唯美的画面组合、强劲的视觉冲击、超炫的动作构造。"请拿出来！"而他，除了脸上泛起一丝丝红晕之外，就是双手死死抱住那部给他带来不少"幸福"的手机，大有"生命诚可贵，'手机'价更高"的阵势。"铃铃铃，铃铃铃，铃铃铃"，留下的只是我愕然的神色和他扬长而去的背影……

怎么办呢？对于手机的利与弊，我已经和颜悦色地跟学生讲过很多回了，也让他们用书面的形式作了保证，真可谓"软硬兼施"。而他竟然还这样做！……"老师，我是学生甲的家长。他确实做错了，今天中午回到家后也被我批评教育了一番。让您费心了！"电话的一头，传来了低沉中夹杂着稚气的男中音。先是一惊，随后紧绷的神经似乎有所舒缓，这才发现，头顶的天空是如此明净，如此清雅。

"老师，很抱歉，上午我真的太冲动了，令您生气了！"学生甲轻声细语地对我说，低着头并时不时瞄一瞄静静坐在一旁的我。担心即刻消失得无影无踪，心情也舒畅了不少。……"老师，怎么回事啊？我的孩子竟然在上课时玩手机？""咦，你不是还配合我做了他的思想工作吗？"……一条校讯通信息，让我即刻明白了学生的心思；但我不想去揭穿！毕竟，学生已经主动承认错误了。

韩愈说过："师者，所以传道受业解惑也。"是的，对于个性缤纷的艺术班学生来说，班主任不仅要"受业解惑"，更重要的是"传道"。如今，学生在犯了错误后，能够有所担当；在我看来，学生是比较懂事了，并且逐步走向成熟；对于教者而言，这难道不是一种无以言说的幸福吗？只要善于观察、善于感悟，我们就会发现：幸福，其实很简单！

后记：完成该下水文的那一刻，教者似乎还有很多话想说。这不仅仅是一个教学实例，更是一种精神收获。窗外，雨淅淅沥沥地下着，偶尔还夹杂着几分清新的气息。或许，这是"随风潜入夜，润物细无声"吧。

三、望未来

教师，应该要有自己明确的发展方向，而不是像社会上某些人说的"只要辛苦备课三年，以后就是按部就班"。其实，在每一年的教育教学过程中，自己都会有独特的感悟和提升的空间，这很大程度上取决于自己想不想去做，敢不敢去争取；当然，过程可能会是艰辛的，道路兴许是曲折的。2017年6月，当手捧着那份沉甸甸的硕士录取通知书时，我知道：我在用实际行动弥补了十二年前的遗憾，以"361"分的考研成绩位居"教育管理"专业的第六名；尽管备考的时间只有两个多月，尽管当时身为高三班主任的我为了学生的高考已经忙得焦头烂额，尽管对于很是陌生的英语心怀恐惧，尽管在开考时发生了些许的意外，但还是坚持了下来……除了正常的教育教学工作外，从2017年9月开始，我还负责学校的党建工作。刚开始接受领导的考验时，学校党支部书记叫我一个人在规定的时间内做一份"民主生活会的专题汇报"材料，并且叫我撰写5篇关于"十九大报告"的新闻线索；而原来的领导班子成员（6人）负责另外一个"专题生活会"材料。待将材料上送至中共梅州市梅江区教育系统委员会综合股时，6人负责的那份材料被吐槽"杂乱无序"，而我负责的那一系列材料却因"思路清晰、文从句顺"而获得上级的肯定。

成长是一部厚重的书，里面的内容需要我们不断去充实与拓展！"勤教力学，为人师表"，我始终谨记在心头；一介韩师人，一生韩园情。阳光总在风雨后。不经历风雨，怎能见彩虹？教师是天底下最需要良心的职业。有了良心，我们才会把学生看成是自己的孩子，才会把教书这一职业作为自己的事业。

让我们用双手去拥抱教育美好的明天，做一个饱含教育情怀的教者与学者！